公路工程概预算

主　编　张建娟
主　审　邬晓光

中国矿业大学出版社
·徐州·

内容提要

本书依据2019年5月1日起实施的《公路工程基本建设项目概算预算编制办法》(JTG 3830—2018)及《公路工程概算定额》(JTG/T 3831—2018)、《公路工程预算定额》(JTG/T 3832—2018)、《公路工程机械台班费用定额》(JTG/T 3833—2018)编写。本书共6章,系统阐述了公路工程定额的相关知识、公路工程定额的应用、公路工程概预算编制、公路工程施工招投标、公路施工项目成本管理、运用计算机编制公路工程概预算的主要内容和相关方法,并辅以实例解析。

本书可作为公路 工程管理及其相关专业大、中专院校教学用书与工程造价编制、管理人员的培训教材及工程设计、监理人员的参考用书。

图书在版编目(CIP)数据

公路工程概预算 / 张建娟主编.—徐州 : 中国矿业大学出版社, 2020.5

ISBN 978-7-5646-4755-1

Ⅰ. ①公… Ⅱ. ①张… Ⅲ. ①道路工程—概算编制②道路工程—预算编制 Ⅳ. ①U415.13

中国版本图书馆CIP数据核字(2020)第085686号

书　　名 公路工程概预算
主　　编 张建娟
责任编辑 张　岩
出版发行 中国矿业大学出版社有限责任公司
(江苏省徐州市解放南路　邮编 221008)
营销热线 (0516)83884103　83885105
出版服务 (0516)83995789　83884920
网　　址 http://www.cumtp.com　**E-mail**:cumtpvip@cumtp.com
印　　刷 江苏凤凰数码印务有限公司
开　　本 787 mm×1092 mm　1/16　**印张** 16.75　**字数** 429千字
版次印次 2020年5月第1版　2020年5月第1次印刷
定　　价 39.00元

前　言

随着我国对公路基础设施,特别是对高速公路建设投资力度的增大,公路工程建设呈现出高速发展的态势,而公路工程造价是公路建设项目不可或缺的内容。本书以2019年5月1日起实施的《公路工程基本建设项目概算预算编制办法》(JTG 3830—2018)及《公路工程概算定额》(JTG/T 3831—2018)、《公路工程预算定额》(JTG/T 3832—2018)、《公路工程机械台班费用定额》(JTG/T 3833—2018)为依据,从概、预算的编制原理出发,全面、系统地介绍了公路工程概、预算的编制程序和方法,并辅以实际工程案例。本书由编者在总结多年教学成果的基础上遵循理论联系实际的原则,以国家和行业最新颁布的政策、文件、规范为依据,结合实际工程项目编写而成。

本书由山东交通学院张建娟任主编,山东交通学院叶亚丽任副主编。第1章、第2章、第3章、第4章由张建娟编写,第5章由叶亚丽编写,第6章由珠海纵横创新软件有限公司王洪生编写。由长安大学公路学院邬晓光任主审。全书由山东交通学院张建娟统稿。

由于公路工程管理新方法、新技术发展迅速,加之时间和水平有限,书中难免存在不妥之处,敬请使用本书的广大师生和读者批评指正。

作　者

2019年12月

目　录

第1章 绪 论

【本章提要】

定额的定义、分类、特点，定额原理以及定额的管理。

【学习要求】

通过本章学习了解定额的作用；熟悉定额的特点、定额按反映实物消耗内容和用途的分类、定额按编制单位分类和按专业的分类；掌握定额原理和定额管理。

【基本概念】

定额，施工定额，预算定额，概算定额，估算指标。

随着社会主义现代化建设的发展，基础建设的规模越来越大，国家对固定资产的投资也越来越大。为了使国家的投资创造比较好的经济效益，需要制定一个代表一定生产力水平的资源消耗标准。这个标准就是定额。定，就是规定；额，就是限额。定额是指在合理的劳动组织和合理使用材料和机械的条件下，完成单位合格产品所必须消耗的劳动力、材料、机械台班的数量标准。根据定额的要求，各个施工企业在组织施工时力争使本施工企业对劳动力、材料、机械台班的消耗量低于定额标准，以保证企业获得经济效益。

定额水平指完成单位合格产品所需消耗资源数量的规定，它是生产力水平的具体反映。不同时期，生产力水平不同，代表生产力水平的定额水平也就不同。随着生产力的发展，定额水平不断提高，劳动力、材料、机械台班的消耗量越来越少。但在一定时期内为了保证定额的适应性，定额水平要保持相对稳定。定额所研究的对象是产品在生产过程中的资源消耗，它包括人力资源和物力资源的消耗。这些消耗量是在生产过程中实际发生的，并在一定的施工生产条件下代表着一定的社会劳动生产率，具有相对的稳定性。施工生产条件变化了，社会劳动生产率也会发生相应的变化，定额中所规定的资源消耗量也应随之改变。研究定额的方法也要按照此原则，即现场测定实际发生的各种资源消耗量数据资料→发现内在的规律，寻求出有代表性的数据制定定额→应用定额→随着客观生产条件的变化不断修订和补充定额→继续应用新定额→继续修订和补充定额。定额是标准，是计划指标，是规定的工作消耗尺度，是计划、组织生产的工具和基础，也是企业技术水平和经营管理水平的集中反映。

1.1 我国公路工程定额的发展情况

中华人民共和国成立前我国公路建设发展很慢，公路设计、施工没有形成健全队伍，对公路工程造价编制和施工企业的经营管理，往往凭经验办事，没有完整、统一的定额为依据，根本谈不上科学管理。

中华人民共和国成立以后，随着我国社会主义经济的发展，公路建设逐渐形成了一支具有一定技术装备和相当数量的熟练工人、技术人员的建设大军，生产方式随之发生了根本变革。作为建设工程管理重要基础的定额，逐渐建立和健全。各部门、各地区相继成立了定额管理机构，原交通部于 1954 年 8 月在公路总局设计局内设立了预算定额科，主管全国公路定额、概预算编制办法的管理和设计文件预算的审查工作。随着生产的进一步发展，管理工作的不断深入，设计分阶段进行，要求大中型项目，一般实行扩大初步设计和施工图设计两个阶段，明确不同设计阶段的工作深度和作用，公路定额管理部门陆续编制了公路工程施工定额的相关文件作为施工企业编制内部施工预算、下达班组或个人施工任务的依据。其中劳动定额是衡量企业劳动生产力水平的标志，同时也是贯彻按劳分配原则、进行经济核算以及编制工程预算定额（人工部分）的依据。编制了公路工程概算指标的相关文件，作为初步设计阶段编制设计概算的依据，设计概算审查批准以后，即作为建设项目控制投资和拨款的依据。重新修订了公路工程预算定额的相关文件作为施工图设计阶段编制设计预算的依据。设计预算批准以后，即成为实行甲乙方承发包制度工程结算的依据，也是编制公路工程概算定额相关文件的依据。上述定额、指标、办法的编制、修订和公布，满足了公路建设各设计阶段工程造价管理工作的需要。由于国家健全了预算制度，各级领导重视了技术经济工作，基本建设各个部门又能严格遵守经济管理制度的要求，因此第一个五年计划期间公路建设绝大部分项目，实行甲乙方承发包制度，竣工决算都没有超经过批准的设计概算或预算，保证了国家计划部门对基本建设的合理安排。定额管理机构也实现稳定和发展，保证了定额、概预算工作的正常进行，并逐步提高了技术业务水平。1978 年以后，全国工作重点转移到社会主义现代化建设上来，公路建设的定额及概预算工作得以迅速发展。为了进一步加强定额工作和专业定额的归口管理，1984 年组建成立交通部公路工程定额站。交通部公路工程定额站成立以后，各省、自治区、直辖市相继成立了公路工程定额站并开展工作，有的省份还建立了地、市一级的定额管理站。目前，公路工程定额管理体制已基本建成。

1.2 定额在经济管理中的地位

定额在经济管理中的地位问题，是一个十分重要但又未被认识的问题。

在工程建设管理中，定额在计划经济时期通过实践已证明是十分必要的，但有些人认为定额是计划经济的产物，它不适应社会主义市场经济的需要。为此，管理工作者、理论工作者有必要对定额的产生和发展、本质和地位，进行历史和逻辑的考察、理论和实践的探索，统一人们对定额的认识，这将对我国的经济发展，对经济管理的强化，对提高项目的投资和工程建设的效益，有着十分重要的意义。

1.2.1 生产和生产消费

在现代社会经济生活中，定额无时不在。例如，生产和流通领域的工时定额和原材料消耗定额，原材料和成品、半成品储备定额，流动资金定额，设计定额等；分配和消耗领域的工资标准、供给十分短缺情况下生活消费品的配给定额等。定额的存在和发展，从根本上说，是协调现代社会化大生产和现代社会生活的必需，是发展社会生产力和提高社会经济效益的必需。人们借助定额来达到既定的目标。不论其表现形式如何，定额的基本性质都是一种规定的额度，是一种对人、对事、对物、对资金、对时间、对空间，在质和量上的规定。这种规定出来的定额在形式上是主观的，是人们在某种动机的引导之下，遵循一定的原则，通过某种方法制定出来的。

工程建设定额的研究对象是工程建设范围内的生产消费规律。工程建设是物质资料的生产活动。一个工程项目的建成，无论是新建、改建、扩建工程，还是恢复工程，都要消耗大量的人力、物力和资金。原材料作为劳动对象，在工程建设中改变了原有的性质和形态，或者发生了位移。工具或机器在原材料加工的过程中受到磨损，而生产者则消耗了自己的体力、精力和时间。生产和消费是一个事物的两个方面，没有生产，就没有消费。反之，如果没有消费，同样也很难有生产。

产品生产和生产消费之间，存在着客观的、必然的联系，工程建设亦然。建筑桥梁要消费水泥、钢材、砂石等材料，桥梁和材料之间是一种特定的关系。生产和生产消耗之间的关系的确定，主要取决于生产力发展的水平。一般来说，生产力发展水平越高，生产消费的性质越复杂。新的工艺过程、先进的机具、新开发的原材料都会改变生产消费的性质，并使之多样化和复杂化。另一方面，生产发展水平越高，生产的产品数量越多，花在单位产品上的人力和物力消耗下降越多。这是人类社会不断发展进步的重要标志。

生产和生产消费之间的关系也受生产关系的制约。例如生产资料的占有关系、分配关系、社会生产的组织与管理等，都会极大地影响生产者劳动积极性和创造性的发挥，从而影响劳动时间和物质资料消耗的合理性。在生产力发展水平相同的情况下，生产关系中某一因素的变化都可能对生产消费的状况发生影响。

综上所述，生产和生产消费之间具体关系的形成，是一定时期内生产力、生产关系和上层建筑三方面诸多因素综合作用的结果。

1.2.2 定额的产生和现代管理科学

从历史发展和发展的连续性来说，在生产规模小、技术水平低下的小商品生产条件下，生产者在长期劳动中，他会获得并积累起生产某种产品所需要的知识和技能，也会获得生产一件产品需要投入的劳动时间和材料方面的经验，要使生产能够正常进行，只凭积累的经验，以及在经验基础上形成的某些案例就不能满足复杂管理的需要了。这是管理科学和定额产生的历史背景。

19 世纪末 20 世纪初，系统的经济管理理论形成。现在被称为“古典管理理论”的代表人物有泰勒、法约尔和厄威尔等。当时，美国的科学技术虽然发展很快，但在管理上仍然沿用传统的经验方法，生产效率低、生产能力得不到充分发挥。这不但阻碍了社会经济的进一步发展和繁荣，而且也不利于资本家赚取更多的利润。这样，改善管理就成了生产发展的迫切要求。泰勒提倡科学管理，他主要着眼于提高劳动生产率，提高工人的劳动效率。他突破了当时传统管理方法的羁绊，通过科学试验，对工作时间的合理利用进行细致的研究，制定出标准的操作方法；对工人进行训练，要求工人取消那些不必要的操作程序，并且在此基础上制定出较高的工时定额，用工时定额评价工人工作的好坏(泰勒制)。为了使工人能达到定额，提高工作效率，他又制定了工具、机器、材料和作业环境的标准。

从泰勒制的主要内容来看，工时定额在其中占有十分重要的位置。首先，较高的定额直接体现了泰勒制的主要目标，即提高工人的劳动效率，降低产品成本增加企业盈利。而其他方面内容则是为了达到这一主要目标而制定的措施。其次，将工时定额作为评价工人工作的尺度，并和有差别的计件工资制度相结合，使其本身也成为提高劳动效率的有力措施。

可见，工时定额产生于科学管理，产生于泰勒制，并且构成泰勒制中不可缺少的内容。泰勒制的产生和推行，在提高劳动生产率方面取得了显著的效果，也给企业管理带来了根本性的变革和深远的影响。

20 世纪 20 年代出现的行为科学，从社会学和心理学的角度，对工人在生产中的行为以及这些行为产生的原因进行分析研究，强调重视社会环境、人际关系对人的行为的影响。行为科学认为人的行为受动机的支配，只要能给他创造一定条件，他就会希望取得工作成就，努力去达到确定的目标。主张用诱导的办法，鼓励职工发挥主动性和积极性，而不是对工人进行管束和强制以达到提高生产效率的目的。行为科学弥补了泰勒等人在科学管理方面的某些不足，但它并不能取代科学管理，不能使定额取消。因为，就工时定额来说，它不仅是一种强制力量，而且也是种引导和激励的力量。同时，定额产生的信息，对计划、组织、指挥、协调、控制等管理活动，甚至决策过程都是不可缺少的。定额虽然是管理科学发展初期的产物，但是随着管理科学的发展，定额的内容也有了进一步发展。一些新的技术方法在制定定额中得到运用；制定额的范围，大大突破了工时定额的内容。

综上所述，定额伴随着管理科学的产生而产生，伴随着管理科学的发展而发展。定额是企业管理科学化的产物，也是科学管理企业的基础和必备条件，在企业的现代化管理中一直占有重要地位。

1.2.3 定额的作用

定额是管理科学的基础，也是现代管理科学中的重要内容和基本环节。我国要实现工业化和生产的社会化、现代化，就必须积极吸收和借鉴发达国家的先进管理方法，必须充分认识定额在社会主义经济管理中的作用。

(1) 在工程建设中，定额仍然具有节约社会劳动和提高生产效率的作用。一方面企业以定额作为促使工人节约社会劳动(工作时间、原材料等)和提高劳动效率、加快工作进度的手段，以增加市场竞争能力，获取更多的利润；另一方面，作为工程造价计算依据的各类定额，又能促使企业加强管理，把社会劳动的消耗控制在合理的限度内。作为项目决策依据的定额指标，又在更高的层次上促使项目投资者合理而有效地利用和分配社会劳动。

(2) 定额是国家对工程建设进行宏观调控和管理的手段。市场经济并不排斥宏观调控，即使在资本主义国家，政府也要利用各种手段影响和调控经济的发展。

(3) 定额有利于市场公平竞争。定额所提供的准确信息为市场需求主体和供给主体之间的竞争，以及供给主体之间的公平竞争，提供了有利条件。

(4) 定额是对市场行为的规范。定额既是投资决策的依据，又是价格决策的依据。对投资者来说，他可以利用定额权衡自己的财务状况和支付能力、预测资金投入和预期回报，还可以充分利用有关定额的大量信息，有效地提高项目决策的科学性，优化投资行为。对于建筑企业来说，在投资报价时，只有充分考虑定额的要求，作出正确的价格决策，才能占有市场竞争优势，才能获得更多的工程合同。可见，定额在上述两个方面规范了市场主体的经济行为。因而对完善我国固定资产投资市场和建筑市场，都能起到重要作用。

(5) 工程建设定额有利于完善市场的信息系统。定额管理是对大量市场信息的加工，同时也是市场信息的反馈。信息是市场体系中不可或缺的要素，它的可靠性、完备性和灵敏性是市场成熟度和市场效率的标志。在我国，以定额形式建立和完善市场信息系统，是以公有制经济为主体的社会主义市场经济的特色。

从以上分析可以看出，在市场经济条件下，定额作为管理的手段是不可或缺的。

1.3 公路工程定额的特点及分类

1.3.1 公路工程定额的特点

我国公路工程定额具有科学性、系统性、统一性、权威性、相对稳定性的特点。

(1) 公路工程定额的科学性

公路工程定额的科学性主要表现在两个方面：① 公路工程定额必须和生产力发展水平相适应，反映公路工程施工中物资消耗的客观规律，作为公路基本建设计划、调节、组织、预测、控制的可靠依据；② 公路工程定额管理在理论、方法和手段上是科学的，以适应现代科学技术和信息社会发展的需要。

(2) 公路工程定额的系统性

公路工程定额是一个完整独立的系统，它从测定到使用，直至修订都全面反映了公路工程所有的内容和项目，与公路技术标准、规范相配套，完全准确地反映了公路工程施工工艺流程的每一个环节。

公路工程定额是为公路建设这个庞大的实体系统服务的，公路项目可以分解为千万道工序，而其内部却层次分明，如项、目、节的划分。任何一个分部分项工程在公路工程定额中都能一一确定，如预算定额中，一共有九章定额来将所有公路工程的内容分割、包容。而且在编制定额的过程中，每一个不同工作都有不同的计算规则或计算模型，它们互相协调组成一个完整的系统。

(3) 公路工程定额的统一性

公路工程定额由初期借助于国家统一的技术标准、规范到现在的依据交通工程的统一标准、规范，在交通部定额总站的统一领导下，以定额的制定、颁布和贯彻执行的统一行动，使定额工作和定额的管理工作有统一的程序、统一的原则、统一的要求、统一的用途。

(4) 公路工程定额的权威性

公路工程定额的权威性表现在我国定额的权威性和强制性这两方面，在一定条件下具有经济法规的性质。

只有科学的定额才具有权威性。在社会主义市场经济的条件下，定额必然涉及各有关方面的经济关系和利益关系。赋予定额以一定的强制性，这就意味着在规定的范围内，对于定额的使用和执行者来说，都必须严格按定额的要求和规定执行。特别是在目前建筑市场不太规范的情况下，定额的权威性显得尤其重要，它可以帮助理顺与建设项目有关的各方面的经济关系和利益关系。所以，这一特点是对生产消费水平的合理限制，不是降低或提高消费水平，更不是限制和约束生产力的发展，而是最大限度地保证生产力水平的提高。

(5) 公路工程定额的相对稳定性

公路工程定额所反映的是一定时期内的施工技术和先进工艺的水平，所以表现为一定的稳定性。一般5～10年是公路工程定额的稳定期。另一方面，公路工程定额的稳定给政府决策和经济的宏观调控带来了有力保证。

定额的稳定性是相对的。任何一种定额，都只能反映一定时期内的生产力水平，当生产力发展了，定额就会与已经发展了的生产力不相适应。这样，它原有的作用就会逐步减弱以致消失，甚至产生负效应。所以，定额在具有稳定性的同时，也具有显著的时效性。

1.3.2 公路工程定额的分类

工程定额是一个综合概念，是建设工程造价计价和管理中各类定额的总称，包括许多种类的定额。为了对工程建设定额能有一个全面了解，可以按照不同的原则和方法对它进行科学分类。

1.3.2.1 按定额反映的物质消耗内容分类

公路工程定额是按实物量法编制的定额，所以工、料、机三种因素在公路定额中是主要内容。因此将公路工程定额分为劳动消耗定额、材料消耗定额和机械消耗定额三种，如图 1-1所示。

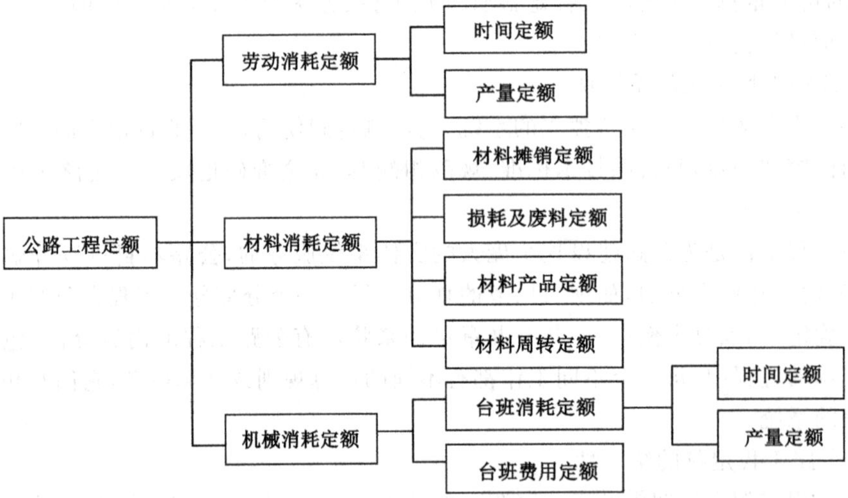

图 1-1 公路工程定额实物消耗分类图

1.3.2.1.1 劳动消耗定额

劳动消耗定额也称人工定额，是指在正常的生产技术和生产组织条件下，为完成单位合格产品所规定的劳动量消耗标准。劳动（消耗）定额分为时间定额和产量定额。时间定额与产量定额互为倒数。

(1) 时间定额

时间定额是指在技术条件正常、生产工具使用合理和劳动组织正常的条件下生产单位合格产品所消耗的劳动时间。除潜水工作按 6 h、隧道工作按 7 h 以外，其余每一工日一般按 8 h 计算。时间定额的计算方法如下：

$$\text{单位产品的时间定额}=\frac{1}{\text{每工产量定额}}=\frac{\text{班组成员工日数总和}}{\text{班组完成产品数量总和}} \tag{1-1}$$

例如，公路工程预算定额，人工挖运（人工运输 20 m）普通土，产品单位 1 000 m^3，时间定额为 145.5 工日。它的工作内容包括挖松—装土—运送—卸除—空回等全部操作过程。

(2) 产量定额

产量定额是指在技术条件正常、生产工具使用合理和劳动组织正常的条件下，工人在单位时间内完成合格产品的数量。产量定额计算方法如下：

$$产量定额=\frac{1}{单位产品的时间定额}=\frac{班组完成产品数量总和}{班组成员工日数总和} \tag{1-2}$$

如上例，完成1 000 m^3 普通土的时间定额为145.5工日，则每工日产量定额为1 000 m^3/145.5工日=6.87 m^3/工日。

1.3.2.1.2 材料消耗定额

材料消耗定额简称材料定额，是指在节约和合理使用材料的条件下，完成一定合格产品所需消耗材料的数量标准。它包括材料的净用量和必要的工艺性损耗及废料数量。

材料是指工程建设中使用的原材料、产品、半成品、构配件、燃料以及水和电等动力资源的统称。材料作为劳动对象构成工程的实体，需要数量大，种类繁多，所以材料的消耗量、消耗是否合理，不仅关系到资源的有效利用、影响市场供求状况，而且对建设工程的项目投资、建筑产品的成本控制起到决定性影响。材料消耗定额的计算方法如下：

$$材料的消耗定额=完成单位合格产品的材料净用量\times(1+材料损耗率) \tag{1-3}$$

例如：公路工程预算定额，现浇C30混凝土墩、台帽，每完成10 m^3 实体需要消耗10.2 m^3的C30混凝土拌和料，其中10 m^3 为混凝土拌和料的净用量，0.2 m^3 为混凝土混合料的损耗量，则完成10 m^3 实体的原材料消耗定额按式(1-3)及基本定额混凝土配比计算如下：

$$32.5级水泥=(1+2\%)\times377\times10=3\ 845\ (kg)$$

$$中(粗)砂=(1+2\%)\times0.46\times10=4.69\ (m^3)$$

$$4\ cm碎石=(1+2\%)\times0.83\times10=8.47\ (m^3)$$

材料消耗定额还有下述两种表现形式。

① 材料产品定额是指用一定规格的原料，在合理的操作条件下获得的标准产品的数量。

② 材料周转定额即周转性材料（如模板、支撑等所需之材料等）的周转定额，是指周转性材料在施工中合理周转使用的次数和用量的标准。在现行预算定额中，周转性材料均按正常周转次数摊入定额。

1.3.2.1.3 机械消耗定额

(1) 机械台班消耗定额

机械台班消耗定额以一台机械一个工作班为计量单位，又称机械台班定额。它规定了在正常施工条件下，合理地组织生产与合理地利用某种机械完成单位合格产品所必需的机械台班消耗标准，或在单位时间内机械完成的产品数量。

机械台班定额也具有两种表现形式：机械时间定额和机械产量定额。

机械时间定额是指在一定的工作内容和质量安全要求的条件下，规定某种机械完成单位产品所需要的作业量（如“台时”或“台班”等）标准。

机械产量定额是指在一定的操作内容以及质量安全要求的前提下，规定每单位作业量（如“台时”或“台班”等）完成的产品数量标准。

机械产量定额与机械时间定额互成倒数。例如：公路工程预算定额，柴油打桩机打混凝土方桩，其机械时间定额为完成10 m^3 基桩需1.66台班，机械产量定额则是：10÷1.66=6.02 m^3/台班。

(2) 机械台班费用定额

机械台班费用是指以一个台班为单位,规定其所消耗的人工、燃料、费用等数量标准。各类机械(除潜水设备、变压器和配电设备外)每台(艘)班均按 8 h 计算,潜水设备每台班按 6 h 计算,变压器和配电设备每台班按一个昼夜计算。机械台班费用由不变费用和可变费用组成。不变费用包括折旧费、检修费、维护费、安拆辅助费;可变费用包括人工费、动力燃料费、车船税。

① 折旧费:指施工机械在规定的使用期限内陆续收回其原值的费用。

② 检修费:指施工机械在规定的耐用总台班内,按规定的检修间隔进行必要的检修,以恢复其正常功能所需的费用。

③ 维护费:指施工机械在规定的耐用总台班内,按规定的维护间隔进行各级维护和临时故障排除所需的费用。包括为保障机械正常运转所需替换设备与随机配备工具附具的摊销费用、机械运转及日常维护所需润滑与擦拭的材料费用及机械停滞期间的维护费用等。

④ 安拆辅助费:指施工机械在现场进行安装与拆卸所需的人工、材料、机械和试运转费用以及机械辅助设施的折旧、搭设、拆除等费用。

⑤ 人工费:指随机操作人员的工作日工资(包括工资、各类津贴、补贴、辅助工资、劳动保护费等)。

⑥ 动力燃料费:指机械在运转施工作业中所耗用的电力、固体燃料(煤、木柴)、液体燃料(汽油、柴油、重油)和水的费用。

⑦ 车船税:指施工机械按照国家、省(自治区、直辖市)规定应缴纳的车船税。

机械台班费用定额的主要用途是:

① 据以计算机械台班单价。编制预算时,根据工程所在地区机械工人的工资、燃料、水和电的预算单价,按台班费用定额分析计算确定。

② 据以计算台班消耗的人工、燃料等实物量。为了编制施工组织设计,需要统计人工、材料等实物量,其中有关机械所消耗的各种资源实物量,要根据台班费用定额分析计算确定。

③ 供编制施工组织方案(特别是机械化施工方案)进行经济比较之用。

1.3.2.2 按照定额的编制程序和用途分类

公路工程基本建设工作所处阶段不同,编制造价文件的主要依据和定额就不同。按使用要求可分为施工定额、预算定额、概算定额、估算指标等。

(1) 施工定额

施工定额是建筑安装工人或小组在正常施工条件下,为完成单位合格产品所需劳动力、材料和机械消耗的数量标准。它由地方定额主管机构或施工企业根据当地和本企业生产力的发展水平制定和修订。它是企业组织生产、编制施工阶段施工组织设计和施工作业计划、签发工程任务单和限额领料单、考核工效、计算劳动报酬、加强企业成本管理和经济核算、编制施工预算的依据,同时也是编制预算定额和补充定额的基础。采用的产品单位一般比较细,其中时间以工时计,产品以最小单位(m、m^2、m^3 等)计。

(2) 预算定额

预算定额的性质属于计价定额。它体现一个工程细目在正常条件下,用货币形式描述的一定时期的工程造价。预算定额是公路专业统一定额,是公路基本建设中重要的技术经济法规。它反映了我国公路基本建设一定时期内的科学技术和生产力发展水平。

公路预算定额是在施工定额的基础之上对施工定额的项目加以扩大和综合而编制的。定额按分项工程和结构构件的要求，以一定产品单位来规定劳动力、材料和机械的消耗数量。预算定额采用的产品单位比施工定额大，如时间以工日、台班计，产品单位以1 000 m^2、10 m^3 等计。

(3) 概算定额

概算定额是在预算定额的基础上加以综合扩大而形成的，因而产品常使用更大的单位来表示，如小桥涵以1座(道)等表示。其定额水平比预算定额低。它是编制设计概算和修正概算的主要依据。在基本建设程序中，概算文件是国家对工程项目造价进行宏观控制，国民经济部门对资金流向进行控制的主要依据。

(4) 公路工程估算指标

公路工程估算指标主要是做好公路基本建设项目可行性研究中投资估算工作，为经济效益评价提供建设项目造价成本的计算依据。它包括综合指标和分项指标两部分。

① 综合指标：是以人工、主要材料和其他材料费、机械使用费消耗量及各项费用指标等全部工程造价为表现形式的指标。其项目划分以行政级别、公路等级、地质地貌区划的类型等为划分标准，以公路公里为单位编制。它是编制建设项目建议书(预可行性研究)投资估算的依据。

② 分项指标：是以各项工程的人工、主要材料和其他材料费、机械使用费消耗量及施工管理费用指标为表现形式的指标。其项目的划分与概算定额十分接近。它是编制设计计划任务书前的工程可行性研究估算投资的依据。

1.3.2.3 按主编单位和管理权限分类

按主编单位和管理权限工程建设定额可分为全国统一定额、行业统一定额、地区统一定额、企业定额和补充定额五种。

(1) 全国统一定额：是国家建设行政主管部门，综合全国工程建设中技术和施工组织管理的情况编制，并在全国范围内执行的定额，如全国统一安装工程定额。

(2) 行业统一定额：是考虑各行业部门专业技术特点，以及施工生产和管理水平编制的，一般只在本行业和相同专业性质的范围内使用的专业定额。如矿井建设工程定额、铁路建设工程定额、公路建设工程定额等。

(3) 地区统一定额：包括省、自治区、直辖市定额。地区统一定额主要是考虑地区性特点和全国统一定额水平进行适当调整补充编制的。各地区不同的气候条件、经济技术条件、物质资源条件和交通运输条件等，构成对定额项目、内容和水平的影响，是地区统一定额存在的客观依据。

(4) 企业定额：是指施工企业考虑本企业具体情况，参照国家、部门和地区定额的水平制定的定额。企业定额只在企业内部使用，是企业综合实力的一个标志。企业定额水平一般应高于国家现行定额。

(5) 补充定额：是指随着设计、施工技术的发展，现行定额不能满足需要时，为补充缺项所编制的定额。补充定额只能在制定的范围内使用，也可以作为以后修订定额的基础。

1.3.2.4 按专业性质分类

各个不同专业都分别有相应的主管部门颁发的在本系统使用的定额，如建筑安装工程定额、设备安装工程定额、给排水工程定额、公路工程定额、铁路工程定额、水利水电工程定额、水运工程定额、井巷工程定额等。

1.4 定额的管理

确定定额的水平必须兼顾各方面的利益。定额水平先进，表明可以用较少的劳动和物质消耗生产较多的产品，获得较多的利益。定额水平过高和过低，都不利于调动工人的生产积极性，不利于贯彻按劳分配原则，不利于促进生产的发展。因此，定额的水平必须先进合理，就是在正常的生产条件下，大多数工人经过努力能够达到，部分可以超过，少数比较接近的水平，这样才具有动员和促进的作用。随着生产技术条件的发展、变化和工人技术水平熟练程度的不断提高，原来先进适用的定额，在执行一段时间以后，就会落后于生产发展的要求，此时必须进行相应的修改。在修改时，要注意不同行业、不同工种、不同工序之间定额水平的相对平衡，否则会影响生产，影响资金的合理分配，造成职工的内部矛盾，影响安定团结。

定额确定后，必须认真贯彻执行，充分发挥定额在生产和管理中的积极作用，使之成为设计、计划、施工等有关单位在实际工作中必须遵循的标准，成为衡量各项经济活动的尺度。

1.4.1 定额管理的任务

公路工程定额管理的任务与公路建设的管理任务相适应，主要表现为以下五个方面。

1.4.1.1 深化定额的改革

按照价值规律和等价交换的原则，在合理确定工程造价费用构成的基础上，进一步理清价格和费用的关系，并且根据国家政策规定及市场价格变动情况，通过发布价格信息及工程造价指数，动态调整造价，逐步形成国家宏观调控，以市场调节造价为主的价格机制，使企业经营管理和成本管理趋于完善。改革包括 5 个方面的内容。

(1) 在市场经济条件下，为确切反映建筑安装工程费用的性质和内容，创造公平竞争的市场环境，制定关于调整建筑安装工程费用组成的若干规定，对建筑安装工程成本费用进行规范。

(2) 按照量价分离和工程实体性消耗与施工措施消耗相分离的原则，对计价定额进行改革。人工、材料、机械等消耗量标准由国家制定基础定额及工程量计算规则，实现国家对计价定额消耗量的宏观控制。

(3) 针对当前价格、利率、汇率、税率等不断变动已成为影响工程造价的重要因素的实际情况，组织各地区、各部门工程造价管理部门定期发布反映市场价格水平的价格信息和调整指数，实行动态管理。

(4) 依据不同工程类别实行差别费率和差别利润率，改变过去按企业隶属关系和资质等级定额的做法，促进了企业间的平等竞争。

(5) 为鼓励企业逐步做到按工程类别成本报价，提高企业的竞争能力，在计价定额的表现形式上，实行工程实体性消耗和施工措施消耗相分离的做法。

1.4.1.2 节约社会劳动

节约社会劳动是合理利用资源和资金的一个极其重要的方面，是提高公路工程建设投资效益的标志和主要途径。公路建设中劳动的投入，数量大、周期长、资源使用紧张、资金短缺。节约社会劳动,不仅会给一个项目或一个企业带来经济效益,而且会从宏观上给国民经济的发展带来积极影响。通过定额的制定、定额的执行、定额的调整,达到控制工程建设的耗费,节约社会劳动的目的。

1.4.1.3 缩短建设工期

公路建设工期长、规模大,由于管理等方面的原因,拖长施工工期的现象十分普遍。如果我国在现有建设规模的基础上,平均建设工期每5年缩短1年,就能增加国民经济收入500亿元人民币左右;相反,工期延长1年,国民经济收入将减少300亿元人民币,并且多支出管理费等费用100亿元人民币左右。通过对定额的管理找到缩短工期的考核标准和评价尺度,使施工企业的施工工期得以有效控制,并对施工单位形成有效的工期约束。

1.4.1.4 协调公路施工中各方面的经济利益关系

公路施工中,国家、建设单位(业主)、施工企业和生产工人、监理和监督管理单位等与工程施工密切相关的这些因素中,国家是投资主体,建设单位是筹建者或筹资者,施工企业是工程施工的承包者,工人是生产者,工程监理工程师是项目管理的实施者。在市场经济的条件下,各方面都存在着相互的经济利益关系和矛盾,定额的管理就是维护各方面的利益,正确处理各方面的经济关系。

1.4.1.5 促进公路建设中两个转变的实现

两个转变是指:一是经济体制从传统的计划经济向市场经济体制的转变;二是经济增长方式从粗放型向集约型转变。定额管理的任务就是要在定额的指导下,引导公路建设的体制逐步向市场经济的轨道迈进,提高劳动生产率,向集约型经济增长模式靠拢。在公路建设领域内赶上或超过世界发达国家的建设水平。

1.4.2 定额管理的内容

定额管理的内容大致有三个方面:定额的编制修订,定额的贯彻执行,定额的信息反馈。

从市场的信息流程来看,定额管理的主要内容是信息的采集、加工和传递、反馈的过程。

定额管理工作的具体内容如下:

(1) 制订定额的编制计划和方案;

(2) 积累、收集和分析、整理基础资料;

(3) 编制、修订定额;

(4) 审批、发布各省份补充定额;

(5) 组织新编定额的征询意见;

(6) 整理和分析意见、建议,诊断新编定额中存在的问题;

(7) 对新编定额进行必要的调整和修改;

(8) 组织新定额交底和一定范围的宣传、解释和答疑;

(9) 从各方面为现行定额的贯彻执行创造条件,积极推行新定额;

(10) 监督定额的执行,主持定额纠纷的仲裁;

(11) 收集定额的执行情况,反馈信息。

1.4.3 定额管理的组织机构

我国公路工程定额管理的组织机构是多部门、多层次的管理,建立定额管理机构能够在公路系统内组织各方面力量,调动各方面的积极性,快速、准确地收集定额资料、信息,并发动专家优势制定补充定额。

从管理机构权限的划分来看，住房和城乡建设部标准定额司主要负责制定和颁布有关定额的政策、法规、发展规划；委托研究机构测定、修订定额；规划专业定额人才的培训工作等工作。交通运输部公路工程定额站具体负责交通系统内各项定额、造价管理工作。

定额管理属于政府职能，是国家管理和控制工程造价的有效工具；在进一步深化经济体制改革的形势下，定额仍然是国家对公路建设进行预测、决策、宏观调控的手段。

第 2 章　公路工程定额的应用

【本章提要】

定额表的构成及概预算定额说明的使用。

【学习要求】

通过本章学习了解定额表的构成及概预算定额说明的使用;掌握定额运用中的直接套用方法和定额的补充;掌握定额运用中定额的调整与抽换、基本定额的运用。

【基本概念】

基价,基本定额,定额抽换。

2.1　公路工程定额应用概述

2.1.1　应用定额的步骤

所谓应用定额,就是平时所说的"查定额",是根据编制概、预算的具体条件和目的,查得需要的、正确的定额的过程。为了正确地应用定额,首先,必须反复学习定额、熟练地掌握定额;其次,必须收集并熟悉国家主管部门有关定额应用方面的文件和规定。以此为前提,应用定额的基本步骤如下。

(1) 首先确定所用定额的种类,如是概算定额还是预算定额。

(2) 根据概(预)算项目表,依次按目、节确定要查定额的项目名称,再据以在定额目录中找到所在页次及所需定额表。

(3) 查到定额表后需进行:

① 查看表中"工程内容"与设计要求、施工组织要求是否相符,若基本相符,则可在表中找到相应的细目,并进一步确定子目(栏目)。

② 检查定额表的计量单位与工程项目取定的计量单位是否一致,是否符合规定的工程量计算规则。

③ 翻阅定额总说明、章说明、节说明以及定额表下的小注是否与所查子目的定额有关,若相关,则需对定额进行相应调整。

④ 根据设计图纸和施工组织设计的具体工程内容,检查子目中有无需要抽换或调整的定额消耗量,并再次翻阅定额总说明、章说明、节说明,查看是否允许抽换,若允许则进行具体抽换计算。

⑤ 按照子目各序号确定各项定额值,可直接引用的就直接录入,需计算的则在计算后再录入。

(4) 重复上述步骤进行复核工作。

(5) 以此类推逐项完成项目的预算编制工作。

2.1.2 定额编号的引用

概预算文件中要列出所有定额表号。一般采用页-章-节-表-栏的编号方法。如预算定额 628-4-5-2-1,表示浆砌片石基础定额。另一种是省去页数,采用章-节-表-栏的方法。如第 628 页,4-5-2-1。定额编号在概预算文件中十分重要。第一,是保证复核、审查人员利用编号快速查找,核对所用定额的准确性;第二,对繁杂的工程细目的工作内容以编号形式建立一一对应的模式,便于计算机处理及修编定额人员的统计工作;第三,在概预算文件的 21 表中,“定额代号”一栏必须填上对应的定额细目代号。不论是手工计算,还是计算机处理,都必须保证该栏目的准确性。

2.1.3 定额运用的要点

(1) 正确选择子目,不重不漏;

(2) 子目名称简练直观,尤其是在修改子目名称时更应注意;

(3) 看清工程量计量单位,特别在抽换、增量计算时更应注意;

(4) 详细阅读总说明、章节说明及小注;

(5) 查看设计图纸要求和定额子目或序号是否一致,否则可能要抽换;

(6) 施工方法要根据施工组织设计及现场条件来确定;

(7) 认真核对工程内容,防止漏列或重列,根据施工经验及对定额的了解确定;

(8) 特别强调对附属工程定额的查找、补充。

2.1.4 概、预算定额的组成

现行的《公路工程概算定额》(JTG/T 3831—2018)(以下简称《概算定额》)和《公路工程预算定额》(JTG/T 3832—2018)(以下简称《预算定额》)的组成部分包括:颁发定额的文件;目录;总说明;各种工程的章说明、节说明、定额表。《预算定额》还包括附录。

《预算定额》包括路基工程、路面工程、隧道工程、桥涵工程、交通工程及沿线设施、绿化及环境保护工程、临时工程、材料采集及加工、材料运输等 9 章及附录。附录包括:路面材料计算基础数据、基本定额、材料的周转及摊销以及“定额人工、材料、设备单价表”等 4 个内容。

定额的总说明是涉及定额使用方面的全面性的规定和解释。《预算定额》的总说明有 20 条,《概算定额》的总说明有 21 条。《预算定额》共 9 章,有 9 个章说明,《概算定额》包括路基工程、路面工程、隧道工程、桥涵工程、交通工程及沿线设施、绿化及环境保护工程、临时工程等 7 章,有 7 个章说明,除此而外,每章所含若干节,每节前面都有节说明。

为了正确运用定额,要求使用人员必须耐心、细致、全面地理解和牢记各章说明和各节说明。由于各章、节说明内容繁多,无法全部介绍,后面将以示例或重点说明的方式介绍,以说明其重要性。

定额表是各类定额的最基本的组成部分,是定额指标数额的具体表示。概算定额和预算定额的表格形式基本形同,其基本组成有表号及定额表名称、工程内容、计量单位、顺序号、项目、代号、细目及栏号、小注等。

现以《公路工程预算定额》第一章中的“1-1-15 控制爆破石方”为例具体介绍定额表的组成(表 2-1)。

表 2-1 1-1-15 控制爆破石方

工程内容:① 开工作面;② 选炮位、打眼、装药;③ 爆破、排险;④ 清理解小;⑤ 安全警戒全部工作。

单位:1 000 m^3 天然密实方

顺序号	项目	单位	代号	控制爆破石方		
				软石	次坚石	坚石
				1	2	3
1	人工	工日	1001001	94.2	133	179.5
2	空心钢钎	kg	2009003	10.8	21.6	32.4
3	ϕ50 mm 以内合金钻头	个	2009004	21	30	39
4	硝铵炸药	kg	5005002	232.2	322.2	410.9
5	非电毫秒雷管	个	5005008	266	351	576
6	导爆索	m	5005009	141	186	226
7	其他材料费	元	7801001	32.2	46.5	59.6
8	9 m^3/min 以内机动空压机	台班	8017049	5.11	7.92	12.27
9	小型机具使用费	元	8099001	280.5	494.6	828.4
10	基价	元	9999001	18 651	26 823	37 455

注:本章定额仅包括爆破石方,如需清运,可按相关运输定额计算。

(1) 表号及定额表名称

为便于编制概预算,定额表除了按章、节分别编号外,对应的细目定额都分别以不同的编号为表现形式。如表的表号为 1-1-15,指的是预算定额第一章第一节中第 15 个表,名称是"控制爆破石方"。

(2) 工程内容

在定额表的左上侧,主要说明本定额表所包括的操作内容及对应的详细工艺流程。查定额时,将实际发生的操作内容与表中的工程内容进行比较,若不一致,应进行补充或采取其他措施。

(3) 工程项目计量单位

在定额表的右上角规定了定额的单位,表 2-1 中的单位是 1 000 m^3 天然密实方。

(4) 顺序号

顺序号表征人、料、机及费用的顺序号,起简化说明的作用。

(5) 项目

项目指本定额表的工程所需人工、材料、机具、费用的名称、规格。

(6) 代号

代号也称数组变量代号。当采用计算机来编制公路工程概、预算时,可引用表中代号作为对工、料、机名称的识别符号。

(7) 工程细目

工程细目指定额表根据不同的工程内容,划分出的不同的定额栏目。

(8) 栏号

栏号指工程细目编号，如预算定额表 1-1-15 中的“软石”栏号为 1，“次坚石”栏号为 2，“坚石”栏号为 3。

(9) 定额值

定额值指定额表中各种资源的消耗量数值。如果是括号内的数值，是计量不计价的。如预算定额表 4-6-3 中所示定额中的“C30 水泥混凝土”所对应的“(10.2 m^3)”是指现浇 10 m^3墩、台帽，需消耗 C30 水泥混凝土 10.2 m^3。注意此值在编制概预算文件时不可直接列入。

(10) 基价

基价亦称定额基价，是完成定额计量单位工程量，按人工、材料、机械台班基价及定额工、料、机消耗计算出的人工费、材料费和机械使用费之和。

(11) 定额表注

有些定额列有“注”，是对本表的特别说明。使用定额时，必须仔细阅读小注，以免发生错误。

2.2 公路工程概、预算定额的应用

2.2.1 《预算定额》的总说明

定额的总说明是涉及定额使用方面的全面性的规定和解释。它是非常重要的，需要真正理解、切实掌握，而且应当记住，稍有疏忽便会产生错误。《预算定额》的总说明共有 20 条，由于篇幅有限，现就其重点内容进行介绍。

(1) 定额表的工作内容。定额中的工程内容，均包括定额项目的全部施工过程。定额内除扼要说明施工的主要操作工序外，均包括准备与结束、场内操作范围内的水平与垂直运输、材料工地小搬运、辅助和零星用工、工具及机械小修、场地清理等工程内容。其中，材料工地小搬运是指将施工材料由工地仓库或存放地点到操作现场的二次搬运；辅助和零星用工是指为保证基本工作能顺利完成所做的辅助性和零星工作所消耗的时间；场地清理是指为了便于施工，达到“三通一平”的要求，必须对施工现场进行场地清理，这样既能保证施工质量，又能保证工作人员的人身安全。场地清理的内容包括整平场地和运弃杂物等。

(2) 材料消耗。本定额中的材料消耗量系按现行材料标准的合格料和标准规格料计算的。定额内材料、成品、半成品均已包括场内运输及操作损耗，编制预算时，不得另行增加。其场外运输损耗、仓库保管损耗以及由于材料供应规格和质量不符合定额规定而发生的加工损耗，应在材料预算价格内考虑。

(3) 周转性材料说明。本定额中周转性的材料、模板、支撑、脚手杆、脚手板和挡土板等的数量，已考虑了材料的正常周转次数并计入定额内。其中，就地筑钢筋混凝土梁用的支架及拱圈用的拱盔、支架，如确因施工安排达不到规定的周转次数，可根据具体情况进行换算并按规定计算回收，其余工程一般不予抽换。

(4) 混凝土、砂浆的有关规定。定额中列有的混凝土、砂浆的强度等级和用量，其材料用量已按附录中配合比表规定的数量列入定额，不得重算。如设计采用的混凝土、砂浆强度等级或水泥强度等级与定额所列强度等级不同，可按《预算定额》附录“基本定额”

中“浆、混凝土配合比表”进行换算，用于替换定额表中相应的材料消耗定额值。但实际施工配合比材料用量与定额配合比表用量不同时，除配合比表说明中允许换算者外，均不得调整。

混凝土、砂浆配合比表的水泥用量，已综合考虑了采用不同品种水泥的因素，实际施工中不论采用何种水泥，均不得调整定额用量。

(5) 有关外掺剂的费用的规定。定额中各类混凝土均未考虑外掺剂的费用，当设计需要添加外掺剂时，可按设计要求另行计算外掺剂的费用并适当调整定额中的水泥用量。

(6) 本定额中各类混凝土均按施工现场拌和进行编制；当采用商品混凝土时，可将相关定额中的水泥、中(粗)砂、碎石的消耗量扣除并按定额中所列的混凝土消耗量增加商品混凝土的消耗。

(7) 定额中各项目的施工机械种类、规格是按一般合理的施工组织确定的，施工中实际采用机械的种类、规格与定额规定的不同时一律不得换算。

(8) 定额中施工机械的台班消耗，已考虑了工地合理的停置、空转和必要的备用量等因素。编制预算的台班单价，应按《公路工程机械台班费用定额》(JTG/T 3833—2018)分析计算。

(9) 定额中只列工程所需的主要材料用量和主要机械台班数量。次要、零星材料和小型施工机具均未一一列出，分别列入“其他材料费”及“小型机具使用费”，以“元”表示，编制预算即按此计算。

(10) 其他未包括的项目，各省级公路造价管理部门可编制补充定额在本地区执行；还缺少的项目，各设计单位可编制补充定额，随同预算文件一并送审。所有补充定额均应按照本定额的编制原则、方法进行编制，并将数据上传至“公路工程造价依据信息管理平台”。

(11) 定额表中注明“某某数以内”或“某某数以下”者，均包括某某数本身；而注明“某某数以外”或“某某数以上”者，则不包括某某数本身。定额内数量带“()”者，表示基价中未包括其价值。

(12) 本定额中凡定额名称中带有“※”号者，均为参考定额，使用定额时，可根据情况进行调整。

(13) 定额中的“工料机代号”系编制概预算采用电子计算机计算时作为对工、料、机械名称识别的符号，不应随意变动。编制补充定额时，遇有新增材料或机械，编码采用 7 位，第 1、2 位取相近品种的材料或机械代号，第 3、4 位采用偶数编制，后 3 位采用顺序编制。

2.2.2 路基工程预算定额的说明与应用

现行《预算定额》中的路基工程，主要包括路基土、石方工程，排水工程，防护工程，特殊路基处理工程等四节内容。本章章说明的主要内容是对土壤、岩石类别划分。预算定额按开挖的难易程度将土壤、岩石分为六类。其中土壤分为三类：松土、普通土、硬土；岩石分为三类：软石、次坚石、坚石。第一节有 8 条说明，第二节有 7 条说明，第三节有 4 条说明，第四节有 7 条说明。现举例说明。

(1) 第一节节说明 7：下列数量应由施工组织设计提出，并入路基填方数量内计算。

① 清除表土或零填方地段的基底压实、耕地填前夯(压)实后，回填至原地面高程所需的土、石方数量。

② 因路基沉陷需增加填筑的土、石方数量。

$$h = p/c$$

式中 h——天然土因压实而产生的沉降量，cm；

p——有效作用力，kN/cm^2，一般按 12～15 t 压路机的有效作用力 $p = 66\ kN/cm^2$ 计算；

c——土的抗沉陷系数，kN/cm^3，其值见表 2-2。

表 2-2 各种原状土的 c 值参考表

原状土名称	$c/(kN/cm^3)$	原状土名称	$c/(kN/cm^3)$	原状土名称	$c/(kN/cm^3)$
1. 沼泽土	1～1.5	3. 松砂、松湿黏土、耕土	2.5～3.5	5. 坚实的黏土	10.0～12.5
2. 凝滞土、细粒砂	1.8～2.5	4. 大块胶结的砂、潮湿黏土	3.5～6.0	6. 泥灰石	13.0～18.0

碾压天然土地面的面积乘以沉降量就是需增加的填方数量，即

$$Q = Fh$$

式中 Q——增加的填方数量，m^3。

F——填前压(夯)实的天然土的地面面积，m^2。

h——沉降量，m，在实际工作中，耕地土石方一般按 $h = 15 \sim 20$ cm 计算。

③ 为保证路基边缘的压实度须加宽填筑时，所需的土、石方数量。

【例 2-1】 某高速公路路基工程，全长 28 km，按设计断面计算的填前压实方为 6 720 000 m^3，无利用方，路基平均填土高度 7.0 m，平均边坡长度为 10.5 m，宽填 0.2 m，路基占地为耕地，土质为Ⅲ类土，填前以 12 t 压路机压实耕地。路基底面宽 45 m，计算填前压实增加的土方量。

解：根据填前压实耕地增加的土方量查得 $c = 3.5\ kN/cm^3$，15 t 光面压路机的 $p = 66\ kN/cm^2$。

$$h = p/c = 66 \div 3.5 = 18.86\ (cm)$$

$$\text{路基底面面积}\ F = 28\ 000 \times 45 = 1\ 260\ 000\ (m^2)$$

$$\text{填前压实增加土方量} = 1\ 260\ 000 \times 0.188\ 6 = 237\ 636\ (m^3)$$

(2) 机械施工土、石方，挖方部分机械达不到需由人工完成的工程量由施工组织设计确定。其中，人工操作部分，按相应定额乘以系数 1.15。

【例 2-2】 某路基工程采用挖掘机挖装普通土方，但机械无法操作处需由人工挖装，机动翻斗车运输的工程量为 6 500 m^3，那么，人工操作的工程量是怎样确定的？实际采用的预算定额值是多少？其所需劳动量是多少？

解：根据《预算定额》第一章第一节说明 3 的规定可知，人工挖装土方的工程量 6 500 m^3 是由施工组织设计提供的，采用的定额为“人工挖运土方、装运石方”(定额表 1-1-6)的第 2 栏，并查其定额值为：145.5 工日/1 000 m^3 天然密实方，按照该表注 1 的说明要求，其实际采用的计算定额值为(145.5－30)×1.15，即 115.5×1.15/1 000＝132.83(工日/1 000 m^3)天然密实土。其所需总劳动量为 6 500÷1 000×132.83＝863.36(工日)。见表 2-3。

表 2-3　1-1-6 人工挖运土方:装运石方

工程内容:人工挖运土方:① 挖松;② 装土;③ 运送;④ 卸除;⑤ 空回。

人工装运石方:① 装石方;② 运送;③ 卸除;④ 空回。

单位:1 000 m^3 天然密实方

顺序号	项目	单位	代号	挖运土方				装运石方			
				第一个 20 m			手推车运土每增运 10 m	第一个 20 m			手推车运石每增运 10 m
				松土	普通土	硬土		软石	次坚石	坚石	
				1	2	3	4	5	6	7	8
1	人工	工日	1001001	113.7	145.5	174.6	5.9	167.6	192.8	221.7	7.7
2	基价	元	9999001	12 084	15 464	18 556	627	17 813	20 491	23 562	818

注:1. 当采用人工挖、装土方,机动翻斗车运输时,其挖、装所需的人工按第一个 20 m 挖运定额减去 30.0 工日计算;当采用人工装石方,机动翻斗车运输时,其装石所需的人工按第一个 20 m 装运定额减去 52.0 工日计算。

2. 当采用人工挖、装、卸土方,手扶拖拉机运输时,其挖、装、卸所需的人工按第一个 20 m 挖运定额减法 18.0 工日计算;当采用人工装、卸石方,手扶拖拉机运输时,其装、卸所需的人工按第一个 20 m 装运定额减去 32.0 工日计算。

3. 石方开炸按相应定额计算,本章定额只考虑爆破后的人工装运。

4. 当遇升降坡时,除按水平距离计算运距外,并按表 2-4 增加运距。

表 2-4　升降坡增加运距

项目	升降坡度	高度差	
		每升高 1 m	每降低 1 m
手推车运输	0%～5%	不增加	不增加
	5%～10%	15 m	5 m
	10%以上	25 m	8 m

2.2.3　路面工程预算定额的说明与应用

路面工程预算定额包括:路面基层及垫层;路面面层;路面附属工程。路面工程预算定额总说明的主要内容如下。

(1) 本章定额包括各种类型路面以及路槽、路肩、垫层、基层等,除沥青混合料路面、厂拌基层稳定土混合料运输、自卸车运输碾压水泥混凝土以 1 000 m^3 路面实体为计算单位外,其他均以 1 000 m^2 为计算单位。

(2) 路面项目中的厚度均为压实厚度,培路肩厚度为净培路肩的夯实厚度。

(3) 本章定额中混合料系按最佳含水率编制的,定额中已包括养护用水并适当扣除材料天然含水率,但山西、青海、甘肃、宁夏、内蒙古、新疆、西藏等省、自治区,由于湿度偏低,用水量可根据实际情况增加。

(4) 本章定额中凡列有洒水汽车的子目,均按 5 km 范围内洒水汽车在水源处自吸水编制,不计水费。如工地附近无天然水源可利用,必须采用供水部门供水(如自来水),可根据定额子目中洒水汽车的台班数量,按每台班 35 m^3 计算定额用水量,乘以供水部门规定的水价增列水费。洒水汽车取水的平均运距超过 5 km 时,可按路基工程的洒水汽车洒水定额中的增运定额增加洒水汽车的台班消耗,但增加的洒水汽车台班消耗量不得再计水费。

(5) 本章定额中的水泥混凝土除摊铺机铺筑水泥混凝土路面及碾压混凝土路面外，均已包括其拌和的费用，使用定额时不得再另行计算。

(6) 压路机台班按行驶速度(两轮光轮压路机为 2.0 km/h、三轮光轮压路机为 2.5 km/h、轮胎式压路机为 5.0 km/h、振动压路机为 3.0 km/h)进行编制。设计为单车道路面宽度时，两轮光轮压路机乘以系数 1.14、三轮光轮压路机乘以系数 1.33、轮胎式压路机和振动压路机乘以系数 1.29。

(7) 自卸汽车运输稳定土混合料、沥青混合料和水泥混凝土定额项目，仅适用于平均运距在 15 km 以内的混合料运输，当运距超过第一个定额运距单位时，其运距尾数不足一个增运定额单位的半数时不计，等于或超过半数时按一个增运定额运距单位计算。当平均运距超过 15 km 时，应按市场运价计其运输费用。

第一节节说明 6 条，第二节节说明 10 条，第三节节说明 3 条，现举例说明。

【例 2-3】 某二级公路厚度 15 cm 的水泥稳定砂砾基层，路拌法，共 80 000 m^2，采用 6 000 L洒水汽车洒水作业，需在距工地 8 km 处吸取自来水，自来水单价为 1.0 元/m^3。试计算洒水汽车总台班数及需增列的水费。见表 2-5、表 2-6。

表 2-5　2-1-2 路拌法水泥稳定土基层

工程内容：① 清扫整理下承层；② 铺料、铺水泥，洒水，拌和；③ 整形，碾压，找补；④ 初期养护。

Ⅰ. 拖拉机带锥犁拌和　　单位：1 000 m^2

顺序号	项目	单位	代号	水泥土		水泥沙		水泥砂砾		水泥碎石	
				水泥剂量 10%		水泥:砂:土 10:83:7		水泥剂量 5%			
				压实厚度 20 cm	每增减 1 cm	压实厚度 20 cm	每增减 1 cm	压实厚度 20 cm	每增减 1 cm	压实厚度 20 cm	每增减 1 cm
				1	2	3	4	5	6	7	8
1	人工	工日	1001001	13.5	0.6	15.1	0.7	10.4	0.4	10.5	0.4
2	土	m^3	5501002	269.61	13.48	24.55	1.23	—	—	—	—
3	砂	m^3	5503004	—	—	239.06	11.95	—	—	—	—
4	砂砾	m^3	5503007	—	—	—	—	265.52	13.28	—	—
5	碎石	m^3	5505016	—	—	—	—	—	—	293.79	14.69
6	32.5 级水泥	t	5509001	32.788	1.639	38.389	1.919	21.906	1.095	22.343	1.117
7	其他材料费	元	7801001	301	—	301	—	301	—	301	—
8	设备摊销费	元	7901001	2.1	0.1	2.1	0.1	2.1	0.1	2.1	0.1
9	120 kW 以内自行式平地机	台班	8001058	0.3	—	0.3	—	0.3	—	0.3	—
10	75 kW 以内履带式拖拉机	台班	8001066	0.16	—	0.16	—	0.16	—	0.16	—
11	12～15 t 光轮压路机	台班	8001081	0.25	—	0.25	—	0.25	—	0.25	—

表 2-5(续)

顺序号	项目	单位	代号	水泥土		水泥沙		水泥砂砾		水泥碎石	
				水泥剂量 10%		水泥:砂:土 10:83:7		水泥剂量 5%			
				压实厚度 20 cm	每增减 1 cm	压实厚度 20 cm	每增减 1 cm	压实厚度 20 cm	每增减 1 cm	压实厚度 20 cm	每增减 1 cm
				1	2	3	4	5	6	7	8
12	18～21 t 光轮压路机	台班	8001083	0.8	—	0.8	—	0.8	—	0.8	—
13	10 000 L 以内洒水汽车	台班	8007043	0.35	0.02	0.33	0.02	0.27	0.02	0.28	0.02
14	基价	元	9999001	16 042	721	34 101	1 627	22 031	1 020	32 062	1 521

表 2-6　1-1-22 洒水汽车洒水

工程内容:① 吸水;② 运水;③ 洒水;④ 空回。

单位:1 000 m^3 水

顺序号	项目	单位	代号	洒水汽车容量							
				4 000 L 以内		6 000 L 以内		8 000 L 以内		10 000 L 以内	
				第一个 1 km	每增 0.5 km	第一个 1 km	每增 0.5 km	第一个 1 km	每增 0.5 km	第一个 1 km	每增 0.5 km
				1	2	3	4	5	6	7	8
1	4 000 L 以内洒水汽车	台班	8007040	14.93	0.95	—	—	—	—	—	—
2	6 000 L 以内洒水汽车	台班	8007041	—	—	12.37	0.63	—	—	—	—
3	8 000 L 以内洒水汽车	台班	8007042	—	—	—	—	9.4	0.4	—	—
4	10 000 L 以内洒水汽车	台班	8007043	—	—	—	—	—	—	7.5	0.26
5	基价	元	9999001	9 360	596	8 633	440	8 501	362	8 287	287

注:水需要计费时,水费另行计算。

解:(1) 增列水费

根据《预算定额》第二章说明 4,由《预算定额》2-1-2-5 查得 6 000 L 洒水汽车的定额消耗为 0.27 台班/1 000 m^2,故增列的水费为:

$$水费=0.27\times80\ 000\div1\ 000\times35\times1=756(元)$$

(2) 增列洒水汽车定额台班

由定额项目“1-1-22 洒水汽车洒水”定额中查得:洒水增运定额为每增运 0.5 km,台班为 0.63 台班/1 000 m^3

总用水量：0.27×80 000÷1 000×35＝756(m^3)

需增列的洒水台班：756÷1 000×0.63×(8－5)÷0.5＝2.86(台班)

洒水汽车总台班＝0.27×80 000÷1 000＋2.86＝24.46(台班)

【例 2-4】 某级配砾石路面，路面宽度 3.5 m，铺设长度 10 km，设计厚度 8 cm，采用机械摊铺，平地机拌和，计算其劳动量和作业量。

解：根据《预算定额》第二章说明 6，《预算定额》2-2-3-13：

人工＝10 000×3.5×2.6÷1 000＝91(工日)

平地机＝10 000×3.5×0.57÷1 000＝20(台班)

12～15 t 压路机＝10 000×3.5×0.12×1.14÷1 000＝4.8(台班)

18～21 t 压路机＝10 000×3.5×0.91×1.14÷1 000＝36.3(台班)

洒水汽车＝10 000×3.5×0.08÷1 000＝2.8(台班)

《预算定额》第二章第一节说明第二条：各类稳定土基层定额中的材料消耗系按一定配合比编制的，当设计配合比与定额标明的配合比不同时，有关材料可按下式进行换算：

$$C_i = [C_d + B_d(H - H_0)] \times L_i / L_d$$

式中 C_i——按设计配合比换算后的材料用量；

C_d——定额中基本压实厚度的材料用量；

B_d——定额中压实厚度每增加或减少 1 cm 的材料数量；

H_0——定额中基本压实厚度，取 15 cm；

H——设计压实厚度；

L_d——定额中标明的材料百分率；

L_i——设计配合比的材料百分率。

【例 2-5】 某水泥、石灰稳定土基层工程，采用筛拌法，设计配合比为 5.5∶3.5∶91，厚度 18 cm，确定水泥、石灰、土的实用定额值。

解：由《预算定额》2-1-6-1、2-1-6-2。

通过计算可得：

水泥：[20.392＋1.02×(18－15)]×5.5÷6＝21.50(t)

石灰：[14.943＋0.747×(18－15)]×3.5÷4＝15.04(t)

土：[268.07＋13.4×(18－15)]×91÷90＝311.70(m^3)

2.2.4 隧道工程预算定额的说明与应用

本章定额包括按钻爆法施工的开挖、支护、防排水、衬砌、装饰、洞门、辅助坑道以及瓦斯隧道等项目。隧道开挖定额按照一般凿岩机钻爆法施工的开挖方法进行编制。

(1) 本章定额按现行隧道设计、施工技术规范将围岩分为六级，即Ⅰ级～Ⅵ级。

(2) 本章定额混凝土工程均未考虑拌和的费用，应按桥涵工程相关定额另行计算。

(3) 本章"开挖"定额中已综合考虑超挖及预留变形因素。

(4) "洞内出渣运输"定额已综合洞门外 500 m 运距，当洞门外运距超过此运距时，可按照路基工程自卸汽车运输土石方的增运定额加计增运部分的费用。

(5) 本章定额中均未包括混凝土及预制块的运输，需要时应按有关定额另行计算。

(6) 本章定额未考虑地震、坍塌、溶洞及大量地下水处理，以及其他特殊情况所需的费用，需要时可根据实际另行计算。

(7) 隧道工程项目采用其他章节定额的规定：

① 洞门挖基、仰坡及天沟开挖、明洞明挖土石方等，应使用其他章节有关定额计算。

② 洞内工程项目如需采用其他章节定额，所采用定额的人工工日、机械台班数量及小型机具使用费应乘系数 1.26。

【例 2-6】 某隧道工程洞内路面为 26 cm 厚，水泥混凝土面层 56 200 m^2，路面拉杆钢筋为 134.56 t，试计算其人工、机械台班的消耗量。

解：根据《预算定额》第三章说明 7(2)，洞内路面工程需采用第二章路面工程定额 2-2-17-3、2-2-17-4 和 2-2-17-13，因此人工工日、机械台班数量及小型机具使用费应乘系数 1.26。

(1) 水泥混凝土面层

人工：(66.1＋1.8×6)×1.26×56 200÷1 000＝5 445.4(工日)

2.5～4.5 m 轨道式水泥混凝土摊铺机：

(0.41＋0.02×6)×1.26×56 200÷1 000＝37.5(台班)

混凝土电动刻纹机：7.22×1.26×56 200÷1 000＝511.3(台班)

混凝土电动切缝机：2.501×1.26×56 200÷1 000＝177.1(台班)

10 000 L 以内洒水汽车：1.48×1.26×56 200÷1 000＝104.8(台班)

(2) 路面拉杆钢筋

人工：6.6×1.26×134.56＝111 9(工日)

32 kV·A 以内交流电弧焊机：0.09×1.26×134.56＝15.3(台班)

小型机具使用费：11×1.26×134.56＝1 865(元)

2.2.5　桥涵工程预算定额的说明与应用

桥涵工程包括开挖基坑，围堰、筑岛及沉井，打桩，灌注桩，砌筑，现浇混凝土及钢筋混凝土，预制、安装混凝土及钢筋混凝土构件，构件运输，拱盔、支架，钢结构和杂项工程共十一项。

2.2.5.1　混凝土工程

(1) 定额中混凝土强度等级均按一般图纸选用，其施工方法除小型构件采用人拌人捣外，其他均按机拌机捣计算。

(2) 定额中混凝土工程除大型预制构件底座，混凝土搅拌站安装、拆除和钢桁架桥式码头项目中已考虑混凝土的拌和费用外，其他混凝土项目中均未考虑混凝土的拌和费用，应按有关定额另行计算。

(3) 定额中混凝土均按露天养护考虑，如采用蒸汽养护，应从各有关定额中按每10 m^3 扣减人工 1.0 个工日及其他材料费 4 元，并按蒸汽养护有关定额计算。

(4) 定额中采用泵送混凝土的项目均已包括水平和向上垂直泵送所消耗的人工、机械，当水平泵送距离超过定额综合范围时，可增列人工及机械消耗量。向上垂直泵送不得调整。

(5) 混凝土中的钢板、型钢、钢管等预埋件，均作为附属材料列入混凝土定额。连接用的钢板、型钢等则包括在安装定额内。

(6) 大体积混凝土项目必须采用埋设冷却管来降低混凝土水化热时，可根据实际需要另行计算。

(7) 除另有说明外，混凝土定额中均已综合脚手架、上下架、爬梯及安全围护等搭、拆及摊销费用，使用定额时不得另行计算。

2.2.5.2 钢筋工程

(1) 定额中凡钢筋直径在 10 mm 以上的接头，除注明为钢套筒连接外，均采用电弧搭接焊或电阻对接焊。

(2) 定额中的钢筋按选用图纸分为 HRB300、HRB400；设计中采用 HRB500 时，可将定额中的 HRB400 抽换为 HRB500。当设计图纸的钢筋比例与定额有出入时，可调整钢筋品种的比例。

(3) 定额中的钢筋是按一般定尺长度计算的；当设计提供的钢筋连接用钢套筒数量与定额有出入时，可按设计数量调整定额中的钢套筒消耗，其他消耗不调整。

2.2.5.3 模板工程

(1) 模板不单列项目。混凝土工程中所需的模板包括钢模板、组合钢模板、木模板，均按其周转摊销量计入混凝土定额。

(2) 定额中的模板均为常规模板；当设计或施工对混凝土结构的外观有特殊要求需要对模板进行特殊处理时，可根据定额中所列的混凝土模板接触面积增列相应的特殊模板材料的费用。

(3) 定额中所列的钢模板材料指工厂加工的适用于某种构件的定型钢模板，其质量包括立模所需的钢支撑及有关配件；组合钢模板材料指市场供应的各种型号的组合钢模板，其质量仅为组合钢模板的质量，不包括立模所需的支撑、拉杆等配件，定额中已计入所需配件材料的摊销量；木模板按工地制作编制，定额中将制作所需工、料、机械台班消耗按周转摊销量计算。

(4) 定额中均已包括各种模板的维修、保养所需的工、料及费用。

2.2.5.4 设备摊销费

定额中设备摊销费的设备指属于固定资产的金属设备，包括万能杆件、装配式钢桥桁架及有关配件拼装的金属架桥设备。挂篮、移动模架设备摊销费按设备质量每吨每月 180 元计算，其他设备摊销费按设备质量每吨每月 140 元计算(除设备本身折旧费用，还包括设备的维修、保养等费用)。各项目中凡注明允许调整的，可按计划使用时间调整。

2.2.5.5 工程量计算一般规则

(1) 混凝土现浇、混凝土预制、构件安装的工程量为构筑物或预制构件的实际体积，不包括其中空心部分的体积，钢筋混凝土项目的工程量不扣除钢筋(钢丝、钢绞线)、预埋件和预留孔道所占的体积。

(2) 构件安装定额中在括号内所列的构件体积数量，表示安装时需要备制的构件数量。

(3) 钢筋工程量为钢筋的设计质量，定额中已计入施工操作损耗，一般钢筋因接长所需而增加的钢筋质量已包括在定额中，不得将这部分质量计入钢筋设计质量。但对于某些特殊的工程，必须在施工现场分段施工采用搭接接长时，其搭接长度的钢筋质量未包括在定额中，应在钢筋的设计质量内计算。

第四章包括 11 节，各节又有节说明，需要认真阅读。

第四章第二节说明 2：草土、塑料编织袋、竹笼、木笼铁丝围堰定额中已包括 50 m 以内人工挖运土方的工日数量，定额括号内所列“土”的数量不计价，仅限于取土运距超过 50 m 时，按人工挖运土方的增运定额，增加运输用工。

【例 2-7】 某桥的草袋围堰工程，装草袋的土人工挑抬运距 220 m，围堰高 2.5 m。试确定工程的预算定额值。

解：现由《预算定额》4-2-2 确定草袋围堰的定额如下（每 10 m 围堰）：

人工挖运土方增运定额，1-1-6-4。

人工：34.7＋增列超距运输用工＝34.7＋[5.9×(220－50)÷10÷1 000×88.4]

＝34.7＋8.87＝43.6（工日）

草袋：1 498 个

土：88.4 m^3

第四章第四节说明 1：灌注桩造孔根据造孔的难易程度，将土质分为八种：

(1) 砂土：粒径不大于 2 mm 的砂类土，包括淤泥、轻亚黏土。

(2) 黏土：亚黏土、黏土、黄土，包括土状风化。

(3) 砂砾：粒径 2～20 mm 的角砾、圆砾含量（指质量比，下同）小于或等于 50%，包括礓石及粒状风化。

(4) 砾石：粒径 2～20 mm 的角砾、圆砾含量大于 50%，有时还包括粒径 20～200 mm 的碎石、卵石，其含量在 10%以内，包括块状风化。

(5) 卵石：粒径 20～200 mm 的碎石、卵石含量大于 10%，有时还包括块石、漂石，其含量在 10%以内，包括块状风化。

(6) 软石：饱和单轴极限抗压强度在 40 MPa 以下的各类松软的岩石，如盐岩，胶结不紧的砾岩、泥质页岩、砂岩，较坚实的泥灰岩、块石土及漂石土，软而节理较多的石灰岩等。

(7) 次坚石：饱和单轴极限抗压强度在 40～100 MPa 的各类较坚硬的岩石，如硅质页岩、硅质砂岩、白云岩、石灰岩、坚实的泥灰岩、软玄武岩、片麻岩、正长岩、花岗岩等。

(8) 坚石：饱和单轴极限抗压强度在 100 MPa 以上的各类坚硬的岩石，如硬玄武岩，坚实的石灰岩、白云岩、大理岩、石英岩、闪长岩、粗粒花岗岩、正长岩等。

【例 2-8】 某桥桩基础采用回旋钻机钻孔，设计桩长 35 m，直径为 ϕ100 cm，地层由上至下为黏土 6 m，粒径 2～20 mm 的砂砾 15 m 以及松软的页岩。试确定该项目陆地钻孔预算定额。

解：参照灌注桩工程定额节说明 1，由《预算定额》查得钻孔定额：土质层次黏土 6 m 为 4-4-4-10、砂砾 15 m 为 4-4-4-11、软岩 35－6－15＝14(m)为 4-4-4-14。

人工：(6.4×6＋9×15＋15.2×14)÷10＝38.6（工日）

材料：

电焊条：(0.2×6＋0.3×15＋1×14)÷10＝1.97(kg)

铁件：(0.1×6＋0.1×15＋0.1×14)÷10＝0.35(kg)

水：(11×6＋17×15＋15×14)÷10＝53.1(m^3)

锯材：(0.005×6＋0.005×15＋0.005×14)÷10＝0.018(m^3)

黏土：(2.98×6＋5.96×15＋5.22×14)÷10＝18.04(m^3)

其他材料费：(0.9×6＋0.9×15＋0.9×14)÷10＝3.15(m^3)

设备摊销费：(10.7×6＋11.4×15＋24.9×14)÷10＝58.4（元）

机械：

1.0 m^3 以内履带式机械单斗挖掘机：(0.02×6＋0.02×15＋0.02×14)÷10＝0.07（台班）

15 t 以内载货汽车：(0.07×6+0.07×15+0.07×14)÷10=0.25(台班)

16 t 以内汽车式起重机：(0.08×6+0.08×15+0.08×14)÷10=0.28(台班)

ϕ1 500 mm 以内回旋钻机：(1.41×6+2.16×15+4.88×14)÷10=10.91(台班)

泥浆分离器：(0.08×6+0.09×15+0.13×14)÷10=0.37(台班)

泥浆搅拌机：(0.24×6+0.24×15+0.24×14)÷10=0.84(台班)

42 kV·A 以内交流电弧焊机：(0.02×6+0.03×15+0.1×14)÷10=0.20(台班)

《预算定额》第四章第七节说明 8：制作、张拉预应力钢筋、钢绞线，是按不同的锚头形式分别编制的；当每吨钢筋的根数或每吨钢绞线的束数有变化时，可根据定额进行抽换。

说明 10：对于钢绞线不同型号的锚具，使用定额时可按表 2-7 规定计算。

表 2-7　锚具型号

设计采用锚具型/孔	1	4	5	6	8	9	10	14	15	16	17	24
套用定额的锚具型号/孔	3		7				12			19		22

【例 2-9】 某桥上部构造为 20 m 预应力箱梁，设计采用锚具型号、数量及钢绞线质量分别为：3 孔锚具 64 套 2.75 t、4 孔锚具 320 套 18.3 t、5 孔锚具 160 套 4.90 t。试确定钢绞线预算定额消耗。

解：(1) 首先设计锚具型号 3 孔、4 孔应选用 3 孔定额；而 5 孔应选用 7 孔定额。

(2) 计算对应锚具型号的每吨束数，由已知得：

3 孔锚具 64 套 2.75 t，即对应每吨束数=64÷2÷2.75=11.64(束/t)

4 孔锚具 320 套 18.3 t，即对应每吨束数=320÷2÷18.3=8.74(束/t)

5 孔锚具 160 套 4.90 t，即对应每吨束数=160÷2÷4.9=16.32(束/t)

(3) 由《预算定额》4-7-19-3、4-7-19-4 查得：

人工：[12.8+0.6×(11.64−18.94)]×2.75=23.16(工日)

材料：

钢绞线：1.04×2.75=2.86(t)

塑料波纹管 291×2.75=800.25(m)

压浆料：0.67×2.75=1.8(t)

钢绞线圆锚(3 孔)：[38.26+2.02×(11.64−18.94)]×2.75=64.66(套)

其他材料费：80.9×2.75=222.48(元)

机械：

智能张拉系统：[2.27+0.12×(11.64−18.94)]×2.75=3.83(台班)

智能压浆系统：0.07×2.75=0.19(台班)

小型机具使用费：[154.3+2.4×(11.64−18.94)]×2.75=376.15(元)

(4) 由《预算定额》4-7-19-3、4-7-19-4 查得：

人工：[12.8+0.6×(8.74−18.94)]×18.3=122.2(工日)

材料：

钢绞线：1.04×18.3=19.03(t)

塑料波纹管：291×18.3=5 325.3(m)

压浆料：0.67×18.3＝12.26(t)

钢绞线圆锚(3孔)：[38.26＋2.02×(8.74－18.94)]×18.3＝323.1(套)

其他材料费：80.9×18.3＝1 480.5(元)

机械：

智能张拉系统：[2.27＋0.12×(8.74－18.94)]×18.3＝19.1(台班)

智能压浆系统：0.07×18.3＝1.28(台班)

小型机具使用费：[154.3＋2.4×(8.74－18.94)]×18.3＝2 375.7(元)

(5) 由《预算定额》4-7-19-5、4-7-19-6 查得：

人工：[9.7＋0.6×(16.32－8.12)]×4.9＝71.6(工日)

材料：

钢绞线：1.04×4.9＝5.1(t)

塑料波纹管 125×4.9＝612.5(m)

压浆料：0.35×4.9＝1.7(t)

钢绞线圆锚(7孔)：[16.4＋2.02×(16.32－8.12)]×4.9＝161.5(套)

其他材料费：41.9×4.9＝205.3(元)

机械：

智能张拉系统：[0.97＋0.12×(16.32－8.12)]×4.9＝9.6(台班)

智能压浆系统：0.07×4.9＝0.3(台班)

小型机具使用费：[89＋3.4×(16.32－8.12)]×4.9＝572.7(元)

2.2.6 《预算定额》后五章说明与应用

2.2.6.1 第五章交通工程及沿线设施预算定额总说明

(1) 本章定额包括交通安全设施、监控收费系统、通信管道及通信系统、通风机消防设施、供电照明系统、电缆敷设、配管配线及铁构件制作安装等项目。

(2) 本章定额中均已包括混凝土的拌和费用。

2.2.6.2 第六章绿化及环境保护工程预算定额总说明

(1) 本章定额包括绿化工程及环境保护工程。

(2) 绿化工程栽植子目中均已综合了挖树穴、底肥、1 次浇水费用。

(3) 环境保护工程隔声、吸音板材可依据设计进行调整。

2.2.6.3 第七章临时工程预算定额总说明

(1) 本章定额包括汽车便道、临时便桥、临时码头、轨道铺设、架设输电线路、人工夯打小圆木桩等 6 个项目。

(2) 汽车便道按路基宽度为 7.0 m 和 4.5 m 分别编制，便道路面宽度按 6.0 m 和 3.5 m 分别编制，路基宽度 4.5 m 的定额中已包括错车道的设置。汽车便道项目中未包括便道使用期内养护所需的工、料、机数量。若便道使用期内需要养护，编制预算时，可根据施工期按相应定额计算。

(3) 临时汽车便桥按桥面净宽 4 m、单孔跨径 21 m 编制；钢栈桥按上、下部编制。

(4) 重力式砌石码头定额中不包括拆除的工程内容，需要时可按“桥涵工程”项目的“拆除旧建筑物”定额另行计算。

(5) 轨道铺设定额中轻轨(11 kg/m，15 kg/m)部分未考虑道砟，轨距为 75 cm，枕距为

80 cm，枕长为 1.2 m；重轨（32 kg/m）部分轨距为 1.435 m，枕距为 80 cm，枕长为 2.5 m，岔枕长为 3.35 m，并考虑了道砟铺筑。

（6）人工夯打小圆木桩的土质划分及桩入土深度的计算方法与打桩工程相同。圆木桩的体积，根据设计桩长和梢径（小头直径），按木材体积表计算。

（7）本章定额中便桥，输电线路的木料、电线的材料消耗均按一次使用量计列，编制预算时应按规定计算回收；其他各项定额分别根据不同情况，按其周转次数摊入材料数量。

2.2.6.4　第八章材料采集及加工预算定额总说明

（1）本章定额包括人工种植及采集草皮，土、黏土采筛，采筛洗砂及机制砂，采砂砾、碎（砾）石土、砾石、卵石，片石、块石开采，料石、盖板石开采，机械轧碎石，采筛路面用石屑、煤渣、矿渣，人工洗碎（砾、卵）石，堆、码方，碎石破碎设备安、拆等项目。

（2）本章定额中机制砂、机轧碎石用到的片石均按捡清片石计算。

（3）本章定额中材料采集及加工定额已包括采、筛、洗、堆及加工等操作损耗。

2.2.6.5　第九章材料运输预算定额总说明

（1）本章定额中包括人工挑抬运输、手推车运输、机动翻斗车运输（配合人工装车）、手扶拖拉机运输（配合人工装车）、载货汽车运输（配合人工装卸）、自卸汽车运输（配合装载机装车）、人工装机动翻斗车、人工装卸汽车、装载机装汽车、其他装卸汽车、洒水车运水等项目。

（2）汽车运输定额中已综合考虑路基不平、土路松软、泥泞、急弯、陡坡等因素增加的消耗。

（3）载货汽车运输、自卸汽车运输和洒水汽车运水定额项目，仅适用于平均运距在 15 km以内的运输；当运距超过第一个定额运距单位时，其运距尾数不足一个增运定额单位的半数时不计，等于或超过半数时按一个增运定额运距单位计算。当平均运距超过 15 km 时，应按市场运价计算其运输费用。

（4）人力装卸船舶可按手推车运输相应项目定额计算。

（5）所有材料的运输及装卸定额中，均未包括堆、码方工日。

（6）本章定额中未列名称的材料，可按下列规定执行，其中不是以质量计量的应按单位质量进行换算：

① 与碎石运输定额相同的材料有：天然级配、石渣、风化石。

② 定额中未列的其他材料，一律按水泥运输定额计算。

【例 2-10】 列出下列预算定额：

（1）装载机装 15 t 以内自卸汽车运土，运距 9 km。

（2）15 t 以内自卸汽车配合装载机运路基土方，运距 9 km。

（3）15 t 以内载重汽车运水 9 km，计量单位 100 t。

解：（1）由第九章材料运输第 9-1-6-91、9-1-6-92 查得：

15 t 以内自卸汽车：0.38＋0.08×（9－1）＝1.02（台班）

基价：352＋74×（9－1）＝944（元）

（2）由路基工程第一章预算定额 1-1-11-9、1-1-11-10 查得：

15 t 以内自卸汽车：5.01＋0.58×（9－1）×2＝14.29（台班）

基价：4 643＋538×（9－1）×2＝13 251（元）

(1) 与(2)所用定额的区别:(1) 是材料运输(第九章),(2) 是路基土废方运输(第一章)。

(3) 查《预算定额》9-1-5-65 及 9-1-5-66,运水的定额按运输沥青、油料定额乘以 0.85 系数确定。

15 t 以内载货汽车运水 100 t:[1.49+(9−1)×0.05]×0.85=1.61(台班)

基价:[1 364+(9−1)×46]×0.85=1 472.2(元)

2.2.7 公路预算定额附录

《预算定额》附录包括内容:路面材料计算基础数据表,基本定额,材料的周转及摊销,定额人工、材料、设备单价表。

2.2.7.1 路面材料计算基础数据表

附录一路面材料计算基础数据表的作用是:

(1) 列出路面工程概(预)算定额中各种材料定额消耗量计算所依据的各项基础数据,即路面压实混合料干密度、各种路面材料松方干密度、单一材料结构,计算各种材料的压实系数和各种沥青混凝土的油石比。

(2) 据以计算定额中路面材料消耗量(主要是在抽换计算时用)。

(3) 据以计算定额中没包括的路面结构的各种路面材料的消耗数量。

2.2.7.2 基本定额

2.2.7.2.1 基本定额的定义

基本定额是指在合理的条件下,为生产单位数量半产品、中间产品所规定的各种资源(工、料、机、费用等)消耗量标准。

2.2.7.2.2 基本定额的组成

(1) 桥涵模板工作。

(2) 砂浆及混凝土材料消耗,包括砂浆配合比表和混凝土配合比表。

(3) 脚手架、踏步、井子架工料消耗。

(4) 基本定额材料规格与质量。

2.2.7.2.3 基本定额的作用

(1) 进行定额抽换。

所谓定额抽换,就是当设计文件中所规定的工作内容、子目与定额表中某序号所列的规格(如混凝土标号)不符时,应查用相应定额或基本定额予以替换。

由于定额是按一般合理的施工组织和正常的施工条件编制的,定额中所采用的施工方法和工程质量标准,主要依据国家标准计量而取得,因此,使用定额时不得因具体工程的施工组织、操作方法和材料消耗与定额的规定不同而变更定额。只有以下几种情况才允许对定额中某些项目进行抽换,使定额的使用更符合实际情况:

① 就地浇筑钢筋混凝土梁用的支架及拱圈用的拱盔、支架,如确因施工安排达不到规定的周转次数,可根据具体情况进行换算并按规定计算回收。

② 设计采用的混凝土、砂浆标号或水泥标号与定额所列标号不同时,可按配合比表进行换算。

③ 钢筋工程中,当设计用Ⅰ、Ⅱ级钢筋比例与定额比例不同时,可进行换算。

④ 如施工中必须使用特殊机械,可按具体情况进行换算。

(2) 分析分项工程或半成品所需要人工、材料、机械消耗量。如新型结构桥梁中的混凝土构件在定额中查不到，此时即可通过基本定额来计算所需人工、机械、材料数量。

【例 2-11】 某浆砌块石拱圈工程，设计采用 C10 水泥砂浆砌筑，问编制预算时是否要进行定额抽换，如何进行抽换。

解：(1) 由《预算定额》目录可知定额表号为 4-5-3；

(2) 以跨径 20 m 以内为例，确定定额号为 4-5-3-6；

(3) 第四章第五节说明 1 规定：定额中的 M7.5 水泥砂浆为砌筑用砂浆，M10 水泥砂浆为勾缝用砂浆。所以需进行定额抽换。

(4) 抽换方法：① 由 4-5-3-6 定额查得：每 10 m^3 的实体需 M7.5 砂浆 2.7 m^3，M10 水泥砂浆 0.11 m^3，32.5 级水泥 0.752 t，砂 3.06 m^3(其余不需抽换)。② 由 1 213 页基本定额知：1 m^3 M10 砂浆需：32.5 级水泥 311 kg，砂 1.07 m^3。③ 抽换计算：32.5 级水泥：$(2.7+0.11)\times0.311=0.87$ t，中砂：$(2.7+0.11)\times1.07=3$ m^3。

【例 2-12】 某桥梁的台帽工程设计为 C35 水泥混凝土(非泵送施工)，台帽钢筋设计为 HPB300 钢筋 25 t，HRB400 钢筋 30 t，确定混凝土及钢筋的预算定额值。

解：(1) 查《预算定额》确定定额号为 4-6-3-1 和 4-6-3-5。

(2) 该定额子目中混凝土配合比与设计配合比不同，HPB300 钢筋和 HRB400 钢筋的比例不同，需进行换算。

(3) 抽换方法：

混凝土：查《预算定额》1 216 页混凝土配比表(不可作为施工配合比使用)可知，1 m^3 C35 混凝土需 32.5 级水泥 418 kg、中粗砂 0.45 m^3、碎石 0.82 m^3。

中粗砂：$10.2\times0.45=4.59$ (m^3)。碎石：$10.2\times0.82=8.364$ (m^3)，32.5 级水泥 $10.2\times0.418=4.264$ (t)。其他材料费 86.2 元，25 t 以内汽车式起重机 0.66 台班，小型机具使用费 11.4 元。

基价：$4\,991+(4.59-4.69)\times87.38+(8.364-8.47)\times86.41+(4.264-3.845)\times307.69=5\,102.02$(元)。

钢筋：定额中 HPB300 钢筋和 HRB400 钢筋比例为 1∶5.029，设计比例为 1∶1.2，需要换算。

设：光圆钢筋数量为 x、带肋钢筋数量为 y，则

$$\frac{x}{y}=\frac{25}{30}$$

$$x+y=1.025$$

联立上述两式求解得：

$$x=0.466\ (\mathrm{t}),\ y=0.559\ (\mathrm{t})$$

人工 6.9 工日，HPB300 钢筋 0.466 t，HRB400 钢筋 0.559 t，20～22 号铁丝 2.86 kg，电焊条 2.23 kg，32 kV·A 以内交流电弧焊机 0.32 台班，小型机具使用费 18.8 元。

基价：$4\,181+(0.466-0.17)\times3\,333.33+(0.559-0.855)\times3\,247.86=4\,206.30$(元)

2.2.7.3 材料的周转及摊销

《预算定额》附录三材料的周转及摊销，它的主要用途是：

(1) 规定各种周转性材料的周转、摊销次数。

(2) 为达不到规定周转次数而需抽换的材料进行规定。

【例 2-13】 某跨径 16 m 的石拱桥，制备 1 孔木拱盔，满堂式，周转 2 次。确定其实际周

转次数的周转性材料预算定额。

解：(1) 预算定额表号为 4-9-2-2；

(2) 该定额总说明八规定：就地筑钢筋混凝土梁用的支架及拱圈用的拱盔、支架，如确因施工安排达不到规定的周转次数，可根据具体的情况进行换算并按规定计算回收。

(3) 具体计算可按下式进行：

$$E' = E \times K$$

式中　E'——实际周转次数的周转性材料定额；

E——定额规定的周转性材料定额；

$K = n/n'$，n 为定额规定的材料周转次数，n'为实际的材料周转次数。

具体计算值见表 2-8。

表 2-8　周转性材料计算表

序号	材料规格名称	单位	定额值 E	n	n'	K	换算值 E'
1	原木	m^3	0.471	5	2	2.5	1.178
2	锯材	m^3	1.625	5	2	2.5	4.063
3	铁件	kg	41.8	5	2	2.5	104.5
4	铁钉	kg	1.1	4	2	2	2.2

① 材料定额：原木 0.471 m^3，锯材 1.625 m^3，铁件 41.8 kg，铁钉 1.1 kg。

② 由《预算定额》附录三，查得木拱盔的周转性材料的规定周转次数是：木材 5 次，铁件 5 次，铁钉 4 次，而实际周转次数为 2 次，则实际定额为：原木：0.471 $m^3 \times 5/2 = 1.178$ m^3，锯材：1.625 $m^3 \times 5/2 = 4.06$ m^3，铁件：41.8 kg$\times 5/2 = 104.5$ kg，铁钉：1.1kg$\times 4/2 = 2.2$ kg。

2.2.7.4　定额人工、材料、设备单价表

《预算定额》附录表中的人工、材料代号与定额表中的代号是一致的，都采用电子计算机编制，概、预算时作为对工、料名称识别的符号，不得随意变动。编制补充定额时，遇到新增材料名称，可取相近品种材料代号间的空号。定额表中各子目基价中的人工、材料单价就是根据该表中的单价计算的。

2.2.8　定额的补充

随着科学技术的发展，新结构、新工艺、新材料、新设备在公路工程上广泛使用。因此，定额的制定必须要有一定的周期，在新定额未颁布以前，为了合理正确地反映工程造价和经济效益，在现行使用的概、预算定额基础上，又编制有部颁补充定额、地区补充定额和个别工程项目的一次性补充定额等。所以在查用现行定额时，应注意定额表左上方的“工程内容”所包含的项目与实际工程项目是否完全一致，结构形式、施工工艺是否相同。根据施工经验、实际的工程内容及对定额了解选用相应的补充定额，做到定额使用不重不漏，特别应注意在设计资料中工程量计算表不提供的一些工程量和设计内容。

【例 2-14】　某中桥陆上桥墩进行桩基钻孔，桩径 1.5 m，桩长 30 m，黏土地质，采用回旋钻钻孔施工工艺，同时进行桩底压浆的预算定额。

解：(1) 由《预算定额》目录可知定额表号为 4-4-4。

(2) 确定定额号为 4-4-4-42。

（3）该定额表左上角“工程内容”包括：① 安、拆岸上泥浆循环系统并造浆；② 准备钻具，桩、拆、移钻架及钻机，安、拆钻杆及钻头；③ 钻进、压泥浆、浮渣、清理泥浆池沉渣；④ 清孔。

（4）根据施工过程和工艺的要求，预算定额中缺少桩底压浆的定额。

（5）应补充的定额内容说明如下：

工程内容：① 注浆管开塞；② 配置水泥浆、注浆泵、注浆管路连接；③ 开始注浆、连续配置水泥浆和注浆、观察注浆压力表、稳压；④ 补充注浆量、注浆结束。

所需工料机：人工、42.5 级水泥、水、400 L 以内灰浆搅拌机、压浆机、32 kV · A 以内交流电弧焊机，还包括其他材料费和小型机具使用费。

【例 2-15】 某桥梁位于沿海，跨径为 30 m 预应力混凝土箱梁，采用双梁式架桥机进行安装，根据环境要求需要对箱梁进行防腐涂装，现确定其定额。

解：（1）由《预算定额》目录可知，安装箱梁的定额表号为 4-7-15。

（2）确定定额号为 4-7-15-5。

（3）该定额表左上角“工程内容”包括：① 整修构件；② 构件起吊、纵移、落梁、横移就位、校正、锯吊环；③ 双导梁纵移过墩；④ 构件搭接钢板的切割、电焊；⑤ 吊脚手架的安拆、移动。

（4）根据施工过程和工艺的要求，应补充混凝土防腐涂装定额。

（5）应补充的定额内容说明如下。

工程内容：① 混凝土表面处理、修补；② 涂刷环氧封闭底漆；③ 涂刷中间漆；④ 涂刷面漆。

所需工料机：人工、中间漆、面漆、环氧封闭底漆。

其他材料费、小型机具使用费。

第 3 章 公路工程概预算编制

【本章提要】

本章主要介绍人工、材料、机械台班单价的计算，人工费、材料费、机械费、建筑安装工程费以及其他有关费用的计算，概预算文件的编制步骤。

【学习要求】

通过本章学习了解概算、预算的定义，概预算文件的作用；熟悉概预算文件组成，甲组文件、乙组文件的内容；掌握人工、材料、机械台班单价，人工费、材料费、机械费、建筑安装工程费以及其他有关费用的计算，概预算文件的编制步骤。通过本章的学习，在掌握概预算各费用计算的基础上，能熟练完成概预算文件的编制。

【基本概念】

建筑安装工程费，定额建筑安装工程费，利润，税金，基本预备费，差价预备费，建设期贷款利息。

工程概预算是决定工程结构物设计价值的造价文件，是基本建设管理工作中的重要环节。概预算文件编制质量的好坏，对国家基本建设资金是否能正确合理地使用有重大的影响。它既是衡量完成国家计划的依据，又是正确组织施工的前提。当基本建设项目确定后，如何将大量的劳动力、材料用好、管好，做到少花钱多办事，是工程组织管理的主要内容，因此，从设计、施工直至投产，都离不开工程概预算。工程概预算是设计文件的组成部分，又是工程管理不可缺少的内容和依据。

3.1 概预算文件的作用及组成

3.1.1 公路基本建设投资额测算体系

为了对公路基本建设工程进行全面而有效的工程造价管理，在项目的各阶段都必须编制有关的造价文件，这些不同造价文件的投资额要根据其主要内容要求，由不同测算工作来完成。投资额按公路工程的建设程序进行分类，有如下几种。

3.1.1.1 投资额估算

投资额估算，一般是指在投资前期（规划、项目建议书、可行性研究报告）阶段，建设单位向国家申请拟建项目或国家对项目进行决策时，确定建设项目在规划、项目建议书、可行性研究报告等不同阶段相应投资总额而编制的经济文件。

国家对任何一个拟建项目，都要通过对其可行性研究报告全面评审后，再决定是否正式立项。在可行性研究中，除考虑国家经济发展上的需要和技术上的可行性外，还要考虑经济上的合理性。投资额估算为投资决策提供数量依据，也是建设项目经济效益分析中确定成本的主要依据，因此，它是建设项目在初步设计前各阶段工作中，判断拟建项目在经济上是否合理的重要文件。它具有如下几个方面的作用：

（1）投资额估算是国家决定拟建项目是否继续进行研究的依据。

（2）投资额估算是国家审批项目建议书的依据。

（3）投资额估算是国家审批建设项目可行性研究报告的依据。

（4）投资额估算是国家编制中长期规划和保持合理投资结构的依据。

投资额估算的作用不同，其内容的深浅程度也不尽相同。公路工程投资额估算是公路建设项目可行性研究报告中的重要内容，它可分为两类，一类是项目建议书投资额估算，另一类是工程可行性研究投资额估算。由申请立项单位根据交通运输部颁布的《公路工程建设项目投资估算编制办法》(JTG 3820—2018)和《公路工程估算指标》(JTG/T 3821—2018)编制而成，可行性研究报告被批准后，投资估算则是控制设计概算的依据，也是国家对建设项目所下达的投资限额，并可作为资金筹措计划的依据。

3.1.1.2　概算

概算又分为设计概算和修正概算两种。设计概算是指在初步设计或技术设计阶段，由设计单位根据设计图纸、概算定额、各类费用定额、建设地区的自然条件和技术经济条件等资料，预先计算和确定建设项目从筹建至竣工验收交付使用全部建设费用的造价文件。它是设计文件的重要组成部分，是国家确定和控制公路基本建设投资总额、安排基本建设计划、选择最优设计方案的依据。建设项目的总概算一经批准，在建设项目的其他阶段是不能随意突破的。修正概算是在技术设计阶段，对初步设计成果做进一步修改、调整后，重新计算其工程投资额的经济文件。由于设计概算和修正概算除所处的设计阶段不同外，其采用的定额和《公路工程基本建设项目概算预算编制办法》相同，故统称为概算。概算一经批准，就是国家确定和控制公路基本建设投资总额的依据，是工程投资总额的封顶线，即在其随后其他各阶段的投资测算额都不能随意突破概算的测算值。

3.1.1.3　施工图预算

公路基本建设项目不论采用几个阶段设计，设计单位在施工图设计阶段均应编制施工图预算。施工图预算是以设计单位为主，必要时可邀请施工单位、建设单位参加，根据施工图设计的工程量和施工方案，按预算定额和各类费用定额，所编制的反映工程造价的文件。它是考核施工图设计经济合理性的依据，对于按施工图预算承包的工程它又是签订建筑安装工程合同，实行建设单位和施工单位投资包干和办理工程结算的依据；对于进行施工招标的工程，施工图预算也是编制工程标底的依据；同时，它也是施工单位加强经营管理，搞好经济核算的基础。施工图预算必须以施工图图纸、说明书、施工组织设计以及编制预算的法令性文件为依据。

3.1.1.4　施工预算

施工预算是施工单位进行成本控制与成本核算的依据，也是施工单位进行劳动组织与安排，以及进行材料和机械管理的依据，对施工组织和施工生产有着极为重要的作用。

施工预算是指施工阶段，在施工图预算的控制下，施工单位根据施工图计算的分项工程量、施工定额、施工组织设计或分部分项工程施工组织设计以及其他有关技术资料，通过工料分析，计算和确定完成一个工程项目或一个单位工程或其中的分部分项工程所需的人工、材料、机械台班消耗量及其他相应费用的造价文件。施工预算所反映的是完成工程项目的成本，是成本控制的主要目标。

3.1.1.5　标底编制

工程项目实行招标，标底按发包工程的工程内容、设计文件、合同条件以及技术规范和有关定额等资料进行编制。标底是一项重要的投资额测算的文件，是评标的根本依据，也是衡量投标人报价水平的基本指标，在招投标工作中起着关键作用。标底一般以设计概算或施工图预算为基础编制，不准超过批准的概算或施工图预算。

3.1.1.6　报价

报价是由投标单位根据招标文件及有关定额（主要是投标单位根据自身的施工经验与管理水平所制定的企业定额）和招标项目所在地区的自然、社会和经济条件及施工组织方案和投标单位自身条件，计算完成招标工程所需各项费用的造价文件。报价是投标文件最重要的组成部分，是投标工作的关键和核心，也是能否中标的主要依据。报价过高，中标率就会降低；报价过低，尽管中标率增大，但可能无利可图，甚至中标单位会承担工程亏本的风险（报价过低，中标概率也变小）。因此，准确计算和合理确定工程报价，是施工企业在投标竞争中能否获胜的前提条件。中标单位的报价，将直接成为工程承包合同价的主要基础，并对将来施工过程起着严格的制约作用。承包单位和业主均不能随意更改报价。

报价与施工预算比较接近，但不同于施工预算。报价的费用组成和计算方法同概预算类似，但其编制体系和要求均不同于概预算。目前招投标工作中，一般采用单价合同，因而报价时的费用分摊同概预算的费用计算方式有很大差别。总的看来，报价与概预算的差别主要体现在两个方面：一是概预算文件必须按国家有关规定进行编制。二是概预算由设计单位编制完成后，经建设单位或其主管部门、建设银行等审查批准后才能作为建设单位与施工单位结算工程价款的依据；而报价则可以根据投标单位对工程和招标文件的理解程度，对预算造价上下浮动，不需要预先送建设单位审核。因此，报价比概预算更复杂，也比概预算更灵活。

3.1.1.7　工程结算

工程项目建设是一个复杂的过程，涉及的单位是一些相对独立的经济实体，有着各自的经济利益，在项目建设过程中承担着不同的工作内容，因此，无论公路工程项目采用何种方式进行建设，在建设过程中，各经济实体之间必然会发生货币收支行为。这种在项目建设过程中由于器材采购、劳务供应、施工单位已完工交验和可行性研究及设计任务的完成等经济活动而引起的货币收支行为，就是项目结算。在社会主义市场经济条件下，公路建设项目的建设过程也是一种商品的生产过程，其间所发生的一系列工作和活动最终都要通过结算来完成。因此，正确而及时组织项目结算，全面做好项目结算的各项工作，对于加速资金周转，加强经济核算，促进建设任务的完成，保证项目建设的顺利进行以及加强对项目建设过程的财政信用监督等方面都有着十分重要的意义。项目结算的主要内容包括货物结算、劳务供应结算、工程费用结算及其他货币资金结算等。货物结算是指建设单位同其他经济单位之间，由于物资的采购和转移而发生的结算；劳务供应结算是指建设单位同其他单位之间，由于提供劳务而发生的结算；工程费用结算指建设单位同施工单位之间，由于拨付各种预付款和支付已完工程等费用而发生的结算；其他货币资金结算是指基本建设各部门、承包企业和各单位之间由于资金往来以及它们同建设银行之间，因存款、放款业务而发生的结算。

工程费用结算又称工程价款结算，是项目结算中最重要和最关键的部分，是项目结算的主体内容，占整个项目结算额的 75%～80%。工程价款结算，一般以实际完成的工程量和有关合同单价以及施工过程中现场实际情况的变化资料(如工程变更通知、计日工使用记录等)计算当月应付的工程价款。施工单位将实际完成的工程量填入各种报表，按月送交驻地监理工程师验收签认，然后向建设单位提交当月工程价款结算单。根据结算应付的工程价款及经总监理工程师签认的支付证书，财务部门才能转账。目前，由于各地区施工单位流动资金支付方式的差别和具体工程项目的不同，工程价款的结算方法有很多形式。

3.1.1.8　竣工决算

竣工决算是指在建设项目完工后竣工验收阶段，由建设单位编制的建设项目从筹建到建成投产或使用的全部实际成本的技术经济文件。它是公路建设投资管理的重要环节，是公路工程竣工验收及交付使用的重要依据，也是公路建设项目的财务总结，银行对其实行监督的必要手段。其内容由文字说明和结算报表两部分组成。文字说明主要包括：工程概况；设计概算和基本建设规划执行情况；各项技术经济指标完成情况；各项拨款(或贷款)使用情况；建设成本和投资效果的分析以及建设过程中的主要经验；存在的问题和解决意见等。

应当注意，施工单位往往也根据工程结算结果，编制单位工程竣工成本决算，核算单位工程的预算成本、实际成本和成本降低额。工程结算人员经企业内部成本分析，评价经营效果，总结经验，提高经营管理水平的手段。

投资活动的进展顺序及相关工作内容和投资额测算的相互关系如图 3-1 所示。

由图 3-1 可以看出，估算、概算、预算、标底、报价和结算以及决算都以价值形态贯穿整个投资过程。从申报建设项目，确定和控制基本建设投资额，进行基建经济管理和施工单位经济核算，到最后以决算形成企(事)业单位的固定资产，构成了一个有机的整体，缺一不可。因此，在一定意义上说，它们是基本建设投资活动的血液，也是联系参与项目建设活动各经济实体的纽带。申报项目要编投资额估算，设计要编概算和施工图预算，招标要编标底，投标要编报价，施工前要编施工预算，施工过程之中要进行结算，施工完成要编决算，并且一般还要求决算不能超过预算，预算不能超过概算，概算则不能超出估算所允许的幅度范围，结算不能突破合同价的允许范围，合同价不能偏离报价与标底太多，报价(指中标价)则不能超出标底的规定幅度范围，并且标底不允许超概预算。总之，各种测算环环相扣，紧密联系，共同对投资额进行有效控制。

3.1.2　概预算的作用

工程概预算具有特别重要的意义和作用，它在投资额测算体系中居主导地位，并且是其他测算方式的计算基础。其作用归纳如下：

(1) 工程概预算是编制基本建设计划、确定和控制基本建设投资额的依据

国家规定，编制年度基本建设计划，确定计划投资额及其构成数额，要以批准的初步设计概算中有关指标为依据，初步设计概算没有批准的建设工程不能列入年度基本建设计划。批准的投资数额，是控制国家投资的最高限额，在工程建设过程中，一般不能突破这一限额。

(2) 工程概预算是设计与施工方案优选的依据

工程概预算是确定工程价值的造价文件，它不仅反映各项工程的建设规模，还规定了工程经济活动范围，同时也综合体现出各项工程设计与施工方案的合理性(其中包括路线方案、结构形式、材料品种和施工方法等多个方面)。

首先，概预算有货币的指标体系。当建设项目的各个设计方案出来以后，可以利用总概

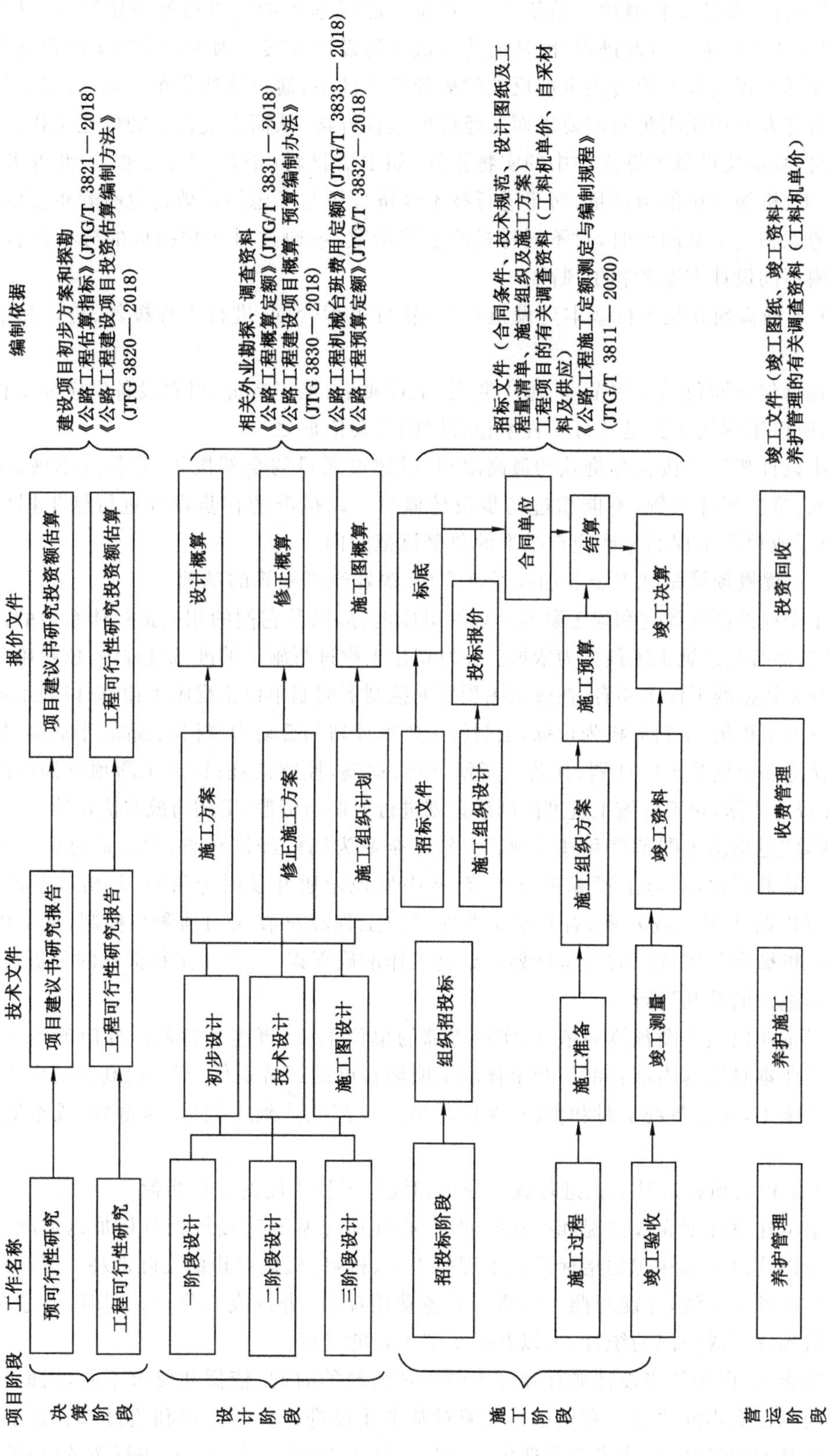

图 3-1　投资进程与投资额测算关系

预算造价指标、单位工程概预算造价指标、单位产品成本等指标进行经济比较，可以发现问题，促使设计人员进一步改进设计，从而选出最优的设计方案。因为每个方案的设计意图都会通过计算工程量和各项费用全部反映到概预算文件中，通过这些货币指标的比较，就可以从中选出各方面均能满足原定要求而又经济的最佳方案，从而促进设计的优化工作。

其次，基本建设概预算文件中的实物指标，如主要材料(钢材、木材、水泥、沥青等)的消耗量，人工、机械台班的消耗量，对于进行技术经济分析与考虑经济效益也有着重要的作用，在需要考虑物价上涨问题时，对不同材料的上涨指数，可通过对实物指标的分析来获得，从而可预测不同设计方案的物价风险。

(3) 工程概预算是实行基本建设招投标，签订工程合同，进行工程拨款、贷款和结算的依据

工程承包合同包括工程范围、施工期限、工程质量、工程造价、材料设备供应和工程结算等内容，所以工程概预算是签订工程承包合同的重要依据之一。

初步设计概算是拨款和贷款的最高限额，对建设项目的全部拨款、贷款或单项、单位工程的拨款、贷款累计总额，不能超过初步设计概算。以批准的初步设计进行施工招标的工程，其单项或单位工程的标底应在批准的总概算范围内。

(4) 工程概预算是施工企业加强经营管理，搞好经济核算的基础

施工企业的经营计划和施工财务计划的组成内容，以及它们的相应指标体系中的部分指标的确定，都必须以施工图预算为依据。在对拟建工程进行施工的准备过程中，依赖施工图预算提供有关数据的工作主要有：在施工图预算的控制下编制单位工程施工预算；以施工图预算的分部分项工程量、工料分析为依据，编制施工进度计划和劳动力、材料、成品、半成品、构件及施工机械等需要量及供应计划，并落实货源，组织运输，控制消耗；以施工图预算提供的直接费、间接费为依据，对工程施工进度的网络计划进行工期与资源、工期与成本优化等。

“两算”是指施工图预算和施工预算。施工企业为搞好经济核算，常常通过施工预算与施工图预算的对比，对施工预算进行审核，从中发现矛盾并及时分析原因，然后予以纠正。这样既可以防止多算或漏算，有利于企业对单位工程经济收入的预测与控制，又可以使人工、材料、机械台班等资源需要量计划的编制工作准确无误，有利于工料消耗的分析与控制，确保工程施工的顺利进行。

施工企业以施工图预算为依据，实行内部的单位工程、班组和各职能部门的经济核算，从而使企业本身及其内部各部门和全体职工明确自己的经济责任，努力提高劳动生产效率，确保安全施工，大力节约工时和资源，保证每项工程都能达到工期短、质量好、成本低、利润高的目的。

(5) 工程概预算是对工程进行成本分析和统计工程进度的重要指标

对基本建设计划完成情况和存在的问题，必须通过基本建设统计分析加以反映。基本建设统计以货币指标和实物指标反映工程的人工、材料、机械台班的实际消耗。统计的有关科目应和概预算一致，才能对照工程概预算各费用项目，进行成本分析。同时，通过对在建项目的概预算完成情况的统计，可以及时了解工程的进度。

必须指出，由于初步设计概算和施工图预算编制的时间、依据和要求不同，它们的作用既有共同点也有不同之处。它们都是国家对基本建设进行科学管理和监督的有效手段，在编制年度基本建设计划，确定工程造价、方案，签订工程合同，建设银行进行拨款(贷款)和竣

工结算等方面有着共同的作用。其不同之处主要表现为：初步设计概算在确定的控制建设项目投资总额等方面的作用最为突出；施工图预算在最终确定和控制单项工程或单位工程的计划价格、施工企业加强经济管理等方面的作用最显著。

3.1.3　概预算的编制依据

公路工程概预算的编制是一项十分细致的工作，编制前应全面了解工程所在地的建设条件，掌握各种基础资料，正确引用规定的定额、取费标准和材料及设备价格。在编制时严格执行国家的方针、政策和有关制度，要符合公路设计施工技术规范。编制的主要依据如下：

（1）法令性文件。指编制概预算中所必须遵循的国家、交通运输部和地方主管部门颁布的有关法令性文件或规定。

（2）设计资料。设计概算文件应根据建设项目的初步设计编制；修正概算文件应根据技术设计（或扩大初步设计）编制；施工图预算则应根据施工图设计编制。

编制人员应熟悉设计资料、结构特点及设计意图。设计图纸上的工程细目数量往往不能满足概预算编制的要求，还需做出必要的计算或补充，对设计文件上提出的施工方案还需补充和完善。

（3）概预算定额，概算指标，取费标准，材料、设备预算价格等资料。概算文件应根据概算定额、其他工程费标准、计划利润率、税金、材料和设备预算价格等资料进行编制。施工图预算应根据国家或主管部门编制的公路工程预算定额或其他专用定额、省（区）编制的补充定额、其他工程费标准、计划利润率、税金、材料和设备预算价格等资料进行编制。

（4）施工组织设计资料。从施工组织设计中可以看出，与概预算编制有关的资料包括：工程中的开竣工日期、施工方案、主要工程项目的进度要求、材料开采与堆放地点，大型临时设施的规模、建设地点和施工方法等。

（5）当地物资、劳力、动力等资源可利用的情况。本着因地制宜、就地取材的原则，对当地情况应进行深入调查了解，经反复比较后确定最优成果。

物资：外购材料要确定外购的地点、货源、质量、分期到货等情况；自采加工材料要确定开采地点、开采方式、运输条件（道路、运输工具及各种运输工具的比重、运价、装卸费等）、堆放地点等。

劳力：当地各种技工及普工可以提供的数量、劳力分布地点、工资标准及其他要求等。

动力：当地可供利用的电力资源情况，包括提供的数量、单价以及可能出现的输电线路、变压器问题等情况。

运输：向运输部门了解当地各种运输工具可供利用的情况及运价、装卸费等有关规定。

（6）施工单位的施工能力及潜力。编制概算时，施工单位尚未明确，可按中等施工能力考虑。施工图预算，若已明确施工单位，应根据施工单位的管理与技术水平，确定新工艺、新技术采用的可能程度，明确施工单位可以提供的施工机具、劳力、设备以及外部协作关系。

（7）了解当地自然条件及其变化规律。

（8）其他工程及沿线设施。如旧有建筑物的拆迁，排除水利、电信、铁路方面的影响干扰，清除场地、管理养护及服务设施等。

3.1.4　概预算费用组成

公路工程概预算费用由建设安装工程费、土地使用及拆迁补偿费、工程建设其他费用、预备费及建设期贷款利息组成，如图 3-2 所示。

- 概预算总金额
  - 建筑安装工程费
    - 直接费
      - 人工费
      - 材料费
      - 施工机械使用费
    - 设备购置费
    - 措施费
      - 冬季施工增加费
      - 雨季施工增加费
      - 夜间施工增加费
      - 特殊地区施工增加费
        - 高原地区施工增加费
        - 风沙地区施工增加费
        - 沿海地区施工增加费
      - 行车干扰施工增加费
      - 施工辅助费
      - 工地转移费
    - 企业管理费
      - 基本费用
      - 主副食运费补贴
      - 职工探亲路费
      - 职工取暖补贴
      - 财务费用
    - 规费
      - 养老保险费
      - 失业保险费
      - 医疗保险费
      - 工伤保险费
      - 住房公积金
    - 利润
    - 税金
    - 专项费
      - 施工场地建设费
      - 安全生产费用
  - 土地使用及拆迁补偿费
  - 工程建设其他费用
    - 建设项目管理费
      - 建设单位（业主）管理费
      - 建设项目信息化费
      - 工程监理费
      - 设计文件审查费
      - 竣（交）工验收试验检测费
    - 研究试验费
    - 建设项目前期工作费
    - 专项评价（估）费
    - 联合试运转费
    - 生产准备费
      - 工器具购置费
      - 办公和生活用家具购置费
      - 生产人员培训费
      - 应急保通设备购置费
    - 工程保通管理费
    - 工程保险费
    - 其他相关费用
  - 预备费
    - 基本预备费
    - 价差预备费
  - 建设期贷款利息

图 3-2　概算、预算费用的组成

3.1.5　公路工程概预算项目

公路工程概预算费用的主要组成部分是建筑安装工程的概预算费用。在一定意义上，编制公路工程概预算，主要是编制建筑安装工程概预算，它是编制公路工程概预算的关键。建筑安装工程是由众多数量的分项工程组成的庞大复杂的综合体，直接计算出它的全部人工、材料和机械台班的消耗量及费用，是一项极为困难的工作。为了准确无误地计算和确定建筑安装工程的造价，必须对公路基本建设工程项目进行科学分析与分解，使之有利于公路工程概预算的编审，以及公路基本建设的计划、统计和基建拨款贷款等各方面的工作，在编制概预算时要做到项目不重不漏，保证工程造价文件的编制质量，因此，必须对概预算项目的划分、排列顺序及内容进行统一规定，这就形成了公路工程概预算项目表。

概预算项目应严格按项目表的序列及内容进行编制，如实际出现的工程和费用项目与项目表的内容不完全相符，第一、二、三、四、五部分和"项"的序号、内容应保留不变，项目表中的"项"以下的分项在引用时应保持序号、内容不变，缺少的分项内容可随需要就近增加，并按项目表的顺序以实际出现的级别依次排列，不保留缺少的"项"以下的项目序号。

公路工程概预算项目主要包括以下内容：

第一部分　建筑安装工程费

第一项　临时工程

第二项　路基工程

第三项　路面工程

第四项　桥梁涵洞工程

第五项　隧道工程

第六项　交叉工程

第七项　交通工程及沿线设施

第八项　绿化及环境保护工程

第九项　其他工程

第十项　专项费用

1. 施工场地建设费

2. 安全生产费

第二部分　土地使用及拆迁补偿费

第三部分　工程建设其他费

第四部分　预备费

第五部分　建设期贷款利息

分项编号采用部分(1位数)、项(2位数)、目(2位数)、节(2位数)顺序，以部、项、目、节、细目等依次逐层展开。例如：1010201，表示第一部分费用(1)中的第一项(01)临时工程的第二目(02)临时便桥、便涵的第一节(01)临时便桥；又如LM010301，LM表示第一部分费用的第三项路面工程，LM后面的010301依次表示目、节及细目，即表示路面工程的沥青混凝土路面(目01)中的路面基层(节03)的石灰稳定类基层(细目01)，然后按厚度进行分级。概、预算分项编号，具体见《公路工程建设项目概算预算编制办法》(JTG 3830—2018)。

3.1.6　概预算文件组成

概算、预算文件应由封面、扉页、目录、编制说明及全部计算表格组成。

(1) 封面和扉页

封面和扉页应按现行《公路工程基本建设项目设计文件编制办法》中的规定制作。

(2) 编制说明

① 建设项目设计文件的依据。

② 编制范围、工程概况等。

③ 采用的定额、费用标准，人工、材料与设备、施工机械台班预算单价的依据或来源，新增工艺的单价分析等。

④ 有关的协议书、会议纪要的主要内容。

⑤ 概算、预算总金额，人工、钢材、水泥、沥青等的总量。

⑥ 各设计方案的经济比较。

⑦ 项目综合经济技术指标统计，对比分析本阶段与上阶段工程数量、造价的变化情况。

⑧ 其他有关费用计算项及计价依据的说明。

⑨ 采用的公路工程造价软件名称及版本号。

⑩ 其他需要说明的问题。

（3）概算、预算表格

概（预）算文件的主要内容和组成部分是概（预）算表格，它实际上是由一套规定的表格所组成。并且，公路工程概（预）算应按统一的概预算表格计算。概（预）算表格是一个有机的整体，它们互相联系，共同反映出工程的费用；概（预）算的材料和机械台班单价及各项费用的计算都应通过表格反映。各种表格的计算顺序及相互关系，如图 3-3 所示。

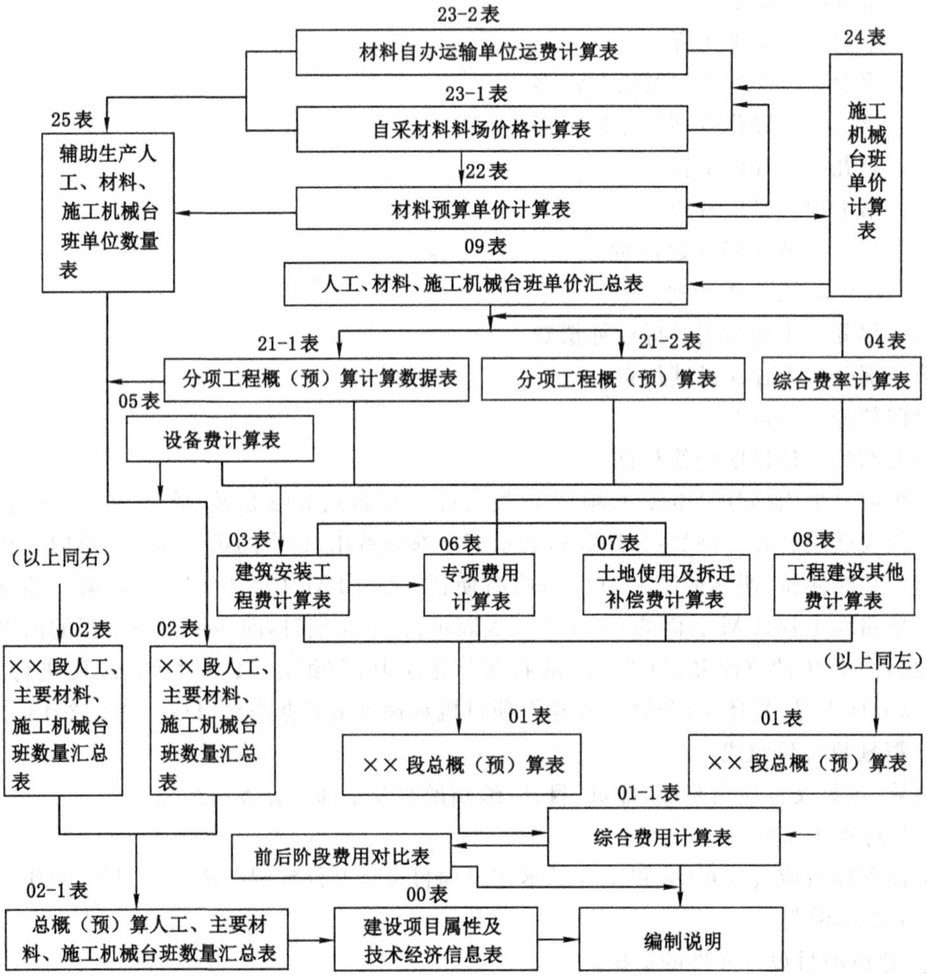

图 3-3 各种表格的计算顺序和相互关系

(4) 甲组文件与乙组文件

概算、预算文件可按不同的需要分为甲组文件、乙组文件，并应符合下列规定：

甲组文件为各项费用计算表，乙组文件为建筑安装工程费各项基础数据计算表。甲组文件、乙组文件应按《公路工程基本建设项目设计文件编制办法》中关于设计文件报送份数的要求，随设计文件一并报送，并同时提交可计算的造价电子数据文件和新工艺单价分析的详细资料。

乙组文件中的“分项工程概(预)算表”可只提交电子版，或按需要提交纸质版。

概算、预算应按一个建设项目[如一条路线或一座独立大(中)桥、隧道]进行编制。当一个建设项目需要分段或分部编制时，应根据需要分别编制，但必须汇总编制“总概(预)算汇总表”。

甲组文件、乙组文件包括的内容如图 3-4 所示。

甲组文件
- 前后阶段费用对比表
- 建设项目属性及技术经济信息表（00表）
- 总概（预）算汇总表（01-1表）
- 总概（预）算人工、主要材料、施工机械台班数量汇总表（02-1表）
- 概（预）算表（01表）
- 人工、主要材料、施工机械台班数量汇总表（02表）
- 建筑安装工程费计算表（03表）
- 综合费率计算表（04表）
- 综合费用计算表（01-1表）
- 设备费计算表（05表）
- 专项费用计算表（06表）
- 土地使用及拆迁补偿费计算表（07表）
- 工程建设其他费计算表（08表）
- 人工、材料、施工机械台班单价汇总表（09表）

(a) 甲组文件

乙组文件
- 分项工程概（预）算计算数据表（21-1表）
- 分项工程概（预）算表（21-2表）
- 材料预算单价计算表（22表）
- 自采材料料场价格计算表（23-1表）
- 材料自办运输单位运费计算表（23-2表）
- 施工机械台班单价计算表（24表）
- 辅助生产人工、材料、施工机械台班单位数量表（25表）

(b) 乙组文件

图 3-4　甲组文件、乙组文件包含的内容

3.2　建筑安装工程费用

建筑安装工程费包括直接费、设备购置费、措施费、企业管理费、规费、利润、税金和专项费用。建筑安装工程费除专项费用外，其他均按“价税分离”计价规则计算，即各项费用均以不含增值税可抵扣进项税额的价格(费率)进行计算，具体要素价格适用增值税税率执行财

税部门的相关规定。定额建筑安装工程费包括定额直接费、定额设备购置费的40%、措施费、企业管理费、规费、利润、税金和专项费用，定额直接费包括定额人工费、定额材料费、定额施工机械使用费。

定额人工费、定额材料费、定额施工机械使用费以及定额设备购置费均按《公路工程预算定额》(JTG/T 3832—2018)附录四"定额人工、材料、设备单价表"及现行《公路工程机械台班费用定额》(JTG/T 3833)中规定的人工、材料、设备、机械的相应基价计算的定额费用。

3.2.1 直接费

直接费指施工过程中耗费的构成工程实体和有助于工程形成的各项费用，包括人工费、材料费、施工机械使用费。

3.2.1.1 人工费

人工费指列入概算、预算定额的直接从事建筑安装工程施工的生产工人开支的各项费用。

(1) 人工费的内容

① 基本工资。系指发放给生产工人的基本工资、流动施工津贴和生产工人劳动保护费，以及为职工缴纳的养老、失业、医疗保险费和住房公积金等。

生产工人劳动保护费系指按国家有关部门规定标准发放的劳动保护用品的购置费及修理费，徒工服装补贴，防暑降温费，在有碍身体健康环境中施工的保健费用等。

② 工资性补贴。系指按规定标准发放的物价补贴，煤、燃气补贴，交通费补贴，地区津贴等。

③ 生产工人辅助工资。系指生产工人年有效施工天数以外非作业天数的工资，包括开会和执行必要的社会义务时间的工资，职工学习、培训期间的工资，调动工作、探亲、休假期间的工资，因气候影响停工期间的工资，女工哺乳期间的工资，病假在六个月以内的工资及产、婚、丧假期间的工资。

④ 职工福利费。系指按国家规定标准计提的职工福利费。

(2) 人工费的计算

某分项工程的人工费可根据该分项工程的工程量和相应的定额值、人工工日单价(元/工日)按下列公式计算。

$$人工费 = \sum(分项工程数量 \times 相应项目定额单位工日数 \times 人工工日单价) \tag{3-1}$$

公式中各项内容的规定和计算如下：

① 分项工程数量，指根据设计图纸按工程量计算规则计算的定额单位工程数量。

② 定额值，指完成一定数量单位的分项工程量定额规定的所需人工工日，可由定额直接查得。

③ 人工工日单价由省级交通运输主管部门制定发布，并适时进行动态调整。人工工日单价仅作为编制概算、预算的依据，不作为施工企业实发工资的依据。

3.2.1.2 材料费

材料费系指施工过程中耗用的构成工程实体的原材料、辅助材料、构(配)件、零件、半成品、成品的用量和周转材料的摊销量，按工程所在地的材料预算价格计算的费用。

$$材料费 = \sum(分项工程数量 \times 相应项目定额单位材料消耗量 \times 材料预算价格) \tag{3-2}$$

式中分项工程数量同前,定额单位材料消耗量由定额查得。这里关键的是材料预算价格的计算,按工程所在地的材料价格计算费用。

材料预算价格由材料原价、运杂费、场外运输损耗、采购及保管费组成。

$$材料预算价格=(材料原价+运杂费)\times(1+场外运输损耗率)\times(1+采购及保管费率)-包装品回收价值 \tag{3-3}$$

(1) 材料原价

各种材料原价按以下规定计算。

外购材料:外购材料价格参照本行政区域内交通运输主管部门发布的价格和按调查的市场价格进行综合取定。

自采材料:自采的砂、石、黏土等自采材料,按定额中开采单价加辅助生产间接费和矿产资源税(如有)计算。

(2) 运杂费

运杂费系指材料自供应地点至工地仓库(施工地点存放材料地方)的运杂费用,包括装卸费、运费,如果发生,还应计囤存费及其他杂费(如过磅、标签、支撑加固、路桥通行等费用)。

通过雇佣汽车运输的材料,按当地交通部门的规定计算运杂费。

$$运杂费=运费+装卸费+杂费 \tag{3-4}$$

① $运费=(运价率\times运距)\times单位毛重$ (3-5)

运价率:材料每吨每千米的运费。

运距:运输距离。

单位毛重:计算单位×毛重系数。

② $装卸费=装卸费率\times毛重\times装卸次数$ (3-6)

③ 杂费:囤存费、过磅费、捆绑费等。

通过铁路、水路和公路运输部门运输的材料,按铁路、航运部门的规定计算运杂费。

施工单位自办的运输,单程运距 15 km 以上的长途汽车运输按当地交通部门规定的统一运价计算运费;单程运距 5～15 km 的汽车运输按当地交通部门规定的统一运价计算运费;当工程所在地交通不便、社会运输力量缺乏时,如边远地区和某些山岭区,允许按当地交通部门规定的统一运价加 50%计算运费;单程运距 5 km 及以内的汽车运输以及人力场外运输,按预算定额计算运费,其中人力装卸和运输另按人工费加计辅助生产间接费。

一种材料如有两个以上的供应点,都应根据不同的运距、运量、运价采用加权平均的方法计算运费。

由于预算定额中汽车运输台班已考虑工地便道特点,以及定额中已计入了"工地小搬运"项目,因此平均运距中汽车运输便道里程不得乘调整系数,也不得在工地仓库或堆料场之外再加场内运距或二次倒运的运距。

有容器或包装的材料及长大轻浮材料,应按表 3-1 规定的毛重计算。桶装沥青、汽油、柴油按每吨摊销一个旧汽油桶计算包装费(不计回收)。

表 3-1　材料毛重系数及单位毛重

材料名称	单位	毛重系数	单位毛重
爆破材料	t	1.35	—
水泥、块状沥青	t	1.01	—
铁钉、铁件、焊条	t	1.10	—
液体沥青、液体燃料、水	t	桶装 1.17，油罐车装 1.00	—
木料	m^3		1.000 t
草袋	个	—	0.004 t

（3）场外运输损耗

场外运输损耗系指有些材料在正常的运输过程中发生的损耗，这部分损耗应摊入材料单价。场外运输损耗费，以材料的原价加运杂费的合计数为基数，乘以材料场外运输操作损耗率。材料场外运输操作损耗率见表 3-2。

表 3-2　材料场外运输操作损耗率

材料名称		场外运输（包括一次装卸）/%	每增加一次装卸/%
块状沥青		0.5	0.2
石屑、碎砾石、砂砾、煤渣、工业废渣、煤		1.0	0.4
砖、瓦、桶装沥青、石灰、黏土		3.0	1.0
草皮		7.0	3.0
水泥（袋装、散装）		1.0	0.4
砂	一般地区	2.5	1.0
	多风地区	5.0	2.0

注：汽车运水泥，当运距超过 500 km 时，袋装水泥损耗率增加 0.5%。

（4）采购及保管费

材料采购及保管费指在组织采购、保管过程中，所需的各项费用及工地仓库的材料储存损耗。

材料采购及保管费，以材料的原价加运杂费及场外运输损耗的合计数为基数，乘以采购保管费率计算。钢材的采购及保管费费率为 0.75%，燃料、爆破材料为 3.26%，其余材料为 2.06%。商品水泥混凝土、沥青混合料和各类稳定土混合料、外购的构件、成品及半成品的预算价格计算方法与材料相同。商品水泥混凝土、沥青混合料和各类稳定土混合料不计采购及保管费，外购的构件、成品及半成品的采购及保管费费率为 0.42%。

3.2.1.3　施工机械使用费

施工机械使用费指列入概算、预算定额的工程机械和工程仪器仪表台班数量，按相应的施工机械台班费用定额计算的费用等。

（1）工程机械使用费。机械台班预算价格应按《公路工程机械台班费用定额》（JTG/T 3833—2018）计算，机械台班单价由不变费用和可变费用组成。不变费用包括折旧费、检修费、维护费、安拆辅助费等;可变费用包括机上人员人工费、动力燃料费、车船税。可变费用中的人工工日数及动力燃料消耗量,应以机械台班费用定额中的数值为准。台班人工费工日单价同生产工人人工费单价。动力燃料费用则按材料费的计算规定计算。

(2) 工程仪器仪表使用费指机电工程施工作业所发生的仪器仪表使用费,以施工仪器仪表台班耗用量乘以施工仪器仪表台班单价计算。工程仪器仪表台班预算价格应按《公路工程机械台班费用定额》计算。台班人工费工日单价同生产工人人工费单价。动力燃料费用则按材料费的计算规定计算。

当工程用电为自行发电时,电动机械每千瓦时电的单价可由下述公式计算:

$$A = 0.15\,K/N \tag{3-7}$$

式中 A——每千瓦时电单价,元;

K——发电机组的台班单价,元;

N——发电机组的总功率,kW。

3.2.2 设备购置费

设备购置费指为满足公路初期运营、管理需要购置的构成固定资产标准的设备和虽低于固定资产标准但属于设计明确列入设备清单的设备的费用,包括渡口设备,隧道照明、消防、通风的动力设备,公路收费、监控、通信、路网运行监测、供配电及照明设备等。设备购置费应列出计划购置的清单(包括设备的规格、型号、数量),以设备预算价计入。设备购置费包括设备原价、运杂费、运输保险费、采购及保管费,各种税费按编制期有关部门规定计算。

需要安装的设备,按建筑安装工程费的有关规定计算设备的安装工程费。

(1) 国产设备原价的构成及计算

国产设备的原价一般是指设备制造厂的交货价,即出厂价或订货合同价。它一般根据生产厂或供应商的询价、报价、合同价确定,或采用一定的方法计算确定。其内容包括按专业标准规定的为在运输过程中设备免受损失的一般包装费,及按产品设计规定配备的工具、附件和易损件的费用。即:

$$\text{设备原价} = \text{出厂价(或供货地点价)} + \text{包装费} + \text{手续费} \tag{3-8}$$

(2) 进口设备原价的构成及计算

进口设备的原价是指进口设备的抵岸价,即抵达买方边境港口或边境车站,且交完关税为止形成的价格。即:

$$\begin{aligned}\text{进口设备原价} = &\ \text{货价} + \text{国际运费} + \text{运输保险费} + \text{银行财务费} + \text{外贸手续费} + \text{关税} + \\ &\ \text{增值税} + \text{消费税} + \text{商检费} + \text{检疫费} + \text{车辆购置附加费}\end{aligned} \tag{3-9}$$

① 货价:一般指装运港船上交货价(FOB,习惯称离岸价)。设备货价分为原币货价和人民币货价,原币货价一律折算为美元表示,人民币货价按原币货价乘以外汇市场美元兑换人民币的中间价确定。进口设备货价按有关生产厂商询价、报价、订货合同价计算。

② 国际运费:从装运港(站)到达我国抵达港(站)的运费。即:

$$\text{国际运费} = \text{原币货价(FOB 价)} \times \text{运费费率} \tag{3-10}$$

我国进口设备大多采用海洋运输，小部分采用铁路运输，个别采用航空运输。运费费率参照有关部门或进出口公司的规定执行，海运费费率一般为6%。

③ 运输保险费：对外贸易货物运输保险是由保险人（保险公司）与被保险人（出口人或进口人）订立保险契约，在被保险人交付议定的保险费后，保险人根据保险契约的规定对货物在运输过程中发生的承保责任范围内的损失给予经济上的补偿。这是一种财产保险。计算公式为：

运输保险费＝［原币货价（FOB价）＋国际运费］÷（1－保险费费率）×保险费费率 (3-11)

保险费费率按保险公司规定的进口货物保险费费率计算，一般为0.35%。

④ 银行财务费：一般指国内银行手续费。其可按下式简化计算：

银行财务费＝人民币货价（FOB价）×银行财务费费率 (3-12)

银行财务费费率一般为0.4%～0.5%。

⑤ 外贸手续费：指按规定计取的外贸手续费，计算公式为：

外贸手续费＝［人民币货价（FOB价）＋国际运费＋运输保险费］×外贸手续费费率 (3-13)

外贸手续费费率一般为1%～1.5%。

⑥ 关税：指海关对进出国境或关境的货物和物品征收的税。其计算公式为：

关税＝［人民币货价（FOB价）＋国际运费＋运输保险费］×进口关税税率 (3-14)

进口关税税率按我国海关总署发布的进口关税税率计算。

⑦ 增值税：是对从事进口贸易的单位和个人，在进口商品报关进口后征收的税种。进口应税产品按组成计税价格和增值税税率直接计算应纳税额。即：

增值税＝［人民币货价（FOB价）＋国际运费＋运输保险费＋关税＋消费税］×增值税税率 (3-15)

增值税税率根据规定的税率计算，目前进口设备适用的税率为17%。

⑧ 消费税：对部分进口设备（如轿车、摩托车等）征收。其计算公式为：

应纳消费税额＝［人民币货价（FOB价）＋国际运费＋运输保险费＋关税］÷（1－消费税税率）×消费税税率 (3-16)

消耗税税率根据规定的税率计算。

⑨ 商检费：指进口设备按规定付给商品检查部门的进口设备检验鉴定费。其计算公式为：

商检费＝［人民币货价（FOB价）＋国际运费＋运输保险费］×商检费费率 (3-17)

商检费费率一般为0.8%。

⑩ 检疫费：指进口设备按规定付给商品检疫部门的进口设备检验鉴定费。其计算公式为：

检疫费＝［人民币货价（FOB价）＋国际运费＋运输保险费］×检疫费费率 (3-18)

检疫费费率一般为0.17%。

⑪ 车辆购置附加费：指进口车辆需缴纳的进口车辆购置附加费，计算公式为：

进口车辆购置附加费=[人民币货价(FOB价)+国际运费+运输保险费+关税+消费税+增值税]×进口车辆购置附加费费率 (3-19)

在计算进口设备原价时,应注意工程项目的性质,看有无按国家有关规定减免进口环节税的可能。

(3) 设备运杂费的构成及计算

国产设备运杂费指由设备制造厂交货地点起至工地仓库(或施工组织设计指定的需要安装设备的堆放地点)止所发生的运费和装卸费;进口设备运杂费指由我国到岸港口或边境车站起至工地仓库(或施工组织设计指定的需要安装设备的堆放地点)止所发生的运费和装卸费。其计算公式为:

运杂费=设备原价×运杂费费率 (3-20)

设备运杂费费率见表3-3。

表3-3 设备运杂费费率

运输里程/km	100以内	101~200	201~300	301~400	401~500	501~750	751~1 000	1 001~1 250	1 251~1 500	1 501~1 750	1 751~2 000	2 000以上每增250
费率/%	0.8	0.9	1.0	1.1	1.2	1.5	1.7	2.0	2.2	2.4	2.6	0.2

(4) 设备运输保险费的构成及计算

设备运输保险费指国内运输保险费。其计算公式为:

运输保险费=设备原价×保险费费率 (3-21)

设备运输保险费费率一般为1%。

(5) 设备采购及保管费的构成及计算

设备采购及保管费指采购、验收、保管和收发设备所发生的各种费用,包括设备采购人员、保管人员和管理人员的工资、工资附加费、办公费、差旅交通费,设备供应部门办公和仓库所占固定资产使用费、工具用具使用费、劳动保护费、检验试验费等。其计算公式为:

采购及保管费=设备原价×采购及保管费费率 (3-22)

需要安装的设备的采购及保管费费率为2.4%,不需要安装的设备的采购保管费费率为1.2%。

3.2.3 措施费

措施费包括冬季施工增加费、雨季施工增加费、夜间施工增加费、特殊地区施工增加费、行车干扰施工增加费、施工辅助费和工地转移费。

购买的路基填料、绿化苗木、商品水泥混凝土、商品沥青混合料和各类稳定土混合料、外购混凝土构件不作为措施费及企业管理费的计算基数。

措施费的取费费率需按工程类别来取,工程类别划分如下:

(1) 土方:指人工及机械施工的土方工程、路基掺灰、路基换填及台背回填。

(2) 石方:指人工及机械施工的石方工程。

(3) 运输:指用汽车、拖拉机、机动翻斗车、船舶等运送土石方、路面基层和面层混合料、水泥混凝土及预制构件、绿化苗木等。

(4) 路面:指路面所有结构层工程、路面附属工程、便道以及特殊路基处理(不含特殊路基处理中的圬工构造物)。

(5) 隧道:指隧道土建工程(不含隧道的钢材及钢结构)。

(6) 构造物Ⅰ:指砍树挖根、拆除工程、排水、防护、特殊路基处理中的圬工构造物、涵洞、交通安全设施、拌和站(楼)安拆工程、便桥、便涵、临时电力和电信设施、临时轨道、临时码头、绿化工程等工程。

(7) 构造物Ⅱ:指小桥、中桥、大桥、特大桥工程。

(8) 构造物Ⅲ:指商品水泥混凝土的浇筑、商品沥青混合料和各类商品稳定土混合料的铺筑、外购混凝土构件、设备安装工程等。

(9) 技术复杂大桥:指钢管拱桥、斜拉桥、悬索桥、单孔跨径在 120 m 以上(含 120 m)和基础水深在 10 m 以上(含 10 m)的大桥主桥部分的基础、下部和上部工程(不含桥梁的钢材及钢结构)。

(10) 钢材及钢结构:指所有工程的钢材及钢结构等工程。

3.2.3.1 冬季施工增加费

冬季施工增加费系指按照公路施工及验收规范所规定的冬季施工要求,为保证工程质量和安全生产所需采取的防寒保温设施、工效降低和机械作业率降低以及技术操作流程的改变等所增加的有关费用。

冬季施工增加费的内容包括:

(1) 因冬季施工所需增加的一切人工、机械与材料的支出。

(2) 施工机具所需修建的暖棚(包括拆、移),增加油脂及其他保温设备费用。

(3) 因施工组织设计确定,需增加的一切保温、加温及照明等有关支出。

(4) 与冬季施工有关的其他各项费用,如清除工作地点的冰雪等费用。

冬季气温区的划分是根据气象部门提供的满 15 年以上的气温资料确定的。每年秋冬第一次连续 5 天出现室外日平均温度在 5 ℃以下,日最低温度在 −3 ℃以下的第一天算起,至第二年春夏最后一次连续 5 天出现同样温度的最末一天为冬季期。冬季期内平均气温在 −1 ℃以上者为冬一区,−1～−4 ℃者为冬二区,−4～−7 ℃者为冬三区,−7～−10 ℃者为冬四区,−10～−14 ℃者为冬五区,−14 ℃以下为冬六区。冬一区内平均气温低于 0 ℃的连续天数在 70 天以内的为Ⅰ副区;70 天以上的为Ⅱ副区;冬二区内平均气温低于 0 ℃的连续天数在 100 天以内的为Ⅰ副区,100 天以上的为Ⅱ副区。

气温高于冬一区,但砖石、混凝土工程施工须采取一定措施的地区为准冬季区,准冬季区分两个副区,简称准一区和准二区。凡一年内日最低气温在 0 ℃以下的天数多于 20 天,日平均气温在 0 ℃以下的天数少于 15 天的为准一区,多于 15 天的为准二区。

若当地气温资料与附录中划定的冬季气温区划分有较大出入，可按当地气温资料及上述划分标准确定工程所在地的冬季气温区。

冬季施工增加费的计算方法，是根据各类工程的特点，规定各气温区的取费标准。为了简化计算，采用全年平均摊销的方法，即不论是否在冬季施工，均按规定的取费标准计取冬季施工增加费。一条路线穿过两个以上的气温区时，可分段计算或按各区的工程量比例求得全线的平均增加率，计算冬季施工增加费。

冬季施工增加费以各类工程的定额人工费和定额施工机械使用费之和为基数，按工程所在地的气温区选用表 3-4 的费率计算。

表 3-4　冬季施工增加费费率

气温区 \ 工程类别	冬季期平均温度/℃									
	−1 以上		−1～−4		−4～−7	−7～−10	−10～−14	−14 以下	准一区	准二区
	冬一区		冬二区		冬三区	冬四区	冬五区	冬六区		
	Ⅰ	Ⅱ	Ⅰ	Ⅱ						
人工土方/%	0.28	0.44	0.59	0.76	1.44	2.05	3.07	4.61	—	—
机械土方/%	0.43	0.67	0.93	1.17	2.21	3.14	4.71	7.07	—	—
汽车运输/%	0.08	0.12	0.17	0.21	0.40	0.56	0.84	1.27	—	—
人工石方/%	0.06	0.10	0.13	0.15	0.30	0.44	0.65	0.98	—	—
机械石方/%	0.08	0.13	0.18	0.21	0.42	0.61	0.91	1.37	—	—
高级路面/%	0.37	0.52	0.72	0.81	1.48	2.00	3.00	4.50	0.06	0.16
其他路面/%	0.11	0.20	0.29	0.37	0.62	0.80	1.20	1.80	—	—
构造物Ⅰ/%	0.34	0.49	0.66	0.75	1.36	1.84	2.76	4.14	0.06	0.15
构造物Ⅱ/%	0.42	0.60	0.81	0.92	1.67	2.27	3.40	5.10	0.08	0.19
构造物Ⅲ/%	0.83	1.18	1.60	1.81	3.29	4.46	6.69	10.03	0.15	0.37
技术复杂大桥/%	0.48	0.68	0.93	1.05	1.91	2.58	3.87	5.81	0.08	0.21
隧道/%	0.10	0.19	0.27	0.35	0.58	0.75	1.12	1.69	—	—
钢材及钢结构/%	0.02	0.05	0.07	0.09	0.15	0.19	0.29	0.43	—	—

注：绿化工程不计冬季施工增加费。

3.2.3.2　夜间施工增加费

夜间施工增加费指根据设计、施工技术规范和合理的施工组织要求，必须在夜间施工或必须昼夜连续施工而发生的夜班补助、夜间施工降效、施工照明设备摊销及照明用电等费用。夜间施工增加费以夜间施工工程项目的定额人工费与定额施工机械使用费之和为基数，按表 3-5 的费率计算。

表 3-5　夜间施工增加费费率

工程类别	费率/%	工程类别	费率/%
构造物Ⅱ	0.903	构造物Ⅲ	1.702
技术复杂大桥	0.928	钢材及钢结构	0.874

注:设备安装工程及金属标志牌、防撞钢护栏、防眩板(网)、隔离栅、防护网等不计夜间施工增加费。

3.2.3.3　雨季施工增加费

雨季施工增加费系指雨季期间施工为保证工程质量和安全生产所需采取的防雨、排水、防潮和防护措施,工效降低和机械作业率降低以及技术作业过程的改变等所需增加的有关费用。

雨季施工增加的内容包括:

(1) 因雨季施工所需增加的工、料、机费用的支出,包括工作效率的降低及易被雨水冲毁的工程所增加的工作内容等(如基坑坍塌和排水沟等堵塞的清理、路基边坡冲沟的填补等)。

(2) 路基土方工程的开挖和运输,因雨季施工(非土壤中水影响)而影响的黏附工具,降低工效所增加的费用。

(3) 因防雨必须采取的防护措施的费用,如挖临时排水沟、防止基坑坍塌所需的支撑、挡板等费用。

(4) 材料因受潮、受湿耗损的费用。

(5) 增加防雨、防潮设备的费用。

(6) 其他有关雨季施工所需增加的费用,如因河水高涨致使工作困难而增加的费用等。

雨量区和雨季期的划分,是根据气象部门提供的满 15 年以上的降雨资料确定的。凡月平均降雨天数在 10 天以上,月平均日降雨量在 3.5～5 mm 之间者为Ⅰ区。月平均日降雨量在 5 mm 以上者为Ⅱ区。若当地气象资料与附录所划定的雨量区及雨季期出入较大,可按当地气象资料及上述划分标准确定工程所在地的雨量区及雨季期。

雨季施工增加费的计算方法,是将全国划分为若干雨量区和雨季期,并根据各类工程的特点规定各雨量区和雨季期的取费标准,采用全年平均摊销的方法,即不论是否在雨季施工,均按规定的取费标准计取雨季施工增加费。

一条路线通过不同的雨量区和雨季期时,应分别计算雨季施工增加费或按工程量比例求得平均的增加率,计算全线雨季施工增加费。

雨季施工增加费以各类工程的定额人工费和定额施工机械使用费之和为基数,按工程所在地的雨量区、雨季期选用表 3-6 的费率计算。

3.2.3.4　特殊地区施工增加费

特殊地区施工增加费包括高原地区施工增加费、风沙地区施工增加费和沿海地区施工增加费三项。

(1) 高原地区施工增加费指在海拔高度 2 000 m 以上地区施工,由于受气候、气压的影响,致使人工、机械效率降低而增加的费用。

一条路线通过两个以上(含两个)不同的海拔高度分区时,应分别计算高原地区施工增加费或按工程量比例求得平均的增加率,计算全线高原地区施工增加费。

表 3-6　雨季施工增加费费率

工程类别	雨季期(月数)																			
	1	1.5	2		2.5		3		3.5		4		4.5		5		6		7	8
	雨量区																			
	Ⅰ	Ⅰ	Ⅰ	Ⅱ	Ⅰ	Ⅱ	Ⅰ	Ⅱ	Ⅰ	Ⅱ	Ⅰ	Ⅱ	Ⅰ	Ⅱ	Ⅰ	Ⅱ	Ⅰ	Ⅱ	Ⅱ	Ⅱ
土方/%	0.140	0.175	0.245	0.385	0.315	0.455	0.385	0.525	0.455	0.595	0.525	0.700	0.595	0.805	0.665	0.939	0.764	1.114	1.289	1.499
石方/%	0.105	0.140	0.212	0.349	0.280	0.420	0.349	0.491	0.418	0.563	0.487	0.667	0.555	0.772	0.626	0.876	0.701	1.018	1.194	1.373
运输/%	0.142	0.178	0.249	0.391	0.320	0.462	0.391	0.568	0.462	0.675	0.533	0.781	0.604	0.888	0.675	0.959	0.781	1.136	1.314	1.527
路面/%	0.115	0.153	0.230	0.366	0.306	0.480	0.366	0.557	0.425	0.634	0.501	0.710	0.578	0.825	0.654	0.940	0.749	1.093	1.267	1.459
隧道/%	—	—	—	—	—	—	—	—	—	—	—	—	—	—	—	—	—	—	—	—
构造物Ⅰ/%	0.098	0.131	0.164	0.262	0.196	0.295	0.229	0.360	0.262	0.426	0.327	0.491	0.393	0.557	0.458	0.622	0.524	0.753	0.884	1.015
构造物Ⅱ/%	0.106	0.141	0.177	0.282	0.247	0.353	0.282	0.424	0.318	0.494	0.388	0.565	0.459	0.636	0.530	0.742	0.600	0.883	1.059	1.201
构造物Ⅲ/%	0.200	0.266	0.366	0.565	0.466	0.699	0.565	0.832	0.665	0.998	0.765	1.164	0.898	1.331	1.031	1.497	1.164	1.730	1.996	2.295
技术复杂大桥/%	0.109	0.181	0.254	0.363	0.290	0.435	0.363	0.508	0.435	0.580	0.508	0.689	0.580	0.798	0.653	0.907	0.725	1.052	1.233	1.414
大桥钢材及钢结构/%	—	—	—	—	—	—	—	—	—	—	—	—	—	—	—	—	—	—	—	—

注:室内和隧道内工程及设备安装工程不计雨季施工增加费。

高原地区施工增加费以各类工程的定额人工费与定额施工机械使用费之和为基数，按表 3-7 的费率计算。

表 3-7 高原地区施工增加费费率

工程类别	海拔高度						
	2 001～2 500 m	2 501～3 000 m	3 001～3 500 m	3 501～4 000 m	4 001～4 500 m	4 501～5 000 m	5 000 m 以上
土方/%	13.295	19.709	27.455	38.875	53.102	70.162	91.853
石方/%	13.711	20.358	29.025	41.435	56.875	75.358	100.223
运输/%	13.288	19.666	26.575	37.205	50.493	66.438	85.040
路面/%	14.572	21.618	30.689	45.032	59.615	79.500	102.640
隧道/%	13.364	19.850	28.490	40.767	56.037	74.302	99.259
构造物Ⅰ/%	12.799	19.051	27.989	40.356	55.723	74.098	95.521
构造物Ⅱ/%	13.622	20.244	29.082	41.617	57.214	75.874	101.408
构造物Ⅲ/%	12.786	18.985	27.054	38.616	53.004	70.217	93.371
技术复杂大桥/%	13.912	20.645	29.257	41.670	57.134	75.640	100.205
钢材及钢结构/%	13.204	19.622	28.269	40.492	55.699	73.891	98.930

(2) 风沙地区施工增加费指在沙漠地区施工时，由于受风沙影响，按照施工及验收规范的要求，为保证工程质量和安全生产而增加的有关费用。内容包括防风、防沙及气候影响的措施费，人工、机械效率降低增加的费用，以及积沙、风蚀的清理修复等费用。

风沙地区的划分，根据《公路自然区划标准》(JTJ 003—1986)、《沙漠地区公路建设成套技术研究报告》的公路自然区划和沙漠公路区划，结合风沙地区的气候状况将风沙地区分为三区九类，半干旱、半湿润沙地为风沙一区，干旱、极干旱寒冷沙漠地区为风沙二区，极干旱炎热沙漠地区为风沙三区；根据覆盖度(沙漠中植被、戈壁等覆盖程度)又将每区分为固定沙漠(覆盖度＞50％)、半固定沙漠(覆盖度＞10％～50％)、流动沙漠(覆盖度＜10％)三类，覆盖度由工程勘探设计人员在公路工程勘察设计时确定。

若当地气象资料及自然特征与附录中的风沙地区划分有较大的出入，由项目所在省(自治区、直辖市)公路(交通)工程造价(定额)管理站按当地气象资料和自然特征及上述划分标准确定工程所在地的风沙区划，并抄送交通运输部公路司备案。

一条路线穿过两个以上(含两个)不同风沙区，按路线长度经过不同的风沙区加权计算项目全线风沙地区施工增加费。

风沙地区施工增加费以各类工程的定额人工费和定额施工机械使用费之和为基数，根据工程所在地的风沙区划及类别，按表 3-8 的费率计算。

表 3-8　风沙地区施工增加费费率　　单位:%

工程类别	风沙一区			风沙二区			风沙三区		
	沙漠类型								
	固定	半固定	流动	固定	半固定	流动	固定	半固定	流动
土方	4.558	8.056	13.674	5.618	12.614	23.426	8.056	17.331	27.507
石方	0.745	1.490	2.981	1.014	2.236	3.959	1.490	3.726	5.216
运输	4.304	8.608	13.988	5.38	12.912	19.368	8.608	18.292	27.976
路面	1.364	2.727	4.932	2.205	4.932	7.567	3.365	7.137	11.025
隧道	0.261	0.522	1.043	0.355	0.783	1.386	0.522	1.304	1.826
构造物Ⅰ	3.968	6.944	11.904	4.96	10.912	16.864	6.944	15.872	23.808
构造物Ⅱ	3.254	5.694	9.761	4.067	8.948	13.828	5.694	13.015	19.523
构造物Ⅲ	2.976	5.208	8.928	3.720	8.184	12.648	5.208	11.904	17.226
技术复杂大桥	2.778	4.861	8.333	3.472	7.638	11.805	8.86	111.110	16.077
钢材及钢结构	1.035	2.07	4.14	1.409	3.105	5.498	2.07	5.175	7.245

(3) 沿海地区施工增加费指工程项目在沿海地区施工受海风、海浪和潮汐的影响,致使人工、机械效率降低等所需增加的费用。本项费用,由沿海各省级交通运输主管部门制定具体的适用范围(地区)。沿海地区施工增加费以各类工程的定额人工费和定额施工机械使用费之和为基数,按表 3-9 的费率计算。

表 3-9　沿海地区施工增加费费率

工程类别	费率/%	工程类别	费率/%
构造物Ⅱ	0.207	构造物Ⅲ	0.195
技术复杂大桥	0.212	钢材及钢结构	0.200

注:1. 表中的构造物Ⅱ、Ⅲ系指桥梁工程所用的商品水泥混凝土浇筑及混凝土构件、钢构件的安装。
2. 表中的钢材及钢结构系桥梁工程所用的钢材及钢结构。

3.2.3.5　行车干扰施工增加费

行车干扰施工增加费指由于边施工边维持通车,受行车干扰的影响,致使人工、机械效率降低而增加的行车干扰施工增加费用。该费用以受行车影响部分的工程项目的定额人工费和定额施工机械使用费之和为基数,按表 3-10 的费率计算。

表 3-10　行车干扰施工增加费费率

工程类别	施工期间平均每昼夜双向行车次数(机动车、非机动车合计)							
	51～100	101～500	501～1 000	1 001～2 000	2 001～3 000	3 001～4 000	4 001～5 000	5 000以上
土方/%	1.499	2.343	3.194	4.118	4.775	5.314	5.885	6.468
石方/%	1.279	1.881	2.618	3.479	4.035	4.492	4.973	5.462
运输/%	1.451	2.230	3.041	4.001	4.641	5.164	5.719	6.285

表 3-10(续)

工程类别	施工期间平均每昼夜双向行车次数(机动车、非机动车合计)							
	51～100	101～500	501～1 000	1 001～2 000	2 001～3 000	3 001～4 000	4 001～5 000	5 000以上
路面/%	1.390	2.098	2.802	3.487	4.046	4.496	4.987	5.475
隧道/%	—	—	—	—	—	—	—	—
构造物Ⅰ/%	0.924	1.386	1.858	2.320	2.693	2.988	3.313	3.647
构造物Ⅱ/%	1.007	1.516	2.014	2.512	2.915	3.244	3.593	3.943
构造物Ⅲ/%	0.948	1.417	1.896	2.365	2.745	3.044	3.373	3.713
技术复杂大桥/%	—	—	—	—	—	—	—	—
钢材及钢结构/%	—	—	—	—	—	—	—	—

注:新建工程、中断交通进行封闭施工或为保证交通正常通行而修建保通便道改的扩建工程,不计行车干扰施工增加费。

3.2.3.6 施工辅助费

施工辅助费包括生产工具用具使用费,检验试验费和工程定位复测、工程点交、场地清理等费用。生产工具用具使用费系指施工所需不属于固定资产的生产工具,检验用具,试验用具及仪器、仪表等的购置、摊销和维修费,以及支付给工人自备工具的补贴费。检验试验费系指对建筑材料、构件和建筑安装工程进行一般鉴定、检查所发生的费用,包括自设试验室进行试验所耗用的材料和化学药品的费用,以及技术革新和研究试验费,但不包括新结构、新材料的试验费和建设单位要求对具有出厂合格证明的材料进行检验、对构件破坏性试验及其他特殊要求检验的费用。

高填方和软基沉降监测、高边坡稳定监测、桥梁施工监测、隧道施工监控量测、超前地质预报等施工监控费含在施工辅助费中,不得另行计算。

施工辅助费以各类工程的定额直接费为基数,按表 3-11 的费率计算。

表 3-11 施工辅助费费率

工程类别	费率/%	工程类别	费率/%
土方	0.521	构造物Ⅰ	1.201
石方	0.470	构造物Ⅱ	1.537
运输	0.154	构造物Ⅲ	2.729
路面	0.818	技术复杂大桥	1.677
隧道	1.195	钢材及钢结构	0.564

3.2.3.7 工地转移费

工地转移费指施工企业迁至新工地的搬迁费用。

工地转移费内容包括:

① 施工单位职工及随职工迁移的家属向新工地转移的车费、家具行李运费、途中住宿费、行程补助费、杂费等。

② 公物、工具、施工设备器材、施工机械的运杂费，以及外租机械的往返费及施工机械、设备、公物、工具的转移费等。

③ 非固定工人进退场的费用。

工地转移费以各类工程的定额人工费和定额施工机械使用费之和为基数，按 3-12 的费率计算。

表 3-12　工地转移费费率

工程类别	工地转移距离/km					
	50	100	300	500	1 000	每增加 100
土方/%	0.224	0.301	0.470	0.614	0.815	0.036
石方/%	0.176	0.212	0.363	0.476	0.628	0.030
运输/%	0.157	0.203	0.315	0.416	0.543	0.025
路面/%	0.321	0.435	0.682	0.891	1.191	0.062
隧道/%	0.257	0.351	0.549	0.717	0.959	0.049
构造物Ⅰ/%	0.262	0.351	0.552	0.720	0.963	0.051
构造物Ⅱ/%	0.333	0.449	0.706	0.923	1.236	0.066
构造物Ⅲ/%	0.622	0.841	1.316	1.720	2.304	0.119
技术复杂大桥/%	0.389	0.523	0.818	1.067	1.430	0.073
钢材及钢结构/%	0.351	0.473	0.737	0.961	1.288	0.063

高速公路、一级公路及独立大桥、独立隧道项目转移距离按省会城市至工地的里程计算；二级及二级以下公路项目转移距离按地级城市所在地至工地的里程计算。

工地转移里程数在表列里程之间时，费率可内插计算。工地转移距离在 50 km 以内的工程按 50 km 计算。

3.2.3.8　*辅助生产间接费*

辅助生产间接费指由施工单位自行开采加工的砂、石等自采材料及施工单位自办的人工、机械装卸和运输的间接费。

辅助生产间接费按定额人工费的 3%计。该项费用并入材料预算单价内构成材料费，不直接出现在概(预)算中。

高原地区施工单位的辅助生产，可按高原地区施工增加费费率，以定额人工费与施工机械费之和为基数计算高原地区施工增加费(其中：人工采集、加工材料、人工装卸、运输材料按土方费率计算；机械采集、加工材料按石方费率计算；机械装、运输材料按运输费率计算)。辅助生产高原地区施工增加费不作为辅助生产间接费的计算基数。

3.2.4　企业管理费

企业管理费由基本费用、主副食运费补贴、职工探亲路费、职工取暖补贴和财务费用五项组成。

3.2.4.1　*基本费用*

基本费用指建筑安装企业组织施工生产和经营管理所需的费用。基本费用包括以下几项。

(1) 管理人员工资:管理人员的基本工资,绩效工资,津贴补贴及特殊情况下支付的工资以及缴纳的养老、医疗、失业、工伤保险费和住房公积金等。

(2) 办公费:企业管理办公用的文具、纸张、账表、印刷、通信、网络、书报、办公软件、会议、水电、烧水和集体取暖降温(包括现场临时宿舍取暖、降温)用煤(电、气)等费用。

(3) 差旅交通费:职工因公出差、调动工作的差旅费、住勤补助费,市内交通费和误餐补助费,劳动力招募费,职工退休、退职一次性路费,工伤人员就医路费以及管理部门使用的交通工具的油料、燃料等费用。

(4) 固定资产使用费:管理部门及附属生产单位使用的属于固定资产的房屋、设备等的折旧、大修、维修或租赁费。

(5) 工具用具使用费:企业管理使用的不属于固定资产的工具、器具、家具、交通工具和检验、试验、测绘、消防用具等的购置、维修和摊销费。

(6) 劳动保险费:企业支付的离退休职工的易地安家补助费、职工退职金、6 个月以上的病假人员工资、职工死亡丧葬补助费、抚恤费、按规定支付给离休干部的各项经费。

(7) 职工福利费:按国家规定标准计提的职工福利费。

(8) 劳动保护费:企业按国家有关部门规定标准发放的劳动保护用品的购置费及修理费、防暑降温费、在有碍身体健康环境中施工的保健费用等。

(9) 工会经费:指企业根据《中华人民共和国工会法》的规定按全部职工工资总额比例计提的工会经费。

(10) 职工教育经费:按职工工资总额的规定比例计提,企业为职工进行专业技术和职业技能培训,专业技术人员继续教育、职工职业技能鉴定、职业资格认定以及根据需要对职工进行各类文化教育所发生的费用,不含职工安全教育、培训费用。

(11) 保险费:企业财产保险、管理用及生产用车辆等保险费用及人身意外伤害险的费用。

(12) 工程排污费:施工现场按规定缴纳的排污费用。

(13) 税金:企业按规定缴纳的城市维护建设税、教育费附加、地方教育附加、房产税、车船使用税、土地使用税、印花税等。

(14) 其他:上述项目以外的其他必要的费用支出,包括技术转让费、技术开发费、竣(交)工文件编制费、招投标费、业务招待费、绿化费、广告费、公证费、定额测定费、法律顾问费、审计费、咨询费及施工标准化、规范化、精细化管理等费用。

基本费用以各类工程的定额直接费为基数,按表 3-13 的费率计算。

表 3-13 基本费用费率

工程类别	费率/%	工程类别	费率/%
土方	2.747	构造物Ⅰ	3.587
石方	2.792	构造物Ⅱ	4.726
运输	1.374	构造物Ⅲ	5.976
路面	2.427	技术复杂大桥	4.143
隧道	3.569	钢材及钢结构	2.242

3.2.4.2 主副食运费补贴

主副食运费补贴指施工企业在远离城镇及乡村的野外施工购买生活必需品所需增加的费用。该费用以各类工程的定额直接费为基数，按表 3-14 的费率计算。

表 3-14 主副食运费补贴费率

工程类别	综合里程/km										
	3	5	8	10	15	20	25	30	40	50	每增加10
土方/%	0.122	0.131	0.164	0.191	0.235	0.284	0.322	0.377	0.444	0.519	0.07
石方/%	0.108	0.117	0.149	0.175	0.218	0.261	0.293	0.346	0.405	0.473	0.063
运输/%	0.118	0.13	0.166	0.192	0.233	0.285	0.322	0.379	0.447	0.519	0.073
路面/%	0.066	0.088	0.119	0.13	0.165	0.194	0.224	0.259	0.308	0.356	0.051
隧道/%	0.096	0.104	0.13	0.152	0.185	0.229	0.26	0.304	0.359	0.418	0.054
构造物Ⅰ/%	0.114	0.12	0.145	0.167	0.207	0.254	0.285	0.338	0.394	0.463	0.062
构造物Ⅱ/%	0.126	0.14	0.168	0.196	0.242	0.292	0.338	0.394	0.467	0.54	0.073
构造物Ⅲ/%	0.225	0.248	0.303	0.352	0.435	0.528	0.599	0.705	0.831	0.969	0.132
技术复杂大桥/%	0.101	0.115	0.143	0.165	0.205	0.245	0.28	0.325	0.389	0.452	0.063
钢材及钢结构/%	0.104	0.113	0.146	0.168	0.207	0.247	0.281	0.331	0.387	0.449	0.062

注：综合里程＝粮食运距×0.06＋燃料运距×0.09＋蔬菜运距×0.15＋水运距×0.70，粮食、燃料、蔬菜、水的运距均为全线平均运距；如综合里程数在表列里程之间，费率可内插，综合里程在 3 km 以内的工程，按 3 km 计取本项费用。

3.2.4.3 职工探亲路费

职工探亲路费指按照有关规定发放给施工企业职工在探亲期间发生的往返交通费和途中住宿费等费用。该费用以各类工程的定额直接费为基数，按表 3-15 的费率计算。

表 3-15 职工探亲路费费率

工程类别	费率/%	工程类别	费率/%
土方	0.192	构造物Ⅰ	0.274
石方	0.204	构造物Ⅱ	0.348
运输	0.132	构造物Ⅲ	0.551
路面	0.159	技术复杂大桥	0.208
隧道	0.266	钢材及钢结构	0.164

3.2.4.4 职工取暖补贴

职工取暖补贴指按规定发放给施工企业职工的冬季取暖费和为职工在施工现场设置的临时取暖设施的费用。该费用以各类工程的定额直接费为基数，按工程所在地的气温区选用表 3-16 的费率计算。

表 3-16 职工取暖补贴费率 单位:%

工程类别	气温区						
	准二区	冬一区	冬二区	冬三区	冬四区	冬五区	冬六区
土方	0.060	0.130	0.221	0.331	0.436	0.554	0.663
石方	0.054	0.118	0.183	0.279	0.373	0.472	0.569
运输	0.065	0.130	0.228	0.336	0.444	0.552	0.671
路面	0.049	0.086	0.155	0.229	0.302	0.376	0.456
隧道	0.045	0.091	0.158	0.249	0.318	0.409	0.488
构造物Ⅰ	0.065	0.130	0.206	0.304	0.390	0.499	0.607
构造物Ⅱ	0.070	0.153	0.234	0.352	0.481	0.598	0.727
构造物Ⅲ	0.126	0.264	0.425	0.643	0.849	1.067	1.297
技术复杂大桥	0.059	0.120	0.203	0.310	0.406	0.501	0.609
钢材及钢结构	0.047	0.082	0.141	0.222	0.293	0.363	0.433

3.2.4.5 财务费用

财务费用指施工企业为筹集资金提供投标担保、预付款担保、履约担保、职工工资支付担保等所发生的各种费用,包括企业经营期间发生的短期贷款利息净支出、汇兑净损失、调剂外汇手续费、金融机构手续费,以及企业筹集资金发生的其他财务费用。

财务费用以各类工程的定额直接费为基数,按表 3-17 的费率计算。

表 3-17 财务费用费率

工程类别	费率/%	工程类别	费率/%
土方	0.271	构造物Ⅰ	0.466
石方	0.259	构造物Ⅱ	0.545
运输	0.264	构造物Ⅲ	1.094
路面	0.404	技术复杂大桥	0.637
隧道	0.513	钢材及钢结构	0.653

3.2.5 规费

规费指按法律、法规、规章、规程规定施工企业必须缴纳的费用。

规费包含以下内容。

(1) 养老保险费:施工企业按规定标准为职工缴纳的基本养老保险费。

(2) 失业保险费:施工企业按规定标准为职工缴纳的失业保险费。

(3) 医疗保险费:施工企业按规定标准为职工缴纳的医疗保险费(含生育保险费)。

(4) 工伤保险费:施工企业按规定标准为职工缴纳的工伤保险费。

(5) 住房公积金:施工企业按规定标准为职工缴纳的住房公积金。

各项规费以各类工程的人工费之和为基数,按国家或工程所在地法律、法规、规章、规程规定的标准计算。

3.2.6　利润

利润指施工企业完成所承包工程获得的盈利，按定额直接费及措施费、企业管理费之和的 7.42%计算。

3.2.7　税金

税金指国家税法规定应计入建筑安装工程造价的增值税销项税额。

$$税金=(直接费+设备购置费+措施费+企业管理费+规费+利润)\times 10\% \tag{3-23}$$

3.2.8　专项费用

专项费用包括施工场地建设费和安全生产费。

3.2.8.1　施工场地建设费

施工场地建设费包括以下内容。

(1) 按照工地建设标准化要求进行承包人驻地、工地试验室建设，钢筋集中加工、混合料集中拌制、构件集中预制等所需的办公、生活居住房屋（包括职工家属房屋及探亲房屋），公用房屋（如广播室、文体活动室、医疗室等）和生产用房屋（如仓库、加工厂、加工棚、发电站、变电站、空压机站、停机棚、值班室等）等建设费用。

(2) 包括场区平整（山岭重丘区的土石方工程除外）、场地硬化、排水、绿化、标志、污水处理设施、围墙隔离设施等的费用，不包括钢筋加工的机械设备、混合料拌和设备及安拆、预制构件台座、预应力张拉设备、起重及养护设备，以及概算、预算定额中临时工程的费用。

(3) 包括以上范围内的各种临时工作便道（包括汽车、人力车道）、人行便道，工地临时用水、用电的水管支线和电线支线，临时构筑物（如水井、水塔等）、其他小型临时设施等的搭设或租赁、维修、拆除、清理的费用，但不包括红线范围内贯通便道、进出场的临时道路、保通便道。

(4) 工地试验室所发生的属于固定资产的试验设备和仪器等折旧、维修或租赁费用。

(5) 施工扬尘污染防治措施费：指裸露的施工场地覆盖防尘网，施工便道和施工场地洒水或喷洒抑尘剂，运输车辆的苫盖和冲洗，环境敏感区设置围挡，防尘标识设置，环境监控与检测等所需要的费用。

(6) 文明施工、职工健康生活的费用。

施工场地建设费以施工场地计费基数，按表 3-18 的费率，以累进法计算。施工场地计费基数为定额建筑安装工程费减去专项费用。

表 3-18　施工场地建设费费率

施工场地计费基数/万元	费率/%	算例	
		施工场地计费基数/万元	施工场地建设费/万元
500 及以下	5.338	500	500×5.338%=26.69
500～1 000	4.228	1 000	26.69+(1 000－500)×4.228%=47.83
1 000～5 000	2.665	5 000	47.83+(5 000－1 000)×2.665%=154.43
5 000～10 000	2.222	10 000	154.43+(10 000－5 000)×2.222%=265.53
10 000～30 000	1.785	30 000	265.53+(30 000－10 000)×1.785%=622.53

表 3-18(续)

施工场地计费基数/万元	费率/%	算例	
		施工场地计费基数/万元	施工场地建设费/万元
30 000～50 000	1.694	50 000	622.53+(50 000−30 000)×1.694%=961.33
50 000～100 000	1.579	100 000	961.33+(100 000−50 000)×1.579%=1 750.83
100 000～150 000	1.498	150 000	1 750.83+(150 000−100 000)×1.498%=2 499.83
150 000～200 000	1.415	200 000	2 499.83+(200 000−150 000)×1.415%=3 207.33
200 000～300 000	1.348	300 000	3 207.33+(300 000−200 000)×1.348%=4 555.33
300 000～400 000	1.289	400 000	4 555.33+(400 000−300 000)×1.289%=5 844.33
400 000～600 000	1.235	600 000	5 844.33+(600 000−400 000)×1.235%=8 314.33
600 000～800 000	1.188	800 000	8 314.33+(800 000−600 000)×1.188%=10 690.33
800 000～1 000 000	1.149	1 000 000	10 690.33+(1 000 000−800 000)×1.149%=12 988.33
1 000 000 以上	1.118	1 200 000	12 988.33+(1 200 000−1 000 000)×1.118%=15 224.33

3.2.8.2 安全生产费

安全生产费包括完善、改造和维护安全设施设备费用，配备、维护、保养应急救援器材、设备费用，开展重大危险源和事故隐患评估和整改费用，安全生产检查、评价、咨询费用，配备和更新现场作业人员安全防护用品支出，安全生产宣传、教育、培训费用，安全设施及特种设备检测检验费用，施工安全风险评估、应急演练等有关工作及其他与安全生产直接相关的费用。

安全生产费按建筑安装工程费乘以安全生产费费率计算，费率按不少于1.5%计取。

3.2.9 定额建筑安装工程费

定额建筑安装工程费是取费基数，包括定额直接费、定额设备购置费、措施费、企业管理费、规费、利润、税金和专项费用。

定额直接费是定额人工费、定额材料费、定额施工机械使用费之和，按工程量乘以现行《公路工程概算定额》(JTG/T 3831—2018)或《公路工程预算定额》(JTG/T 3832—2018)中的基价进行计算。

定额人工费是指按《公路工程预算定额》(JTG/T 3832—2018)附录四“定额人工、材料、设备单价表”和现行《公路工程机械台班费用定额》(JTG/T 3833—2018)规定的人工工日基价计算的费用，即定额中人工消耗量乘以人工工日基价计算的费用。

定额材料费是指按《公路工程预算定额》(JTG/T 3832—2018)附录四“定额人工、材料、设备单价表”中规定的材料基价计算的费用，即定额中材料消耗量乘以材料基价计算的费用。

定额施工机械使用费是指按《公路工程机械台班费用定额》(JTG/T 3833—2018)中规定的施工机械台班基价计算的费用，即定额中施工机械消耗量乘以施工机械台班基价计算的费用。

定额设备购置费均按《公路工程预算定额》(JTG/T 3832—2018)附录四“定额人工、材料、设备单价表”中规定的设备基价计算费用的 40%，即设备数量乘以设备基价计算费用的 40%。

3.3　其他有关费用

3.3.1　土地使用及拆迁补偿费

土地使用及拆迁补偿费包含永久占地费、临时占地费、拆迁补偿费、水土保持补偿费、其他费用。

3.3.1.1　永久占地费

永久占地费包括土地补偿费、征用耕地安置补助费、耕地开垦费、森林植被恢复费、失地农民养老保险费。

(1) 土地补偿费包括征地补偿费、被征用土地上的青苗补偿费，征用城市郊区的菜地等缴纳的菜地开发建设基金，耕地占用税，用地图编制费及勘界费等。

(2) 征用耕地安置补助费指征用耕地需要安置农业人口的补助费。

(3) 耕地开垦费指公路建设项目占用耕地的，应由建设项目法人(业主)负责补充耕地所发生的费用；没有条件开垦或者开垦的耕地不符合要求的，按规定缴纳的耕地开垦费。

(4) 公路建设项目发生跨省域补充耕地国家统筹的，应执行《国务院办公厅关于印发跨省域不从耕地国家统筹管理办法和城乡建设用地增减挂钩节余指标跨省域调剂管理办法的通知》(国办发〔2018〕6 号)的规定；发生省内跨区域补充耕地的，执行本省相关规定。

(5) 森林植被恢复费指公路建设项目需要占用、征用林地的，经县级以上林业主管部门审核同意或批准，建设项目法人(业主)单位按照省级人民政府有关规定向县级以上林业主管部门预缴的森林植被恢复费。

(6) 失地农民养老保险费指根据国家规定为保障依法被征地农民养老而交纳的保险费用。失地农民养老保险费按项目所在地省级人民政府的相关规定进行计算。

3.3.1.2　临时占地费

临时占地费包括临时征地使用费、复耕费。

(1) 临时征地使用费指为满足施工所需的承包人驻地、预制场、拌和场、仓库、加工厂(棚)、堆料场、取弃土场、进出场便道、便桥等所有的临时用地及其附着物的补偿费用。

(2) 复耕费指临时占用的耕地、鱼塘等，在工程交工后将其恢复到原有标准所发生的费用。

3.3.1.3　拆迁补偿费

拆迁补偿费指被征用或占用土地地上、地下的房屋及附属构筑物，公用设施、文物等的拆除、发掘及迁建补偿费，拆迁管理费等。

3.3.1.4　水土保持补偿费

水土保持补偿指根据《中华人民共和国水土保持法》《水土保持补偿费征收使用管理办法》等相关法律、法规的规定征收的水土保持补偿费。水土保持补偿费根据国家相关法律、法规规定缴纳。

3.3.1.5 其他费用

其他费用指国务院行政主管部门及省级人民政府规定的与征地拆迁相关的费用。

3.3.1.6 计算方法

土地使用及拆迁补偿费计算方法如下：

(1) 土地使用及拆迁补偿费应根据设计文件确定的建设工程用地和临时用地面积及其附着物的情况，以及实际发生的费用项目，按国家有关规定及工程所在地的省（自治区、直辖市）颁布的有关规定和标准计算。

(2) 森林植被恢复费应根据审批单位批准的建设工程占用林地的类型及面积，按国家有关规定及工程所在地的省（自治区、直辖市）颁布的有关规定和标准计算。

(3) 当与原有的电力电信设施、管线、水利工程、铁路及铁路设施互相干扰时，应与有关部门联系，商定合理的解决方案和补偿金额，也可由这些部门按规定编制费用以确定补偿金额。

(4) 水土保持补偿费按各省（自治区、直辖市）制定的水土保持补偿费收费标准进行计算。

3.3.2 工程建设其他费

工程建设其他费包括建设项目管理费、研究试验费、前期工作费、专项评价（估）费、联合试运转费、生产准备费、工程保通管理费、工程保险费、其他相关费用。

3.3.2.1 建设项目管理费

建设项目管理费包括建设单位（业主）管理费、建设项目信息化费、工程监理费、设计文件审查费、竣（交）工验收试验检测费。其中建设单位（业主）管理费、建设项目信息化费和工程监理费均为实施建设项目管理的费用，可根据建设单位（业主）、施工、监理单位所实际承担的工作内容和工作量统筹使用。

(1) 建设单位（业主）管理费

建设单位（业主）管理费指建设单位（业主）为进行建设项目的立项、筹建、建设、竣（交）工验收、总结等工作所发生的费用。

建设单位（业主）管理费包括工作人员的工资、工资性津贴、施工现场津贴，社会保险费用（基本养老、基本医疗、失业、工伤保险）、住房公积金、职工福利费、工会经费、劳动保护费，办公费、会议费、差旅交通费、固定资产使用费（包括办公及生活房屋折旧、维修或租赁费，车辆折旧、维修、使用或租赁费，通信设备购置、使用费，测量、试验设备仪器折旧、维修或租赁费，其他设备折旧、维修或租赁费等）、零星固定资产购置费、招募生产工人费，技术图书资料费、职工教育培训经费，招标管理费，合同契约公证费、法律顾问费、咨询费，建设单位的临时设施费、完工清理费、竣（交）工验收费[含其他行业或部门要求的竣工验收费用、建设单位负责的竣（交）工文件编制费]、各种税费（包括房产税、车船使用税、印花税等），对建设项目前期工作、项目实施及竣工决算等全过程进行审计所发生的审计费用，境内外融资费用（不含建设期贷款利息），业务招待费，工程质量、安全生产管理费和其他管理性开支。

建设单位（业主）管理费以定额建筑安装工程费为基数，按表 3-19 的费率，以累进方法计算。

表 3-19　建设单位(业主)管理费费率

定额建筑安装工程费/万元	费率/%	算例	
		定额建筑安装工程费/万元	建设单位(业主)管理费/万元
500 及以下	4.858	500	500×4.858%=24.29
500～1 000	3.813	1 000	24.29+(1 000−500)×3.813%=43.355
1 000～5 000	3.049	5 000	43.355+(5 000−1 000)×3.049%=165.315
5 000～10 000	2.562	10 000	165.315+(10 000−5 000)×2.562%=293.415
10 000～30 000	2.125	30 000	293.415+(30 000−10 000)×2.125%=718.415
30 000～50 000	1.773	50 000	718.415+(50 000−30 000)×1.773%=1 073.015
50 000～100 000	1.312	100 000	1 073.015+(100 000−50 000)×1.312%=1 729.015
100 000～150 000	1.057	150 000	1 729.015+(150 000−100 000)×1.057%=2 257.515
150 000～200 000	0.826	200 000	2 257.515+(200 000−150 000)×0.826%=2 670.515
200 000～300 000	0.595	300 000	2 670.515+(300 000−200 000)×0.595%=3 265.515
300 000～400 000	0.498	400 000	3 265.515+(400 000−300 000)×0.498%=3 763.515
400 000～600 000	0.450	600 000	3 763.515+(600 000−400 000)×0.45%=4 663.515
600000～800 000	0.400	800 000	4 663.515+(800 000−600 000)×0.4%=5 463.515
800 000～1 000 000	0.375	1 000 000	5 463.515+(1 000 000−800 000)×0.375%=6 213.515
1 000 000 以上	0.350	1 200 000	6 213.515+(1 200 000−1 000 000)×0.35%=6 913.515

双洞长度超过 5 000 m 的独立隧道，水深大于 15 m、跨径大于或等于 400 m 的斜拉桥和跨径大于或等于 800 m 的悬索桥等独立特大型桥梁工程的建设单位(业主)管理费，按表 3-19 中的费率乘以系数 1.3 计算；海上工程[指由于风浪影响，工程施工期(不包括封冻期)全年月平均工作日少于 15 d 的工程]的建设单位(业主)管理费，按表 3-19 中的费率乘以系数 1.2 计算。

(2) 建设项目信息化费

建设项目信息化费指建设单位(业主)和各参建单位用于建设项目的质量、安全、进度、费用等方面的信息化建设、运维及各种税费等费用，包括建设项目全寿命周期的建筑信息模型等相关费用。建设项目信息化费以定额建筑安装工程费为基数，按表 3-20 的费率，以累进方法计算。

表 3-20　建设项目信息化费费率

定额建筑安装工程费/万元	费率/%	算例	
		定额建筑安装工程费/万元	建设项目信息化费/万元
500 及以下	0.600	500	500×0.6%=3
500～1 000	0.452	1000	3+(1 000−500)×0.452%=5.26
1 000～5 000	0.356	5 000	5.26+(5 000−1 000)×0.356%=19.5

表 3-20(续)

定额建筑安装工程费/万元	费率/%	算例	
		定额建筑安装工程费/万元	建设项目信息化费/万元
5 000～10 000	0.285	10 000	19.5+(10 000−5 000)×0.285%=33.75
10 000～30 000	0.252	30 000	33.75+(30 000−10 000)×0.252%=84.15
30 000～50 000	0.224	50 000	84.15+(50 000−30 000)×0.224%=128.95
50 000～100 000	0.202	100 000	128.95+(100 000−50 000)×0.202%=229.95
100 000～150 000	0.171	150 000	229.95+(150 000−100 000)×0.171%=315.45
150 000～200 000	0.160	200 000	315.45+(200 000−150 000)×0.16%=395.45
200 000～300 000	0.142	300 000	395.45+(300 000−200 000)×0.142%=537.45
300 000～400000	0.135	400 000	537.45+(400 000−300 000)×0.135%=672.45
400 000～600 000	0.131	600 000	672.45+(600 000−400 000)×0.131%=934.45
600 000～800 000	0.127	800 000	934.45+(800 000−600 000)×0.127%=1 188.45
800 000～1 000 000	0.125	1 000 000	1 188.45+(1 000 000−800 000)×0.125%=1 438.45
1 000 000 以上	0.122	1 200 000	1 438.45+(1 200 000−1 000 000)×0.122%=1 682.45

(3) 工程监理费

工程监理费指建设单位(业主)委托具有监理资格的单位,按施工监理规范进行全面的监督和管理所发生的费用。

工程监理费内容包括工作人员的工资、工资性津贴、施工现场津贴、社会保险费用(基本养老、基本医疗、失业、工伤保险)、住房公积金、职工福利费、工会经费、劳动保护费,办公费、会议费、差旅交通费,办公、试验固定资产使用费(包括办公及生活房屋折旧、维修或租赁费,车辆折旧、维修、使用或租赁费,通信设备购置、使用费,测量、试验、检测设备仪器折旧、维修或租赁费,其他设备折旧、维修或租赁费等),零星固定资产购置费、招募生产工人费,技术图书资料费、职工教育经费、投标费用,合同契约公证费、法律顾问费、咨询费、业务招待费,财务费用、监理单位的临时设施费、完工清理费、竣(交)工验收费、各种税费、安全生产管理费和其他管理性开支。

工程监理费以定额建筑安装工程费为基数,按表 3-21 的费率,以累进方法计算。

表 3-21　工程监理费费率

定额建筑安装工程费/万元	费率/%	算例	
		定额建筑安装工程费/万元	工程监理费/万元
500 及以下	3.00	500	500×3%=15
500～1 000	2.40	1 000	15+(1 000−500)×2.4%=27
1 000～5 000	2.10	5 000	27+(5 000−1 000)×2.1%=111
5 000～10 000	1.94	10 000	111+(10 000−5 000)×1.94%=208
10 000～30 000	1.87	30 000	208+(30 000−10 000)×1.87%=582

表 3-21(续)

定额建筑安装工程费/万元	费率/%	算例	
		定额建筑安装工程费/万元	工程监理费/万元
30 000～50 000	1.83	50 000	582+(50 000-30 000)×1.83%=948
50 000～100 000	1.78	100 000	948+(100 000-50 000)×1.78%=1 838
100 000～150 000	1.72	150 000	1 838+(150 000-100 000)×1.72%=2 698
150 000～200 000	1.64	200 000	2 698+(200 000-150 000)×1.64%=3 518
200 000～300 000	1.55	300 000	3 518+(300 000-200 000)×1.55%=5 068
300 000～400 000	1.49	400 000	5 068+(400 000-300 000)×1.49%=6 558
400 000～600 000	1.45	600 000	6 558+(600 000-400 000)×1.45%=9 458
600 000～800 000	1.42	800 000	9 458+(800 000-600 000)×1.42%=12 298
800 000～1 000 000	1.37	1 000 000	12 298+(1 000 000-800 000)×1.37%=15 038
1 000 000 以上	1.33	1 200 000	15 038+(1 200 000-1 000 000)×1.33%=17 698

(4) 设计文件审查费

设计文件审查费指在项目审批前，建设单位(业主)为保证勘察设计工作的质量，组织有关专家或委托有资质的单位，对提交的建设项目可行性研究报告和勘察设计文件进行审查所需要的相关费用。设计文件审查费以定额建筑安装工程费为基数，按表 3-22 的费率，以累进方法计算。

建设项目若有地质勘察监理，费用在此项目开支。

建设项目若有设计咨询(或称设计监理设计双院制)，其费用在此项目内开支。

表 3-22　设计文件审查费费率

定额建筑安装工程费/万元	费率/%	算例	
		定额建筑安装工程费/万元	设计文件审查费/万元
5 000 以下	0.077	5 000	5 000×0.077%=3.85
5 000～10 000	0.072	10 000	3.85+(10 000-5 000)×0.072%=7.45
10 000～30 000	0.069	30 000	7.45+(30 000-10 000)×0.069%=21.25
30 000～50 000	0.066	50 000	21.25+(50 000-30 000)×0.066%=34.45
50 000～100 000	0.065	100 000	34.45+(100 000-50 000)×0.065%=66.95
100 000～150 000	0.061	150 000	66.95+(150 000-10 000)×0.061%=97.45
150 000～200 000	0.059	200 000	97.45+(200 000-150 000)×0.059%=126.95
200 000～300 000	0.057	300 000	126.95+(300 000-200 000)×0.057%=183.95
300 000～400 000	0.055	400 000	183.95+(400 000-300 000)×0.055%=238.95
400 000～600 000	0.053	600 000	238.95+(600 000-400 000)×0.053%=344.95
600 000～800 000	0.052	800 000	344.95+(800 000-600 000)×0.052%=448.95
800 000～1 000 000	0.051	1 000 000	448.95+(800 000-600 000)×0.051%=550.95
1 000 000 以上	0.050	1 200 000	550.95+(800 000-600 000)×0.050%=650.95

(5) 竣(交)工验收试验检测费

竣(交)工验收试验检测费指在公路建设项目竣(交)工验收前,由建设单位(业主)或工程质量监督机构委托有资质的公路工程质量检测单位按照有关规定对建设项目的工程质量进行检测并出具检测试验意见,以及进行桥梁动(静)载试验或其他特殊检测等所需的费用。

竣(交)工验收试验检测费按表 3-23 规定的费率计算。道路工程按主线路基长度计算,桥梁工程以主线桥梁、分离式立交、匝道桥的长度之和进行计算,隧道按单洞长度计算。

表 3-23　竣(交)工验收试验检测费

<table>
<tr><th colspan="3">检测项目</th><th>竣(交)工验收实验检测费/元</th><th>备注</th></tr>
<tr><td colspan="2" rowspan="4">道路工程/(元・km⁻¹)</td><td>高速公路</td><td>23 500</td><td rowspan="4">包括路基、路面、涵洞、通道、路段安全设施和机电、房建、绿化、环境保护及其他工程</td></tr>
<tr><td>一级公路</td><td>17 000</td></tr>
<tr><td>二级公路</td><td>11 500</td></tr>
<tr><td>三级及三级以下</td><td>5 750</td></tr>
<tr><td rowspan="5">桥梁工程</td><td>一般桥梁
/(元・延米⁻¹)</td><td>—</td><td>40</td><td rowspan="5">包括桥梁范围内的所有土建、安全设施和机电、声屏障等环境保护工程及必要的动(静)载试验</td></tr>
<tr><td rowspan="4">技术复杂桥梁
/(元・延米⁻¹)</td><td>钢管拱</td><td>750</td></tr>
<tr><td>连续钢构</td><td>500</td></tr>
<tr><td>斜拉桥</td><td>600</td></tr>
<tr><td>悬索桥</td><td>560</td></tr>
<tr><td colspan="2">隧道工程/(元・延米⁻¹)</td><td>单洞</td><td>80</td><td>包括隧道范围内的所有土建、安全设施、机电、消防设施等</td></tr>
</table>

道路工程,高速公路、一级公路按四车道计算,二级及二级以下公路按两车道计算,每增加 1 个车道,按表 3-23 的费用增加 10%计算。桥梁和隧道按双向四车道计算,每增加 1 个车道费用增加 15%。二级及二级以下公路的桥隧工程,按表 3-23 费用的 40%计算。

3.3.2.2　研究试验费

研究试验费指按项目特点和有关规定,在建设过程中必须进行的研究和试验所需的费用,以及支付科技成果、专利、先进技术的一次性技术转让费。

研究试验费不包括:

(1) 应由前期工作费(为建设项目提供或验证设计数据、资料等专题研究)开支的项目。

(2) 应由科技三项费用(即新产品试制费、中间试验费和重要科学研究补助费)开支的项目。

(3) 应由施工辅助费开支的施工企业对建筑材料、构件和建筑物进行一般鉴定、检查所发生的费用及技术革新研究试验费。

计算方法:按设计提出的研究试验内容和要求进行编制。

3.3.2.3　建设项目前期工作费

建设项目前期工作费指委托勘察设计单位、咨询单位对建设项目进行可行性研究、工程勘察设计,以及设计、监理、施工招标文件及招标标底或造价控制值文件编制时,按规定应支付的费用。

建设项目前期工作费包括：

(1) 编制项目建议书(或预可行性研究报告)、可行性研究报告、投资估算，以及相应的勘察、设计等所需的费用。

(2) 通过风洞试验、地震动参数、索塔足尺模型试验、桥墩局部冲刷试验、桩基承载力试验等为建设项目提供或验证设计数据所需的专题研究费用。

(3) 初步设计和施工图设计的勘察费、设计费、概(预)算编制及调整概算编制费用等。

(4) 设计、监理、施工招标及招标标底(或造价控制值或清单预算)文件编制费等。

计算方法：前期工作费以定额建筑安装工程费为基数，按表 3-24 的费率，以累进方法计算。

表 3-24　建设项目前期工作费费率

定额建筑安装工程费/万元	费率/%	算例	
		定额建筑安装工程费/万元	建设项目前期工作费/万元
500 及以下	3.00	500	500×3.00%＝15
500～1 000	2.70	1000	15＋(1 000－500)×2.70%＝28.5
1 000～5 000	2.55	5 000	28.5＋(5 000－1 000)×2.55%＝130.5
5 000～10 000	2.46	10 000	130.5＋(10 000－5 000)×2.46%＝253.5
10 000～30 000	2.39	30 000	253.5＋(30 000－10 000)×2.39%＝731.5
30 000～50 000	2.34	50 000	731.5＋(50 000－30 000)×2.34%＝1 199.5
50 000～100 000	2.27	100 000	1 199.5＋(100 000－50 000)×2.27%＝2 334.5
100 000～150 000	2.19	150 000	2 334.5＋(150 000－100 000)×2.19%＝3 429.5
150 000～200 000	2.08	200 000	3 429.5＋(200 000－150 000)×2.08%＝4 469.5
200 000～300 000	1.99	300 000	4 469.5＋(300 000－200 000)×1.99%＝6 459.5
300 000～400 000	1.94	400 000	6 459.5＋(400 000－300 000)×1.94%＝8 399.5
400 000～600 000	1.86	600 000	8 399.5＋(600 000－400 000)×1.86%＝12 119.5
600 000～800 000	1.80	800 000	12 119.5＋(800 000－600 000)×1.80%＝15 719.5
800 000～1 000 000	1.76	1 000 000	15 719.5＋(1 000 000－800 000)×1.76%＝19 239.5
1 000 000 以上	1.72	1 200 000	19 239.5＋(1 200 000－1 000 000)×1.72%＝22 679.5

3.3.2.4　专项评价(估)费

专项评价(估)费指依据国家法律、法规规定进行评价(评估)、咨询，按规定应支付的费用。

专项评价(估)费包括环境影响评价费、水土保持评估费、地震安全性评价费、地质灾害危险性评价费、压覆重要矿床评估费、文物勘察费、通航论证费、行洪论证(评估)费、使用林地可行性研究报告编制费、用地预审报告编制费、项目风险评估费、节能评估费和社会风险评估费、放射性影响评估费、规划选址意见书编制费等费用。

计算方法：依据委托合同，或参照类似工程已发生的费用进行计列。

3.3.2.5 联合试运转费

联合试运转费指建设项目的机电工程，按照有关规定标准，需要进行整套设备带负荷联合试运转所需的全部费用，不包括应由设备安装工程费中开支的调试费用。

费用包括：联合试运转期间所需的材料、燃料和动力的消耗，机械和检测设备使用费，工具用具和低值易耗品费，参加联合试运转的人员工资及其他费用等。

计算方法：联合试运转费以定额建筑安装工程费为基数，按0.04%费率计算。

3.3.2.6 生产准备费

生产准备费指为保证新建、改扩建项目交付使用后满足正常的运行、管理发生的工器具购置、办公和生活用家具购置、生产人员培训、应急保通设备购置等费用。

(1) 工器具购置费指建设项目交付使用后为满足初期正常运营必须购置的第一套不构成固定资产的设备、仪器、仪表、工卡模具、器具、工作台(框、架、柜)等的费用，不包括构成固定资产的设备、工器具和备品、备件及已列入设备费中的专用工具和备品、备件。工器具购置费由设计单位列出计划购置清单(包括规格、型号、数量)，计算方法同设备购置费。

(2) 办公和生活用家具购置费指新建、改扩建工程项目，为保证初期正常生产、使用和管理所购置的办公和生活用家具、用具的费用，包括行政、生产部门的办公室、会议室、资料档案室、阅览室、宿舍及生活福利设施等的家具、用具。办公和生活用家具购置费按表3-25的规定计算。

表3-25 办公和生活用家具购置费标准

<table>
<tr><th rowspan="3">工程所在地</th><th colspan="4">路线/(元·公路公里$^{-1}$)</th><th colspan="3">单独管理或单独收费的桥梁、隧道/(元·座$^{-1}$)</th></tr>
<tr><th rowspan="2">高速公路</th><th rowspan="2">一级公路</th><th rowspan="2">二级公路</th><th rowspan="2">三、四级公路</th><th colspan="2">特大、大桥</th><th rowspan="2">特长隧道</th></tr>
<tr><th>一般桥梁</th><th>技术复杂大桥</th></tr>
<tr><td>内蒙古、黑龙江、青海、新疆、西藏</td><td>21 500</td><td>15 600</td><td>7 800</td><td>4 000</td><td>24 000</td><td>60 000</td><td>78 000</td></tr>
<tr><td>其他省(自治区、直辖市)</td><td>17 500</td><td>14 600</td><td>5 800</td><td>2 900</td><td>19 800</td><td>49 000</td><td>63 700</td></tr>
</table>

注：改扩建工程按表列费用的70%计。

(3) 生产人员培训费指为保证生产的正常运行，在工程交工验收交付使用前对运营部门生产人员和管理人员进行培训所需的费用，包括培训人员的工资、工资性津贴、职工福利费、差旅交通费、劳动保护费、培训及教学实习费等。该费用按设计定员和3 000元/人的标准计算。

(4) 应急保通设备购置费指新建、改扩建工程项目，为满足初期正常营运，购置保障抢修保通、应急处置，且构成固定资产的设备所需的费用。该费用由设计单位列出计划购置清单，计算方法同设备购置费。

3.3.2.7 工程保通管理费

工程保通管理费指新建或改扩建工程需边施工边维持通车或通航的建设项目，为保证公(铁)路运营安全、船舶航行安全及施工安全而进行交通(公路、航道、铁路)管制、交通(铁路)与船舶疏导所需的和媒体、公告等宣传费用及协管人员经费等。工程保通管理费应按设计需要进行列支。

3.3.2.8 工程保险费

工程保险费指在合同执行期内，施工企业按合同条款要求办理保险的费用，包括建筑工程一切险和第三方责任险。

建筑工程一切险是为永久工程、临时工程和设备及已运至施工工地用于永久工程的材料和设备所投的保险。

第三者责任险是对因实施合同工程而造成的财产(本工程除外)损失或损害，或人员(业主和承包人雇员除外)的死亡或伤残所负责进行的保险。

工程保险费以建筑安装工程费(不含设备费)为基数，按0.4%费率计算。

3.3.2.9 其他相关费用

其他相关费用指国务院行政主管部门及省级人民政府规定的其他与公路建设相关的费用，按其相关规定计算。

3.3.3 预备费与建设期贷款利息

3.3.3.1 预备费

预备费由基本预备费和价差预备费两部分组成。

(1) 基本预备费系指在初步设计和概算、施工图设计和施工图预算中难以预料的工程费用。

基本预备费包括：

① 在进行技术设计、施工图设计和施工过程中，在批准的初步设计和概算范围内所增加的工程费用。

② 在设备订货时，由于规格、型号改变的价差，材料货源变更、运输距离或方式的改变以及因规格不同而代换使用等原因发生的价差。

③ 在项目主管部门组织竣(交)工验收时，验收委员会(或小组)为鉴定工程质量必须开挖和修复隐蔽工程的费用。

基本预备费以建筑安装工程费、土地使用及拆迁补偿费、工程建设其他费之和为基数，按下列费率计算：

① 设计概算按5%计列。

② 修正概算按4%计列。

③ 施工图预算按3%计列。

(2) 价差预备费系指设计文件编制年至工程交工年期间，建筑安装工程费用的人工费、材料费、设备费、施工机械使用费、措施费、企业管理费等由于政策、价格变化可能发生上浮而预留的费用，及外资贷款汇率变动部分的费用。

计算方法：价差预备费以建筑安装工程费用总额为基数，按设计文件编制年始至建设项目工程交工年终的年数和年工程造价增长率计算。计算公式见式(3-24)。

$$\text{价差预备费} = P \times [(1+i)^{n-1} - 1] \tag{3-24}$$

式中 P——建筑安装工程费总额，元；

i——年工程造价增长率，%；

n——设计文件编制年至建设项目开工年+建设项目建设期限，年。

注：① 年工程造价增长率按有关部门公布的工程投资价格指数计算。

② 设计文件编制至工程交工在1年以内的工程，不列此项费用。

3.3.3.2 建设期贷款利息

建设期贷款利息系指工程项目使用的贷款部分在建设期内应计取的贷款利息，包括各种金融机构贷款、建设债券和外汇贷款等利息。

利息计算方法：根据不同的资金来源分年度投资计算所需支付的利息。计算公式见式(3-25)。

$$\text{建设期贷款利息} = \sum(\text{上年末付息贷款本息累计} + \text{本年度付息贷款额} \div 2) \times \text{年利率} \tag{3-25}$$

即：

$$S = \sum_{n=1}^{N}(F_{n-1} + b_n \div 2)i$$

式中 S——建设期贷款利息；

N——项目建设期，年；

n——施工年度；

F_{n-1}——建设期第 $n-1$ 年末需付息贷款本息累计；

b_n——建设期第 n 年度付息贷款额；

i——中国人民银行公布的贷款基准年利率。

【例 3-1】 某工程计划贷款 5 亿元，贷 3 年，第一年贷 2 亿元，第二年贷 2 亿元，第三年贷 1 亿元，贷款利率为 7%，计算建设期贷款利息。

解：$n=1$ $F_{n-1}=0$ $b_1=2$ $A_1=(2\div 2)\times 7\%=0.07$(亿元)

$n=2$ $F_{n-1}=2+A_1=2.07$ $b_2=2$

$A_2=(2.07+2\div 2)\times 7\%=0.214\ 9$(亿元)

$n=3$ $F_{n-1}=2+A_1+2+A_2=4.284\ 9$ $b_3=1$

$A_3=(4.284\ 9+1\div 2)\times 7\%=0.334\ 9$(亿元)

建设期贷款利息$=A_1+A_2+A_3=0.07+0.214\ 9+0.334\ 9=0.619\ 8$(亿元)

3.4 概预算文件的编制

3.4.1 编制步骤

概预算文件的编制是一项十分重要的工作，编制质量的高低及各项计算的准确与否直接关系着国家的经济利益。为了确保概预算文件的编制质量，必须根据工程概预算内在的规律和国家的有关规定，按一定的步骤来进行。

3.4.1.1 熟悉设计图纸和资料

编制项目建议书投资估算、可行性研究报告投资估算、概算、修正概算、施工图预算等文件前，应对相应阶段的项目建议书、工程可行性研究、初步设计、技术设计和施工图设计内容进行检查和整理，认真阅读和核对设计图纸及有关表格，如工程一览表、工程数量表等，若图纸中所用材料规格或要求不清时，要核对查实。

3.4.1.2 准备概预算资料

概预算资料包括外业调查资料、指标、定额、补充指标、补充定额、各部位及地方主管部门的有关文件等。在编制概预算前，应将公路行业的有关文件、地方和中央的有关文件准备好，同时，也应将定额及各类补充定额的相关文件准备齐全。

3.4.1.3 分析外业调查资料及施工方案

(1) 概预算调查资料分析

概预算资料的调查工作是一项关系到概预算文件质量的基础工作,一般在公路工程外业勘察时同时进行。调查的内容很广,原则上凡对施工生产有影响的一切因素都必须调查,主要是筑路材料的来源(沿线料场及有无自采材料),材料运输方式及运距,运费标准,占用土地的补偿费、安置费及拆迁补偿费,沿线可利用房屋及劳动力供应情况等。对这些调查资料应进行分析,若有不明确或不全的部分,应另行调查,以保证概预算的准确和合理。

(2) 施工方案的分析

对与相应设计阶段配套的施工组织设计文件(尤其是施工方案)应认真分析其可行性、合理性、经济性。因为施工方案将直接影响概预算金额的高低和定额、指标的查用,因此编制概预算时,重点应对施工方案进行认真分析。

① 施工方法:同一工程内容,可以采用不同的施工方法来完成,如土方施工,有人工挖土方和机械挖土方两种方法;钢筋混凝土工程既可以采用现浇施工方法,也可以采用预制安装方法等。因此,应根据工程设计的意图和要求同工程实际相结合,选择最经济的施工方法。

② 施工机械:施工机械选择也将直接影响施工费用,因此,应根据选定的施工方法选配相应的施工机械,如挖填土方,既可以采用铲运机,又可以采用挖掘机配自卸汽车。

③ 其他方面:运距远近的选择(如土方中取土坑、弃土堆的位置),材料堆放的位置及仓库的设置。

3.4.1.4 分项

公路工程概预算是以分项工程概预算表为基础计算和汇总而来的,所以工程分项是概预算工作中的一项重要基础工作。一般公路工程分项时必须满足以下三个方面的要求:

(1) 按照概预算项目表的要求分项,这是基本要求。概预算项目表实质上是将一个复杂的建设项目分解成许多分项工程的一种科学划分方法。

(2) 符合定额项目表的要求。定额项目表是定额的主体内容,分项后的分项工程必须能够在定额项目表中直接查到。

(3) 符合费率的要求。措施费和间接费都是按不同工程类别确定的费率定额,因此,所分的项目应满足其要求。

3.4.1.5 计算工程量

在编制概预算时,应对各分项工程量按工程量计算原则进行计算。一是对设计中已有的工程量进行核对,二是对设计文件中缺少或未列的工程量进行补充计算,计算时应注意计算单位和计算规则与指标、定额的计量单位及计算规则一致。

3.4.1.6 查定额

概预算定额是编制概预算的主要计价依据,按照分项工程选用的施工方法,所使用的材料、结构构件规格、工程地质等因素合理选用定额。并注意定额的说明、工程量计算规则等,对定额进行调整,保证定额运用合理。

3.4.1.7 基础单价的计算

编制概预算的另一项重要工作便是确定基础单价。基础单价是人工工日单价、材料预算单价和施工机械台班单价的统称。定额中除基价和小额零星材料及小型机具用货币指标外,其他均是资源消耗的实物指标。要以货币来表现消耗,就必须计算各种资源的单价。

3.4.1.8 计算建筑安装工程费

有了各分项工程的资源消耗数量及基础单价,便可计算其直接费、措施费、企业管理费、规费、利润、税金。根据具体的设备购置清单计算设备购置费,按编制办法的规定计算专项费用。总计各单位工程的建筑安装工程费,得到工程项目的建筑安装工程费。

3.4.1.9 实物指标计算

概预算还必须编制工程项目的实物消耗量指标,可通过02表(详见本书附录)的计算完成。

3.4.1.10 计算其他有关费用

按规定计算土地使用及拆迁补偿费、工程建设其他费用等费用,即编制07表和08表。

3.4.1.11 编制总概、预算表并进行造价分析

(1) 编制总概、预算表:将03、06、07、08表中的各项填入01表中相应栏目,并计算各项技术经济指标。

(2) 造价分析:根据概算总金额、各单位工程或分项工程的费用比值和各项技术经济指标进行全面分析,对设计提出修改建议和从经济角度对设计是否合理予以评价,找出挖潜措施。

3.4.1.12 编制综合概预算

根据建设项目要求,当分段或分部编制01表和02表时,需要汇总编制综合概预算。

(1) 汇总各种概预算表,编制"总概(预)算汇总表"(01-1表)

(2) 汇总各段的02表,编制"全概、预算人工主要材料、机械台班数量汇总表"(02-1表)。

3.4.1.13 编制说明

概预算表格计算并编制完后,必须编制概预算说明。主要说明概预算编制依据,编制中存在的问题,工程总造价的货币和实物量指标及其他与概预算有关但不能在表格中反映的事项。

3.4.2 公路工程建设项目各项费用计算程序及计算方式

公路工程建设项目各项费用计算程序及计算方式见表3-26。

表3-26 公路工程建设各项费用计算程序及计算方式

序号	项目	说明及计算式
(一)	定额直接费	∑人工消耗量×人工基价+∑(材料消耗量×材料基价+机械台班消耗量×机械台班基价)
(二)	定额设备购置费	∑设备购置数量×设备基价
(三)	直接费	∑人工消耗量×人工单价+∑(材料消耗量×材料预算单价+机械台班消耗量×机械台班预算单价)
(四)	设备购置费	∑设备购置数量×预算单价
(五)	措施费	(一)×施工辅助费费率+定额人工费和定额施工机械使用费之和×其余措施费综合费率

表 3-26(续)

序号	项目			说明及计算式
(六)	企业管理费			(一)×企业管理费综合费率
(七)	规费			各类工程人工费(含施工机械人工费)×规费综合费率
(八)	利润			[(一)+(五)+(六)]×利润率
(九)	税金			[(三)+(四)+(五)+(六)+(七)+(八)]×10%
(十)	专项费用		施工场地建设费	[(一)+(五)+(六)+(七)+(八)+(九)]×累进费率
			安全生产费	建筑安装工程费(不含安全生产费本身)×(≥1.5%)
(十一)	定额建筑安装工程费			(一)+(二×40%)+(五)+(六)+(七)+(八)+(九)+(十)
(十二)	建筑安装工程费			(三)+(四)+(五)+(六)+(七)+(八)+(九)+(十)
(十三)	土地使用及拆迁补偿费			按规定计算
(十四)	工程建设其他费	建设项目管理费	建设单位(业主)管理费	(十一)×累进费率
			建设项目信息化费	(十一)×累进费率
			工程监理费	(十一)×累进费率
			设计文件审查费	(十一)×累进费率
			竣(交)工验收试验检测费	按规定计算
		研究试验费	建设项目前期工作费	(十一)×累进费率
			专项评价(估)费	按规定计算
			联合试运转费	(十一)×费率
		生产准备费	工具器购置费	按规定计算
			办公和生活用家具购置费	按规定计算
			生产人员培训费	按规定计算
		应急保通设备购置费	工程保通管理费	按规定计算
			工程保险费	[(十二)−(四)]×费率
			其他相关费用	
(十五)	预备费		基本预备费	[(十二)+(十三)+(十四)]×费率
			价差预备费	(十二)×费率
(十六)	建设期贷款利息			按实际贷款额度及利率计算
(十七)	公路基本造价			(十二)+(十三)+(十四)+(十五)+(十六)

3.4.3　施工图预算编制案例

3.4.3.1　工程内容

3.4.3.1.1　互通方案

山东某地北环设置分离立交上跨 GX 高速，导致济青高铁某地北站周边路网无法与周边高速公路形成快速交通转换，严重制约了该高铁站对区域经济辐射带动作用的发挥。为进一步完善区域路网布局，密切周边路网与高速公路的快速连接，缓解区域路网交通压力，同时构建多式联运现代交通体系，打通“高速＋高铁”联运通道，实现公路和铁路运输无缝衔接，最大限度发挥高铁的辐射带动作用，急需建设本项目。项目建成后，可将周边路网接入高速公路网络，实现济青高铁某地北站旅客运输公铁“零换乘”，对发挥交通基础设施在全省新旧动能转换中的支撑和先导作用具有重要意义。

在互通方面提出了比较方案：

方案一采用部分苜蓿叶形，被交路上跨GX高速，匝道与被交路采用平面交叉方式。本方案设置两处匝道收费站，位于东北、西北象限，收费车道均为3进3出。

方案二采用匝道上跨主线、被交路上跨主线的A型单喇叭，收费站设置在东北象限，收费车道为3进4出。

审查认为：方案一、方案二设计基本合理，综合考虑建设用地、工程造价等因素，同意方案一作为推荐方案。

3.4.3.1.2　技术标准

根据本项目在路网中的功能定位，沿线的地形条件、区域路网情况，结合交通量预测的结果，本项目互通式立交设计按照《公路工程技术标准》(JTG B01—2014)、《公路路线设计规范》(JTG D20—2017)，同时参照《公路立体交叉设计细则》(JTG/T D21—2014)执行，主要技术标准见表3-27。

表3-27　主要技术标准

序号	技术指标名称	单位	指标值	
			主线	互通立交
1	等级	—	高速公路	一般互通式立体交叉
2	设计速度	km/h	100	40
3	路基宽度	m	24.5	9.0/16.5
4	桥梁宽度	m	—	—
5	路基、桥涵设计洪水频率	—	1/100	1/100
6	桥涵设计汽车荷载等级	—	公路-Ⅰ级	公路-Ⅰ级
7	交通工程及沿线设施	—	按相关规定执行	按相关规定执行

3.4.3.1.3　施工方案

施工组织宜采用专业化的流水作业法，以加快施工进度和确保工程质量。

本项目主要工程有路基工程、路面工程、桥涵工程、安全设施、临时工程等。建设单位应组建强有力的组织领导指挥机构，负责工程建设期间的工程管理、计量支付、关系协调等工作。

(1) 路基工程

① 土石方工程。本项目老路边沟长期有水，存在一定的淤泥层，填筑质量要求高，特别要确保路基的压实度，加强分层检验。为确保施工质量和进度，必须严格按照路基施工规范进行，并采用机械化施工。

② 防护工程。路基防护工程与路基土石方工程结合起来安排，并穿插在土石方工程中进行施工。

③ 排水工程。路基排水主要由边沟、排水沟、泄水槽等组成。排水边沟的开挖及整修，同路基土石方工程一并进行，并注意与涵洞等构造物的衔接，尽量抢在雨季前完成排水系统，以减少雨水对已建路基的浸泡和对边坡的冲刷。

(2) 路面工程

路面工程开工前，要检查路基工程质量，合格后才能进行路面施工。路基竣工后，开始铺筑路面，路面施工过程中要严格按路面施工技术规范进行，保证路面底基层、基层材料拌和、摊铺、碾压质量。

(3) 桥涵工程

本项目新建涵洞应配合路基同时施工。

(4) 交通工程及沿线设施

交通工程及沿线设施部分需与公路主体部分有机结合，充分考虑相互之间的工序关系，根据图纸设置相应设施。

(5) 临时工程的安排

临时工程主要包括：施工便道，临时电力、电信线等。临时工程对施工的顺利进行起着重要作用，应尽早安排。本项目沿线为内陆平原区，沿线等级道路较少，乡村道路较为发达，局部交通不便路段考虑施工便道、便桥及地方村道的改建利用。布设施工便道时，要通过实地踏勘，并征求地方群众的意见、建议后，针对不同的主体工程，设置必要的便道、便桥等临时工程；另外，在修建便道时，要综合考虑永久性、临时性，可以留做地方道路的，或工程完工后要求复垦、绿化等情况要分别处理与对待。该地区电力供应较充足，施工用电容易解决，工程用电只需在电力部门办理相关手续即可与电网连通，但因供电存在季节性紧张，需要自备发电机，以防电力供应不足给工程带来影响。沿线通信网络发达，可与电信部门联系联网，为便于项目的统一管理，沿线临时电力、电信全线贯通。

3.4.3.1.4　施工期交通组织方案

本工程为互通接入项目，为不阻断交通，施工期间采用“封闭硬路肩，行车道限速通行”的方案。在进入施工路段前一路口设置临时提示标志，逐级限速。

(1) 沿硬路肩内侧设置防撞桶和移动式防撞护栏及锥形标，并粘贴反光标志，将施工区和通行区严格分离。在移动式隔离护栏上悬挂减速慢行、注意安全等标志，在施工段安置限速标志，确保行车安全和施工安全。

(2) 加强对施工人员的安全教育，施工人员必须经过安全培训，并持有上岗证。提前了解 GX 高速行车限界，确保各施工机械不侵限。严禁施工人员在既有道路上行走或停留。交通量较大路段，需设置保通人员 24 h 现场值班指挥车辆、行人按交通标志指示方向安全通过作业区。

(3) 在施工用地范围以内，所有作业、保通人员必须穿戴反光标志服，作业机械必需按照标准涂以橘黄色，并按标准安装黄色警示灯。施工区与通行区采用移动式隔离护栏、围挡板以及锥形标进行严格分离，摆放防撞桶，保证施工安全和交通安全。夜间设置频闪灯，以示警示。

3.4.3.1.5 主要工程规模(表 3-28)

表 3-28 主要工程规模

项目	单位	数量	备注
主线长度		834.257	已建
匝道长度		2 264.269	
新增占地	公顷	9.852 3	
拆迁大棚	m^2	76 853	
土石方(挖/填)	m^3	27 204/140 585	
路面工程	1 000 m^2	29.602	
防护排水	m^3	3 898.3	
匝道桥	m/座	—	
涵洞	道	13	
通道	道	—	

3.4.3.2 预算说明

(1) 编制依据

① 交通运输部 2018 年 12 月 17 日发布的《公路工程建设项目概算预算编制办法》(JTG 3830—2018);

② 交通运输部 2018 年 12 月 17 日发布的《公路工程预算定额》(JTG/T 3832—2018);

③ 交通运输部 2018 年 12 月 17 日发布的《公路工程机械台班费用定额》(JTG/T 3833—2018);

④《财政部税务总局关于调整增值税税率的通知》(财税〔2018〕32 号);

⑤ 外业勘测调查资料及设计工程量等。

(2) 编制范围

GX 高速 A 互通立交工程一处。

(3) 费率及单价

① 人工费。根据《山东省公路工程基本建设项目投资估算概算预算编制补充规定》文件规定,本项目人工单价按 111.23 元/工日取定。

② 材料费。根据山东省定额站工程材料价格信息(2019 年 7 月),结合外业勘测期间的调查资料,按公路工程材料规格确定材料工地价格。其中材料原价、运杂费按不含增值税的价格确定。

③ 施工机械使用费。机械台班费按《公路工程机械台班费用定额》(JTG/T 3832—2018)及《山东省公路工程基本建设项目投资估算概算预算编制补充规定》计算。

④ 全部费率取自编制依据的相关指标或办法的规定。

⑤ 征地补偿费按 A 市国土局有关文件计算。

3.4.3.3 案例文件

案例文件见表 A.0.2-3、表 A.0.2-6、表 A.0.2-7、表 A.0.2-8、表 A.0.2-10、表 A.0.2-11、表 A.0.2-12、表 A.0.2-13、表 A.0.3-2、表 A.0.3-6。

表 A.0.2-3 总预算汇总表

建设项目名称:GX 高速 A 互通立交工程　　　　第 1 页　共 1 页　　01—1 表

分设编号	工程或费用名称	单位	总数量	K1409＋305～K1410＋139						总金额/元	全路段技术经济指标	各项费用比例/%
				数量	金额/元	技术经济指标	数量	金额/元	技术经济指标			
1	第一部分 建筑安装工程费	公路公里	0.834	0.834	94 407 032	113 197 879.62				94 407 031.60	113 197 880.10	51.45
101	临时工程	公路公里	0.834	0.834	3 418 192	4 098 551.52				3 418 191.97	4 098 551.56	1.86
106	交叉工程	处	5.000	5.000	35 925 497	7 185 099.36				35 925 496.78	7 185 099.40	19.58
107	交通工程及沿线设施	公路公里	0.834	0.834	48 954 819	58 698 823.48				48 954 818.78	58 698 823.74	26.68
108	绿化及环境保护工程	公路公里	0.834	0.834	2 664 212	3 194 498.79				2 664 211.99	3 194 498.80	1.45
110	专设费用	元			3 444 312					3 444 312.08		1.88
2	第二部分　土地征用及拆迁补偿费	公路公里	0.834	0.834	73 914 470	88 626 462.70				73 914 469.89	88 626 462.83	40.28
201	土地使用费	亩	147.785	147.785	11 714 801	79 269.48				11 714 801.20	79 269.48	6.38
202	拆迁补偿费	公路公里	0.834	0.834	36 916 341	44 264 197.36				36 916 340.60	44 264 197.84	20.12
203	其他补偿费	公路公里	0.834	0.834	25 283 328	30 315 741.12				25 283 328.09	30 315 741.01	13.78
3	第三部分　工程建设其他费	公路公里	0.834	0.834	9 823 485	11 778 758.62				9 823 484.69	11 778 758.99	5.35
301	建设项目管理费	公路公里	0.834	0.834	4 287 564	5 140 963.96				4 287 563.94	5 140 964.03	2.34
303	建设项目前期工作费	公路公里	0.834	0.834	1 948 638	2 336 495.83				1 948 637.52	2 336 496.40	1.06
304	专设评价(估)费	公路公里	0.834	0.834	2 099 760	2 517 697.84				2 099 760.00	2 517 697.84	1.14
306	生产准备费	公路公里	0.834	0.834	224 595	269 298.56				224 595.00	269 298.56	0.12
308	工程保险费	公路公里	0.834	0.834	333 721	400 145.35				333 721.22	400 145.08	0.18
309	其他相关费用	公路公里			929 207					929 207.01		0.51
4	第四部分　预备费	公路公里	0.834	0.834	5 344 350	6 408 093.03				5 344 349.59	6 408 093.53	2.91
401	基本预备费	元			5 344 350					5 344 349.59		2.91
402	价差预备费	元										

表 A.0.2-3(续)

建设项名称:GX 高速 A 互通立交工程　　　　第 1 页　　共 1 页　　01—1 表

分设编号	工程或费用名称	单位	总数量	K1409＋305～K1410＋139						总金额/元	全路段技术经济指标	各项费用比例/%
				数量	金额/元	技术经济指标	数量	金额/元	技术经济指标			
5	第一至四部分合计	公路公里	0.834	0.834	183 489 336	220 011 193.97				183 489 335.77	220 011 194.24	100.00
6	建设期贷款利息	公路公里	0.834	0.834								
7	公路基本造价	公路公里	0.834	0.834	183 489 336	220 011 193.97				183 489 335.77	220 011 194.24	100.00

编制　　　　　　复核：

表 A.0.2-6　人工、主要材料、施工机械台班数量汇总表

编制范围:互通立交工程　　　　第 1 页　　共 1 页　　02 表

代号	规格名称	单位	单价/元	总数量	分项统计/元										场外运输损耗	
					临时工程	交叉工程	交通工程及沿线设施	绿化及环境保护工程	专项费用					辅助生产	损耗率/%	数量
1001001	人工	工日	111.23	46 048.113	3 537.000	26 483.001	12 232.764	3 795.348								
1051001	机械工	工日	111.23	7 309.981	305.916	5 647.105	1 312.636	44.324								
2001001	HPB300 钢筋	t	4 061.65	132.739		74.649	58.090									
2001002	HRB400 钢筋	t	4 008.85	103.922		96.058	7.865									
2001019	钢丝绳(股丝 6—7×19,绳径 7.1～9 mm;股丝 6×37,绳径 14.1～15.5 mm)	t	6 263.72	1.797		0.473	1.324									
2001021	8～12 号铁丝(镀锌铁丝)	kg	4.36	313.720	168.000	74.496	70.682	0.542								
2001022	20～22 号铁丝(镀锌铁丝)	kg	6.20	912.328		613.242	299.086									
2001024	电焊网排	m^2	77.88	5 114.340			5 114.340									
2003004	型钢(工字钢,角钢)	t	4 035.40	7.700	0.744	2.001	4.954									
2003005	钢板(A3,δ=5～40 mm)	t	4 017.70	32.217	2.000	0.028	30.188									
2003008	钢管(无缝钢管)	t	5 212.39	35.591		1.801	33.791									
2003009	镀锌钢管(外径 15～20 mm,壁厚 2.7～4.5 mm)	t	5 601.77	51.613			51.613									
2003012	镀锌钢板(δ=1 mm、1.5 mm、3 mm)	t	5 210.62	3.438			3.438									
2003015	钢管立柱	t	5 796.46	244.578			244.578									
2003017	波形钢板(镀锌,包括端头板、撑架)	t	5 796.46	193.568			193.568									
2003025	钢模板(各类定型大块钢模板)	t	5 747.79	25.380		19.460	5.920									
2003026	组合钢模板	t	5 747.79	5.005	0.309	3.489	1.197	0.010								
2003027	门式钢支架	t	5 747.79	0.066			0.066									

表 A.0.2-6(续)

编制范围：互通立交工程　　　　第 1 页　　共 1　　02 表

代号	规格名称	单位	单价/元	总数量	分项统计/元										场外运输损耗	
					临时工程	交叉工程	交通工程及沿线设施	绿化及环境保护工程	专项费用					辅助生产	损耗率/%	数量
2003040	铸铁	kg	2.22	5 420.000			5 420.000									
2003047	可挠金属管(LV—5/50 号)	m	22.22	60.000			60.000									
2005001	不锈钢管(混合规格)	kg	15.00	0.506		0.506										

编制　　　　　　　　　　　　复核：

表 A.0.2-7　建筑安装工程费计算表

编制范围：互通立交工程　　　　第 1 页　　共 2 页　　03 表

序号	分项编号	工程名称	单位	工程量	定额直接费元	定额设备购置费/元	直接费/元				设备购置费元	措施费/元	企业管理费/元	规费/元	利润/元	税金元	金额合计/元	
							人工费	材料费	施工机械使用费	合计					费率 7.42%	税率 9.0%	合计	单价
1	2	3	4	5	6	7	8	9	10	11	12	13	14	15	16	17	18	19
1	1010101	临时便道(修建、拆除与维护)	km	2.000	241 302		42 712	448 343	35 165	526 220		5 782	11 044	19 012	19 153	52 309	633 522	316 760.79
2	10104	临时供电设施	总额		196 858		10 011	174 481		184 492		2 720	9 010	3 594	15 477	19 376	234 670	
3	10105	临时电信设施	总额		196 858		10 011	174 481		184 492		2 720	9 010	3 594	15 477	19 376	234 670	
4	1010601	基层拌合站	座	1.000	231 362		69 408	256 124	71 067	396 598		7 919	10 589	27 722	18 540	41 523	502 892	502 892.01
5	1010602	面层拌合站	座	1.000	663 604		223 194	892 882	124 340	1 240 417		20 584	30 373	85 297	53 020	128 672	15 583 631	558 362.96
6	1010603	混凝土拌合站	座	1.000	85 720		38 085	51 183	6 547	95 815		3 559	5 068	14 235	7 000	11 311	136 988	136 988.19
7	10107	交通安全维护费			100 000			100 000		100 000					7 420	9 668	117 088	
8	LJ0302	借土方填筑	m^3	240.000	9 501		145	3 780	5 264	9 189		310	137	326	738	963	11 663	48.59
9	LM01020201	18 cm 水泥稳定碎石(低剂量)	m^2	3 863.400	121 883		2 063	225 926	19 132	247 120		2 033	3 729	1 653	9 471	23 761	287 768	74.49
10	LM01030201	18 cm 水泥稳定碎石下基层	m^2	3 748.900	122 574		2 002	223 701	18 957	244 659		2 029	3 755	1 627	9 524	23 543	285 137	76.06
11	LM01030202	18cm 水泥稳定碎石上基层	m^2	3 917.100	128 074		2 091	233 737	19 808	255 636		2 120	3 923	1 700	9 952	24 600	297 931	76.06
12	LM01030203	16 cm 水泥稳定碎石下基层(低剂量)	m^2	455.000	12 921		248	23 668	2 114	26 029		222	396	194	1 005	2 506	30 351	66.71
13	LM01030204	16 cm 水泥稳定碎石上基层	m^2	455.000	13 341		248	24 150	2 114	26 511		225	409	194	1 037	2 554	30 930	67.98
14	LM010401	透层	m^2	3 917.100	17 288		87	18 641	449	19 178		169	547	58	1 336	1 916	23 204	5.92
15	LM010402	黏层	m^2	4 087.000	7 963			6 845	70	6915		69	252	3	615	707	8 561	2.09

表 A.0.2-7(续)

编制范围:互通立交工程　　　　第 1 页　　共 2 页　　03 表

序号	分项编号	工程名称	单位	工程量	定额直接费元	定额设备购置费/元	直接费/元				设备购置费元	措施费/元	企业管理费/元	规费/元	利润/元	税金元	金额合计/元	
							人工费	材料费	施工机械使用费	合计					费率 7.42%	税率 9.0%	合计	单价
16	LM01040301	热沥青预拌碎石封层	m²	4 372.100	70 307		4 036	45 447	19 163	68 646		1 807	2 225	1 980	5 516	7 216	87 389	19.99
17	LM01050201	6 cm 中粒式沥青混凝土	m²	4 087.000	200 147		1 170	187 556	28 316	217 043		3 201	6 273	980	15 554	21 875	264 925	64.82
18	LM01050301	4 cm 细粒式沥青混凝土	m²	442.000	15 039		86	14 004	2 038	16 128		236	472	71	1 168	1 627	19 702	44.57
19	LM01050501	4 cm 沥青玛蹄脂碎石混合料	m²	4 087.000	222 673		849	198 361	20 886	220 096		2 979	7 006	697	17 263	22 324	270 364	66.15
20	LM040201	培路肩	m³	1 749.300	44 160		39 888		6 118	46 006		2 603	1 397	15 787	3 573	6 243	75 609	43.22
21	LM040202	路缘石	m³	38.000	25 079		13 581	16 788	2 074	32 443		924	824	5 073	1 991	3 713	44 968	1 183.37
22	LM07	实体岛	处	4.000	38 295		14 298	29 106	5 064	48 468		1 150	1 065	5 436	3 006	5 321	64 445	16 111.34
23	LJ0302	借土方填筑	m³	90.000	3 563		55	1 418	1 974	3 446		116	51	122	277	361	4 373	48.59
24	LM0301	20 cm 填隙碎石	m²	80.000	1 770		36	4 062	108	4 205		22	56	20	137	400	4 840	60.50
25	LM01030201	16 cm 水泥稳定碎石下基层(低剂量)	m²	833.600	23 674		454	43 361	3 873	47 688		406	725	355	1 840	4 591	55 606	66.71
26	LM01030202	16 cm 水泥稳定碎石上基层	m²	818.000	23 985		446	43 417	3 800	47 663		405	735	349	1 864	4 591	55 606	67.98
27	LM01040301	热沥青预拌碎石封层	m²	818.000	13 154		755	8 503	3 585	12 843		338	416	370	1 032	1 350	16 350	19.99
28	LM01050301	4 cm 细粒式沥青混凝土	m²	784.000	26 680		153	24 843	3 615	28 611		418	837	127	2 073	2 886	34 951	44.58
29	LJ010101	清除表土	m³	2 990.200	33 240		4 656		27 044	31 700		1 905	916	3 000	2 676	3 618	43 814	14.65
30	LJ010102	伐树、挖根	棵	1 400.000	32 044		18 687		13 596	32 283		1 577	1 467	7 491	2 604	4 088	49 509	35.36
31	LJ01020201	挖除沥青面层	m³	191.063	17 564		8 142		9 081	17 223		1 024	538	3 016	1 419	2 090	25 309	132.47
32	LJ01020202	挖除水稳碎石基层	m³	96.336	2 121		107		1 909	2 016		118	57	137	170	225	2 724	28.27

表 A.0.2-7(续)

编制范围:互通立交工程　　　　第 1 页　共 2 页　　03 表

序号	分项编号	工程名称	单位	工程量	定额直接费/元	定额设备购置费/元	直接费/元				设备购置费/元	措施费/元	企业管理费/元	规费/元	利润/元	税金元	金额合计/元	
							人工费	材料费	施工机械使用费	合计					费率 7.42%	税率 9.0%	合计	单价
33	LJ01020203	挖除水泥稳定砂砾	m^3	37.170	819		41		737	778		46	22	53	66	87	1 051	28.28
34	LJ010301	拆除钢筋混凝土结构	m^3	17.500	4 325		2 589	111	1 613	4313		209	193	939	351	540	6 546	374.04
35	LJ010303	拆除砖石及其他砌体	m^3	20.900	967		721		261	981		48	38	271	78	127	1 543	73.84
36	LJ0201	挖土方	m^3	11 641.000	25 762		3 367		21 386	24 753		1 638	894	2 334	2 099	2 855	34 573	2.97
37	LJ0301	利用土方填筑	m^3	10 035.000	45 087		2 344		40 387	42 731		2 867	1 565	3 398	3 674	4 881	59 116	5.89
38	LJ0302	借土方填筑	m^3	33 933.300	1 500 031		21 850	590 444	837 215	1 449 509		49 443	21 989	49 335	116 603	151 819	1 838 697	54.19
39	LJ030701	40 cm 石灰(8%)土	m^2	9 880.100	187 490		22 331	224 122	9 759	256 213		2 831	6 508	8 430	14 605	25 973	314 559	31.84

编制　　　　复核:

表 A.0.2-8 综合费率计算表

编制范围:互通立交工程　　　　第 1 页　　共 1 页　　04 表

序号	工程类别	措施费/%											企业管理费/%						规费/%					
		冬季施工增加费	雨季施工增加费	夜间施工增加费	高原地区施工增加费	风沙地区施工增加费	沿海地区施工增加费	行车干扰施工增加费	施工辅助费	工地转移费	综合费率		基本费用	主副食运费补贴	职工探亲路费	职工取暖补贴	财务费用	综合费率	养老保险费	失业保险费	医疗保险费	工伤保险费	住房公积金	综合费率
											Ⅰ	Ⅱ												
1	2	3	4	5	6	7	8	9	10	11	12	13	14	15	16	17	18	19	20	21	22	23	24	25
01	土方	0.84	0.53					4.12	0.52	0.36	5.84	0.52	2.75	0.13	0.19	0.13	0.27	3.47	16.00	0.70	6.50	0.70	12.00	35.90
02	石方	0.16	0.49					3.48	0.47	0.26	4.39	0.47	2.79	0.12	0.20	0.12	0.26	3.49	16.00	0.70	6.50	0.70	12.00	35.90
03	运输	0.17	0.53					4.00	0.15	0.24	4.94	0.15	1.37	0.13	0.13	0.13	0.26	2.03	16.00	0.70	6.50	0.70	12.00	35.90
04	路面	0.57	0.50					3.49	0.82	0.52	5.08	0.82	2.43	0.09	0.16	0.09	0.40	3.16	16.00	0.70	6.50	0.70	12.00	35.90
05	隧道	0.20							1.20	0.42	0.62	1.20	3.57	0.10	0.27	0.09	0.51	4.54	16.00	0.70	6.50	0.70	12.00	35.90
06	构造物Ⅰ	0.65	0.33					2.32	1.20	0.42	3.72	1.20	3.59	0.12	0.27	0.13	0.47	4.58	16.00	0.70	6.50	0.70	12.00	35.90
06—1	构造物Ⅰ(绿化)		0.33					2.32	1.20	0.42	3.07	1.20	3.59	0.12	0.27	0.13	0.47	4.58	16.00	0.70	6.50	0.70	12.00	35.90
07	构造物Ⅱ	0.87	0.39	0.90				2.51	1.54	0.54	5.21	1.54	4.73	0.14	0.35	0.15	0.55	5.91	16.00	0.70	6.50	0.70	12.00	35.90
08	构造物Ⅲ(一般)	1.62	0.77	1.70				2.37	2.73	1.01	7.46	2.73	5.98	0.25	0.55	0.26	1.09	8.13	16.00	0.70	6.50	0.70	12.00	35.90
08—1	构造物Ⅲ(室内)	1.62		1.70				2.37	2.73	1.01	6.69	2.73	5.98	0.25	0.55	0.26	1.09	8.13	16.00	0.70	6.50	0.70	12.00	35.90
08—2	构造物Ⅲ(桥梁)	1.62	0.77	1.70				2.37	2.73	1.01	7.46	2.73	5.98	0.25	0.55	0.26	1.09	8.13	16.00	0.70	6.50	0.70	12.00	35.90
08—3	构造物Ⅲ(设备安装)	1.62						2.37	2.73	1.01	4.99	2.73	5.98	0.25	0.55	0.26	1.09	8.13	16.00	0.70	6.50	0.70	12.00	35.90
09	技术复杂大桥	1.02	0.51	0.93					1.68	0.63	3.08	1.68	4.14	0.12	0.21	0.12	0.64	5.22	16.00	0.70	6.50	0.70	12.00	35.90
10	钢材及钢结构(一般)	0.04		0.87					0.56	0.57	1.48	0.56	2.24	0.11	0.16	0.08	0.65	3.25	16.00	0.70	6.50	0.70	12.00	35.90
10—1	钢材及钢结构(桥梁)	0.04		0.87					0.56	0.57	1.48	0.56	2.24	0.11	0.16	0.08	0.65	3.25	16.00	0.70	6.50	0.70	12.00	35.90
10—2	钢材及钢结构(金属标志牌等)	0.04							0.56	0.57	0.61	0.56	2.24	0.11	0.16	0.08	0.65	3.25	16.00	0.70	6.50	0.70	12.00	35.90

编制　　　　复核:

表 A.0.2-10　设备费计算表

建设项目名称:GX 高速 A 互通立交工程　　　　第 1 页　　共 1 页　　05 表

代号	设备名称	规格型号	单位	数量	基价/元	定额设备购置费/元	单价/元	设备购置费/元	税金/元	定额设备费/元	设备费/元
7501001	车道控制器		套	14.00	18 376.07	257 264.98	18 376.07	257 264.98	23 153.85	280 418.83	280 418.83
7501002	收费员终端		套	12.00	2 564.10	30 769.20	2 564.10	30 769.20	2 769.23	33 538.43	33 538.43
7501003	复合卡读写器		套	8.00	3 418.80	27 350.40	3 418.80	27 350.40	2 461.54	29 811.94	29 811.94
7501007	雾灯		套	12.00	1 367.52	16 410.24	1 367.52	16 410.24	1 476.92	17 887.16	17 887.16
7501008	黄色声光报警器		套	12.00	211.97	2 543.64	211.97	2 543.64	228.93	2 772.57	2 772.57
7501009	人口语音报读设备		套	4.00	85.47	341.88	85.47	341.88	30.77	372.65	372.65
7501010	手动栏杆		套	12.00	1 538.46	18 461.52	1 538.46	18 461.52	1 661.54	20 123.06	20 123.06
7501011	雨棚信号灯		套	12.00	4 957.26	59 487.12	4 957.26	59 487.12	5 353.84	64 840.96	64 840.96
7501012	通行信号灯		套	12.00	1 538.46	18 461.52	1 538.46	18 461.52	1 661.54	20 123.06	20 123.06
7501014	车牌自动识别系统		套	12.00	23 076.92	276 923.04	23 076.92	276 923.04	24 923.07	301 846.11	301 846.11
7501015	双通道车辆检测器		套	12.00	1 709.40	20 512.80	1 709.40	20 512.80	1 846.15	22 358.95	22 358.95
7501016	检测线圈(收费车道)		套	12.00	427.35	5 128.20	427.35	5 128.20	461.54	5 589.74	5 589.74
7501018	拾音器		套	12.00	55.56	666.72	55.56	666.72	60.00	726.72	726.72
7501022	OBU 识别器		套	8.00	17 094.02	136 752.16	17 094.02	136 752.16	12 307.69	149 059.85	149 059.85
7501025	称重费额显示器		套	12.00	4 461.54	53 538.48	4 461.54	53 538.48	4 818.46	58 356.94	58 356.94
7501026	收据打印机		套	2.00	2 777.78	5 555.56	2 777.78	5 555.56	500.00	6 055.56	6 055.56
7501031	高速自动栏杆		套	16.00	27 777.78	444 444.48	27 777.78	444 444.48	40 000.00	484 444.48	484 444.48
7501033	称重控制器及机箱(含软件)		套	6.00	41 880.34	251 282.04	41 880.34	251 282.04	22 615.38	273 897.42	273 897.42
7501034	称重传感器		套	6.00	102 564.10	615 384.60	102 564.10	615 384.60	55 384.61	670 769.21	670 769.21
7501036	检测线圈(计重车道)		套	2.00	2 136.75	4 273.50	2 136.75	4 273.50	384.62	4 658.12	4 658.12
7501038	收费广场摄像机		套	6.00	17 094.02	102 564.12	17 094.02	102 564.12	9 230.77	111 794.89	111 794.89

表 A.0.2-10(续)

建设项目名称:GX 高速 A 互通立交工程　　　　第 1 页　　共 1 页　　05 表

代号	设备名称	规格型号	单位	数量	基价/元	定额设备购置费/元	单价/元	设备购置费/元	税金/元	定额设备费/元	设备费/元
7501040	投包室、机房摄像机		套	19.00	2 991.45	56 837.55	2 991.45	56 837.55	5 115.38	61 952.93	61 952.93
7501042	车型分类及客货自动识别装置		套	4.00	72 649.57	290 598.28	72 649.57	290 598.28	26 153.85	316 752.13	316 752.13
7501047	高清网络摄像机		套	7.00	25 641.03	179 487.21	25 641.03	179 487.21	16 153.85	195 641.06	195 641.06
7501049	RSU		套	16.00	153 846.15	2 461 538.40	153 846.15	2 461 538.40	221 538.46	2 683 076.86	2 683 076.86

编制　　　　复核：

表 A.0.2-11　专项费用计算表

建设项目名称:GX 高速 A 互通立交工程　　　　第 1 页　　共 1 页　　06 表

序号	工程或费用名称	说明及计算式	金额/元	备注
11001	施工场地建设费	[部颁 2018 施工场地建设费]	2 049 134	
11002	安全生产费	[A]×1.5%	1 395 178	

编制　　　　复核：

表 A.0.2-12　土地使用及拆迁补偿费计算表

建设项目名称:GX 高速 A 互通立交工程　　　　第 1 页　共 2 页　　07 表

序号	费用名称	单位	数量	单价/元	金额/元	说明及计算式	备注
201	土地使用费	亩	147.785	79 269.48	11 714 801	79 269.484 96×147.784 5	
20101	永久征用土地	亩	147.785	69 600.00	10 285 801	69 600.0×147.784 5	
1	永久占地(农用地)	亩	147.785	69 600.00	10 285 801	69 600×147.784 5	
20102	租赁用地	亩	40.000	35 725.00	1 429 000	35 725.0×40.0	
1	租赁用地(便道)	亩	10.000	2 500.00	25 000	2 500×10	
2	租赁用地(预制场、拌合站)	亩	30.000	44 800.00	1 344 000	44 800×30	
3	租赁用地青苗补偿费	亩	40.000	1 500.00	60 000	1 500×40	
202	拆迁补偿费	公路公里	0.834	44 264 197.36	36 916 341	4.426 419 736 211×10^7×0.834	
1	砖房	m^2	139.000	1 000.00	139 000	1 000×139	
2	彩钢房	m^2	365.000	300.00	109 500	300×365	
3	大棚	m^2	76 853.000	253.00	19 443 809	253×76 853	
4	栅栏	m	1 700.000	100.00	170 000	10×1 700	
5	坟	个	9.000	1 500.00	13 500	1 500×9	
6	泵房	处	4.000	10 000.00	40 000	10 000×4	
7	供水管线	m	2 002.000	1 000.00	2 002 000	1 000×2 002	
8	高压电杆(35 kV)	根	9.000	50 000.00	450 000	50 000×9	
9	高压电杆(10 kV)	根	17.000	10 000.00	170 000	10 000×17	
10	低压及通信线杆	根	23.000	1 500.00	34 500	1 500×23	
11	角钢电塔	根	1.000	1 000 000.00	1 000 000	1 000 000×1	
12	变压器	处	2.000	20 000.00	40 000	20 000×2	
13	乔木(胸径 5～10 cm)	棵	37.000	50.00	1 850	50×37	
14	乔木(胸径 10～20 cm)	棵	1 129.000	70.00	79 030	70×1 129	
15	乔木(胸径 20 cm 以上)	棵	280.000	100.00	28 000	100×280	

编制　　　　复核：

表 A.0.2-12(续)

建设项目名称:GX 高速 A 互通立交工程　　　　第 2 页　共 2 页　　07 表

序号	费用名称	单位	数量	单价/元	金额/元	说明及计算式	备注
16	地下电缆	m	1 600.000	2 000.00	3 200 000	2 000×1 600	
17	代征地	亩	143.609	69 600.00	9 995 152	69 600×143.608 5	
203	其他补偿费	公路公里	0.834	30 315 741.11	25 283 328	$3.031\ 574\ 111\ 391\times10^{7}\times0.834$	
1	耕地开垦费	亩	147.785	150 000.00	22 167 675	150 000×147.784 5	
2	青苗补偿费	亩	147.785	3 000.00	443 354	3 000×147.784 5	
3	耕地占有税	亩	147.785	1 333.00	196 997	1 333×147.784 5	
4	社会保障补助费	亩	147.785	15 000.00	2 216 768	15 000×147.784 5	
5	用地图编制及勘界费	亩	147.785	300.00	44 335	300×147.784 5	
6	水土保持补偿费	元	1.000	214 200.00	214 200	214 200×1	

编制　　　　　　　　复核:

表 A.0.2-13　工程建设其他费计算表

建设项目名称:GX 高速 A 互通立交工程　　　　第 1 页　共 2 页　　08 表

序号	费用名称及项目	说明及计算式	金额/元	备注
301	建设项目管理费		4 287 564	
30101	建设单位(业主)管理费	0.030 506 158 7×[定额建筑安装工程费(不含专项费用)+专项费用]	2 323 475	$ {部颁 2018 建设单位(业主)管理费}
30102	建设项目信息化费	0.003 539 301 0×[定额建筑安装工程费(不含专项费用)+专项费用]	269 568	$ {部颁 2018 建设项目信息化费}
30103	工程监理费	0.021 238 135 8×[定额建筑安装工程费(不含专项费用)+专项费用]	1 617 584	$ {部颁 2018 工程监理费}
30104	设计文件审查费	0.000 752 824 0×[定额建筑安装工程费(不含专项费用)+专项费用]	57 338	$ {部颁 2018 设计文件审查费}
30105	竣(交)工验收试验检测费	{部颁 2018 竣(交)工验收试验检测费}	19 599	19 599
303	建设项目前期工作费		1 948 638	$ null
30301	设计咨询费	1×300 000	300 000	
30302	勘察设计费	1×727 738	727 738	
30303	招标文件及标底编制费	1×150 000	150 000	

表 A.0.2-13(续)

建设项目名称:GX 高速 A 互通立交工程　　　　第1页　共2页　　08表

序号	费用名称及项目	说明及计算式	金额/元	备注
30304	工可编制费	1×770 900	770 900	
304	专项评价(估)费		2 099 760	
30401	环境影响评价费	1×148 000	148 000	
30402	社会稳定风险分析、评估费	1×355 000	355 000	
30403	交通工程安全评估费	1×215 000	215 000	
30404	文物勘察费	1×400 260	400 260	
30405	水土保持评估费	1×240 000	240 000	
30406	规划选址意见书编制费	1×250 000	250 000	
30407	土地利用规划费	1×143 600	143 600	
30408	项目申请报告编制费	1×277 900	277 900	
30409	压覆重要矿床评估费	1×20 000	20 000	
30410	地质灾害危险性评价费	1×50 000	50 000	
306	生产准备费		224 595	
30601	办公和生活用家具购置费	{部颁 2018 办公及生活用家具购置费}	14 595	
30602	生产人员培训费	3 000×70	210 000	
308	工程保险费	(建安工程费－设备费)×0.4%	333 721	(94 407 031.6－10 976 727.58)×0.4%
309	其他相关费用		929 207	
30901	第三方检测费	92 920 701×0.01	929 207	

编制　　　　复核:

表 A.0.3-2 分项工程预算表

编制范围：互通立交方案

分项编号：LM01050201 工程名称：6 cm 中粒式沥青混凝土 单位：m^2 数量：4 087.0 单价：64.82 元/m^2 第 1 页 共 6 页 21-2 表

代号	工程项目			改性沥青混凝土			沥青混合料运输			沥青混合料路面铺筑			合计	
	工程细目			生产能力 240 t/h 以内设备拌合改性沥青混凝土（中粒式）			装载质量 15 t 以内自卸汽车运输沥青混合料 15 km			生产能力 240 t/h 以内设备拌合，机械摊铺沥青混凝土混合料（中粒式）				
	定额单位			1 000 m^3 路面实体			1 000 m^3			1 000 m^3 路面实体				
	工程数量			0.245			0.245			0.245				
	定额表号			2—2—11—31 改			2—2—13—7 改			2—2—14—47				
	工、料、机名称	单位	单价/元	定额	数量	金额/元	定额	数量	金额/元	定额	数量	金额/元	数量	金额/元
1001001	人工	工日	111.23	24.800	6.081	676.44				18.100	4.438	493.69	10.520	1 170.13
3001001	石油沥青	t	3 863.72	116.277	28.513	110 167.97							28.513	110 167.97
5503006	路面用机制砂	m^3	165.05	406.730	99.738	16 461.81							99.738	16 461.81
5503013	矿粉粒径＜0.007 4 cm，重量比＞70％	t	252.43	124.450	30.518	7 703.57							30.518	7 703.57
5505017	路面用碎石(1.5 cm)最大粒径1.5 cm 堆方	m^3	194.47	662.930	162.564	31 613.76							162.564	31 613.76
5505018	路面用碎石(2.5 cm)最大粒径2.5 cm 堆方	m^3	194.47	440.030	107.904	20 984.12							107.904	20 984.12
7801001	其他材料费	元	1.00	223.300	54.758	54.76							54.758	54.76
7901001	设备摊销费	元	1.00	2 387.900	585.561	585.56							585.561	585.56
8001047	斗容量 2.0 m^3 轮胎式装载机 ZL40	台班	903.20	5.200	1.275	1 151.71							1.275	1 151.71
8003052	生产能力 240 t/h 以内沥青混合料拌合设备 LB3000	台班	42 759.48	1.620	0.397	16 986.48							0.397	16 986.48
8003060	最大摊铺宽度 12.5 m 以内沥青混合料摊铺机(带自动找平)S2000	台班	3 687.22							1.920	0.471	1 736.03	0.471	1736.03

表 A.0.3-2(续)

编制范围：互通立交方案

分项编号：LM01050201　　工程名称：6 cm 中粒式沥青混凝土　　单位：m²　　数量：4 087.0　　单价：64.82 元/m²　　第 1 页　共 6 页　　21-2 表

代号	工程项目			改性沥青混凝土			沥青混合料运输			沥青混合料路面铺筑			合计	
	工程细目			生产能力 240 t/h 以内设备拌合改性沥青混凝土（中粒式）			装载质量 15 t 以内自卸汽车运输沥青混合料 15 km			生产能力 240 t/h 以内设备拌合，机械摊铺沥青混凝土混合料（中粒式）				
	定额单位			1 000 m³ 路面实体			1 000 m³			1 000 m³ 路面实体				
	工程数量			0.245			0.245			0.245				
	定额表号			2—2—11—31 改			2—2—13—7 改			2—2—14—47				
	工、料、机名称	单位	单价/元	定额	数量	金额/元	定额	数量	金额/元	定额	数量	金额/元	数量	金额/元
8003065	机械自身质量 15 t 以内双钢轮振动压路机 YZC-15	台班	1 573.89							5.380	1.319	2 076.41	1.319	2 076.41
8003067	机械自身质量 16～20 t 轮胎式压路机 YL20	台班	730.61							2.680	0.657	480.15	0.657	480.15
8003068	机械自身质量 20～25 t 轮胎式压路机 YL27	台班	911.31							2.580	0.633	576.56	0.633	576.56
8007012	装载质量 5 t 以内自卸汽车 CA340	台班	560.79	1.670	0.410	229.65							0.410	229.65
8007017	装载质量 15t 以内自卸汽车 SH361，T815	台班	872.21				23.150	5.677	4 951.40				5.677	4 951.40
8007043	容量 10 000 L 以内洒水汽车 YGJ5170GSSJN	台班	1063.61							0.500	0.123	130.41	0.123	130.41
9999001	定额基价	元	1.00	53 391.000	189 235.496	189 235.50	926.780	5 261.185	5 261.18	8 370.770	5 666.551	5 666.55	200 163.232	200 163.23
	直接费	元				206 598.98			4 951.00			5 492.79		217 042.77
	措施费 Ⅰ	元		20 715.466	5.075	1 051.40	5 261.185	4.942	260.02	5 666.551	5.075	287.60		1 598.89
	措施费 Ⅱ	元		189 221.751	0.818	1 547.82	5 261.185	0.154	8.10	5 666.551	0.818	46.35		1 602.27
	企业管理费	元		189 220.062	3.164	5 986.92	5 260.755	2.030	106.79	5 666.089	3.164	179.28		6 272.99
	规费	元		996.304	35.900	357.67	631.384	35.900	226.67	1 101.309	35.900	395.37		979.71

表 A.0.3-2(续)

编制范围:互通立交方案

分项编号:LM01050201　　工程名称:6 cm 中粒式沥青混凝土　　单位:m^2　　数量:4 087.0　　单价:64.82 元/m^2　　第 1 页　共 6 页　　21-2 表

代号	工程项目			改性沥青混凝土			沥青混合料运输			沥青混合料路面铺筑			合计	
	工程细目			生产能力 240 t/h 以内设备拌合改性沥青混凝土(中粒式)			装载质量 15 t 以内自卸汽车运输沥青混合料 15 km			生产能力 240 t/h 以内设备拌合,机械摊铺沥青混凝土混合料(中粒式)				
	定额单位			1 000 m^3 路面实体			1 000 m^3			1 000 m^3 路面实体				
	工程数量			0.245			0.245			0.245				
	定额表号			2—2—11—31 改			2—2—13—7 改			2—2—14—47				
	工、料、机名称	单位	单价/元	定额	数量	金额/元	定额	数量	金额/元	定额	数量	金额/元	数量	金额/元
	利润	元		197 806.119	7.420	14 677.21	5 635.647	7.420	418.17	6 179.286	7.420	458.50		15 553.88
	税金	元		230 219.922	9.000	20 719.79	5 970.722	9.000	537.37	6 859.867	9.000	617.39		21 874.55
	金额合计	元				250 939.72			6 508.09			7 477.26		264 925.06
1001001	人工	工日	111.23	24.600	0.435	48.38				19.200	0.339	37.76	0.774	86.13
3001001	石油沥青	t	3 863.72	123.161	2.177	8 413.20							2.177	8 413.20
5503013	矿粉粒径<0.007 4cm,重量比>70%	t	252.43	85.210	1.507	380.29							1.507	380.29
5503015	路面用石屑	m^3	189.61	402.600	7.118	1 349.64							7.118	1 349.64
5505017	路面用碎石(1.5 cm)最大粒径 1.5 cm 堆方	m^3	194.47	1 103.610	19.512	3 794.46							19.512	3 794.46
7801001	其他材料费	元	1.00	279.100	4.934	4.93							4.934	4.93
7901001	设备摊销费	元	1.00	2 584.800	45.699	45.70							45.699	45.70
8001047	斗容量 2.0 m^3 轮胎式装载机 ZL40	台班	903.20	5.180	0.092	82.72							0.092	82.72
8003052	生产能力 240 t/h 以内沥青混合料拌合设备 LB3000	台班	42 759.48	1.610	0.028	1 217.14							0.028	1 217.14
8003060	最大摊铺宽度 12.5 m 以内沥青混合料摊铺机(带自动找平)S2000	台班	3 687.22							1.930	0.034	125.82	0.034	125.82

表 A.0.3-2(续)

编制范围:互通立交方案

分项编号:LM01050201　　工程名称:6 cm 中粒式沥青混凝土　　单位:m^2　　数量:4 087.0　　单价:64.82 元/m^2　　第 1 页　共 6 页　　21-2 表

代号	工程项目			改性沥青混凝土			沥青混合料运输			沥青混合料路面铺筑			合计	
	工程细目			生产能力 240 t/h 以内设备拌合改性沥青混凝土(中粒式)			装载质量 15 t 以内自卸汽车运输沥青混合料 15 km			生产能力 240 t/h 以内设备拌合,机械摊铺沥青混凝土混合料(中粒式)				
	定额单位			1 000 m^3 路面实体			1 000 m^3			1 000 m^3 路面实体				
	工程数量			0.245			0.245			0.245				
	定额表号			2—2—11—31 改			2—2—13—7 改			2—2—14—47				
	工、料、机名称	单位	单价/元	定额	数量	金额/元	定额	数量	金额/元	定额	数量	金额/元	数量	金额/元
8003065	机械自身质量 15 t 以内双钢轮振动压路机 YZC—15	台班	1 573.89							5.400	0.095	150.26	0.095	150.26
8003067	机械自身质量 16～20 t 轮胎式压路机 YL20	台班	730.61							2.700	0.048	34.88	0.048	34.88
8003068	机械自身质量 20～25 t 轮胎式压路机 YL27	台班	911.31							2.600	0.046	41.89	0.046	41.89
8007012	装载质量 5 t 以内自卸汽车 CA340	台班	560.79	1.660	0.029	16.46							0.029	16.46
8007017	装载质量 15 t 以内自卸汽车 SH361,T815	台班	872.21				23.150	0.409	356.99				0.409	356.99
8007043	容量 10 000 L 以内洒水汽车 YGJ5170GSSJN	台班	1 063.61							0.500	0.009	9.40	0.009	9.40
9999001	定额基价	元	1.00	53 318.190	14 230.562	14 230.56	926.780	379.324	379.32	8 370.770	412.477	412.48	15 022.362	15 022.36
	直接费	元				15 370.28			357.39			400.46		16 128.14
	措施费 Ⅰ	元		1 484.461	5.075	75.34	379.324	4.942	18.75	412.477	5.075	20.94		115.16
	措施费 Ⅱ	元		14 244.980	0.818	116.54	379.324	0.154	0.58	412.477	0.818	3.38		120.50

表 A.0.3-2(续)

编制范围:互通立交方案

分项编号:LM01050201　　工程名称:6 cm 中粒式沥青混凝土　　单位:m^2　　数量:4 087.0　　单价:64.82 元/m^2　　第 1 页　共 6 页　　21-2 表

代号	工程项目			改性沥青混凝土			沥青混合料运输			沥青混合料路面铺筑			合计	
	工程细目			生产能力 240 t/h 以内设备拌合改性沥青混凝土(中粒式)			装载质量 15 t 以内自卸汽车运输沥青混合料 15 km			生产能力 240 t/h 以内设备拌合,机械摊铺沥青混凝土混合料(中粒式)				
	定额单位			1 000 m^3 路面实体			1 000 m^3			1 000 m^3 路面实体				
	工程数量			0.245			0.245			0.245				
	定额表号			2—2—11—31 改			2—2—13—7 改			2—2—14—47				
	工、料、机名称	单位	单价/元	定额	数量	金额/元	定额	数量	金额/元	定额	数量	金额/元	数量	金额/元
	企业管理费	元		14 246.660	3.164	450.76	379.753	2.030	7.71	412.943	3.164	13.07		471.54
	规费	元		71.407	35.900	25.64	45.577	35.900	16.36	81.880	35.900	29.40		71.39
	利润	元		14 889.394	7.420	1 104.79	406.819	7.420	30.19	450.350	7.420	33.42		1 168.40
	税金	元		17 143.444	9.000	1 542.91	431.000	9.000	38.79	500.667	9.000	45.06		1 626.76
	金额合计	元				18 686.35			469.79			545.73		19 701.88
1001001	人工	工日	111.23	27.900	4.561	507.33				18.800	3.073	341.86	7.635	849.19
3001002	改性沥青 SBS、SBR、SR 复合	t	4 881.42	145.276	23.750	115 932.36							23.750	115 932.36
5003001	纤维稳定剂木质素纤维、矿物纤维等	t	11 965.81	7.344	1.201	14 366.12							1.201	14 366.12
5503006	路面用机制砂	m^3	165.05	148.120	24.215	3 996.63							24.215	3 996.63
5503013	矿粉粒径<0.007 4 cm,重量比>70%	t	252.43	207.640	33.945	8 568.73							33.945	8 568.73
5505024	玄武岩碎石堆方	m^3	271.84	1 236.020	202.065	54 929.23							202.065	54 929.23
7801001	其他材料费	元	1.00	279.100	45.627	45.63							45.627	45.63
7901001	设备摊销费	元	1.00	3 044.300	497.682	497.68							497.682	497.68
8001047	斗容量 2.0 m^3 轮胎式装载机 ZL40	台班	903.20	6.080	0.994	897.74							0.994	897.74
8003052	生产能力 240 t/h 以内沥青混合料拌合设备 LB3000	台班	42 759.48	1.890	0.309	13 211.70							0.309	13 211.70

表 A.0.3-2(续)

编制范围:互通立交方案

分项编号:LM01050201　　工程名称:6 cm 中粒式沥青混凝土　　单位:m²　　数量:4 087.0　　单价:64.82 元/m²　　第 1 页　共 6 页　　21-2 表

代号	工程项目			改性沥青混凝土			沥青混合料运输			沥青混合料路面铺筑			合计	
	工程细目			生产能力 240 t/h 以内设备拌合改性沥青混凝土(中粒式)			装载质量 15 t 以内自卸汽车运输沥青混合料 15 km			生产能力 240 t/h 以内设备拌合,机械摊铺沥青混凝土混合料(中粒式)				
	定额单位			1 000 m³ 路面实体			1 000 m³			1 000 m³ 路面实体				
	工程数量			0.245			0.245			0.245				
	定额表号			2—2—11—31 改			2—2—13—7 改			2—2—14—47				
	工、料、机名称	单位	单价/元	定额	数量	金额/元	定额	数量	金额/元	定额	数量	金额/元	数量	金额/元
8003060	最大摊铺宽度 12.5 m 以内沥青混合料摊铺机(带自动找平)S2000	台班	3 687.22							1.890	0.309	1 139.27	0.309	1 139.27
8003065	机械自身质量 15 t 以内双钢轮振动压路机 YZC—15	台班	1 573.89							5.300	0.866	1 363.69	0.866	1 363.69
8003066	机械自身质量 9～16 t 轮胎式压路机 YL16	台班	624.31							3.620	0.592	369.47	0.592	369.47
8003067	机械自身质量 16～20 t 轮胎式压路机 YL20	台班	730.61							2.640	0.432	315.32	0.432	315.32
8007012	装载质量 5 t 以内自卸汽车 CA340	台班	560.79	2.160	0.353	198.02							0.353	198.02
8007017	装载质量 15 t 以内自卸汽车 SH361,T815	台班	872.21				23.150	3.785	3 300.93				3.785	3 300.93
8007043	容量 10 000 L 以内洒水汽车 YGJ5170GSSJN	台班	1 063.61							0.500	0.082	86.94	0.082	86.94
9999001	定额基价	元	1.00	66 343.600	215 410.581	215 410.58	926.780	3 507.456	3 507.46	8 067.970	3 727.728	3 727.73	222 645.766	222 645.77
	直接费	元				213 177.26			3 301.34			3 616.98		220 095.57

表 A.0.3-2(续)

编制范围:互通立交方案

分项编号:LM01050201　工程名称:6 cm 中粒式沥青混凝土　单位:m^2　数量:4 087.0　单价:64.82 元/m^2　第 1 页　共 6 页　21-2 表

代号	工程项目				改性沥青混凝土			沥青混合料运输			沥青混合料路面铺筑			合计	
	工程细目				生产能力 240 t/h 以内设备拌合改性沥青混凝土(中粒式)			装载质量 15 t 以内自卸汽车运输沥青混合料 15 km			生产能力 240 t/h 以内设备拌合,机械摊铺沥青混凝土混合料(中粒式)				
	定额单位				1 000 m^3 路面实体			1 000 m^3			1 000 m^3 路面实体				
	工程数量				0.245			0.245			0.245				
	定额表号				2—2—11—31 改			2—2—13—7 改			2—2—14—47				
	工、料、机名称		单位	单价/元	定额	数量	金额/元	定额	数量	金额/元	定额	数量	金额/元	数量	金额/元
	措施费	Ⅰ	元		16 116.094	5.075	817.96	3 507.456	4.942	173.35	3 727.728	5.075	189.20		1 180.65
		Ⅱ	元		215 434.962	0.818	1 762.27	3 507.456	0.154	5.40	3 727.728	0.818	30.50		1 798.17
	企业管理费		元		215 436.934	3.164	6 816.42	3 507.885	2.030	71.21	3 728.184	3.164	117.96		7 005.60
	规费		元		760.362	35.900	272.97	421.008	35.900	151.14	760.724	35.900	273.10		697.21
	利润		元		224 833.693	7.420	16 682.66	3 757.857	7.420	278.83	4 065.863	7.420	301.69		17 263.18
	税金		元		239 529.644	9.000	21 557.67	3 981.289	9.000	358.32	4 529.444	9.000	407.65		22 323.63
	金额合计		元				261 087.32			4 339.61			4 937.10		270 364.02

编制　　复核:

表 A.0.3-6　施工机械台班单价计算表

建设项目名称：GX 高速 A 互通立交工程　　　　第 1 页　共 1 页　　　　24 表

序号	代号	机械名称	台班单价/元	不变费用/元		可变费用/元																车船税	合计
				调整系数：1.0		机械工 111.23 元/工日		重油 3.19 元/kg		汽油 7.81 元/kg		柴油 6.5 元/kg		煤 元/t		电 0.88 元/kW·h		水 元/m³		木柴 元/kg			
				定额	调整值	定额	费用	定额	费用	定额	费用	定额	费用	定额	费用	定额	费用	定额	费用	定额	费用		
1	8001002	功率 75 kW 以内履带式推土机	842.44	262.670	262.67	2.000	222.46					54.970	357.31										579.77
2	8001006	功率 135 kW 以内履带式推土机	1 518.31	658.460	658.46	2.000	222.46					98.060	637.39										859.85
3	8001025	斗容量 0.6 m³ 履带式单斗挖掘机	807.15	341.260	341.26	2.000	222.46					37.450	243.43										465.89
4	8001027	斗容量 1.0 m³ 履带式单斗挖掘机	1 134.50	425.120	425.12	2.000	222.46					74.910	486.92										709.38
5	8001030	斗容量 2.0 m³ 履带式单斗挖掘机	1 424.72	604.710	604.71	2.000	222.46					91.930	597.55										820.01
6	8001035	斗容量 1.0 m³ 履带式单斗挖掘机	1 001.29	358.340	358.34	2.000	222.46					64.690	420.49										642.95
7	8001045	斗容量 1.0 m³ 轮胎式装载机	544.09	114.160	114.16	1.000	111.23					49.030	318.70										429.93
8	8001047	斗容量 2.0 m³ 轮胎式装载机	903.20	188.380	188.38	1.000	111.23					92.860	603.59										714.82
9	8001049	斗容量 3.0 m³ 轮胎式装载机	1 146.50	286.790	286.79	1.000	111.23					115.150	748.48										859.71
10	8001058	功率 120 kW 以内平地机	1 126.48	365.130	365.13	2.000	222.46					82.130	533.85									5.04	761.35
11	8001078	机械自身质量 6～8 t 光轮压路机	347.92	111.890	111.89	1.000	111.23					19.200	124.80										236.03
12	8001079	机械自身质量 8～10 t 光轮压路机	379.63	117.600	117.60	1.000	111.23					23.200	150.80										262.03
13	8001081	机械自身质量 12～15 t 光轮压路机	554.44	183.210	183.21	1.000	111.23					40.000	260.00										371.23
14	8001083	机械自身质量 18～21 t 光轮压路机	702.23	206.200	206.20	1.000	111.23					59.200	384.80										496.03
15	8001085	机械自身质量 0.6 t 手扶式振动碾	166.55	34.520	34.52	1.000	111.23					3.200	20.80										132.03
16	8001088	机械自身质量 10 t 以内振动压路机	857.93	250.670	250.67	2.000	222.46					59.200	384.80										607.26

编制　　　　复核：

第4章 公路工程施工招投标

【本章提要】

公路工程招标程序;工程量清单的内容组成与编制;公路工程施工投标程序;投标报价的编制方法;投标报价策略和常用的报价技巧。

【学习要求】

通过本章学习了解招投标的基本概念;掌握公路工程招标程序;掌握工程量清单的内容组成与编制;通过工程量清单的编制案例掌握工程量清单的编制方法和注意事项;熟悉公路工程评标办法;掌握公路工程施工投标程序;重点掌握投标报价的编制方法,熟悉报价策略和常用的报价技巧。

【基本概念】

工程招标,工程投标,工程量清单,商务文件,技术文件,价格文件,不平衡报价法

招标投标是商品交易活动的一种运作方式。它是伴随社会经济的发展而产生并不断发展的高级的、有组织的、规范化的交易运作行为。招标投标工作是公路建设中的重要组成部分。

4.1 工程招投标概论

工程招投标包括工程招标和工程投标。工程招标是指招标人在发包建设项目之前,公开招标或邀请投标人,根据招标人的意图和要求提出报价,择日当场开标,以便从中择优选定中标人的一种经济活动。工程投标是工程招标的对称概念,指具有合法资格和能力的投标人根据招标条件,经过初步研究和估算,在指定期限内填写标书,提出报价,并等候开标,决定能否中标的经济活动。

招投标制促使建设单位按基本建设程序办事;促使施工单位在竞争中注重自身的经营管理、技术进步,提高管理水平,树立良好的信誉;促使施工企业由生产型向生产经营型转变,改革企业内部的经营体制和管理体制,以求得更好的经济效益。

4.1.1 招标投标的基本原则

"公开、公平、公正和诚实信用",是招标投标活动必须遵循的最基本的原则,也是推行招标投标的关键,如果违反了这一基本原则,招标投标则失去了其真正的意义。《中华人民共和国招标投标法》中的各项规定,都是为了保证这一基本原则的贯彻而制定的。

(1) 公开原则

所谓公开原则,就是要求招标投标活动应具有较高的透明度,这也是招标投标最基本、最重要的原则。

(2) 公平原则

公平原则,是要求给予所有投标人平等的机会,使其享有同等的权利,履行同等的义务。《中华人民共和国招标投标法》第六条明确规定:“依法必须进行招标的项目,其招标投标活动不受地区或者部门的限制。任何单位和个人不得违法限制或者排斥本地区、本系统以外的法人或者其他组织参加投标,不得以任何方式非法干涉招标投标活动。”

(3) 公正原则

公正原则,就是要求招标人在招标投标活动中应当按照统一的标准衡量每一个投标人的优劣。进行资格审查时,招标人应当按照资格预审文件或招标文件中载明的资格审查的条件、标准和方法对潜在投标人或者投标人进行资格审查,不得改变载明的条件或者以没有载明的资格条件进行资格预审。

《中华人民共和国招标投标法》还规定评标委员会应当按照招标文件确定的评标标准和方法,对投标文件进行评审和比较。评标委员会成员应当客观、公正地履行职务,遵守职业道德。

(4) 诚实信用原则

诚实信用原则要求招标投标双方互相尊重双方利益,信守要约和承诺的法律规定,履行各自义务,不得规避招标、串通哄抬投标、泄露标底、骗取中标、非法转包合同及行贿受贿。

4.1.2 招标范围

根据《中华人民共和国招标投标法》第三条的规定,在中华人民共和国境内进行下列工程建设项目包括项目的勘察、设计、施工、监理以及与工程建设有关的重要设备、材料等的采购,必须进行招标:

(一) 大型基础设施、公用事业等关系社会公共利益、公众安全的项目;

(二) 全部或部分使用国有资金投资或国家融资的项目;

(三) 使用国际组织或者外国政府贷款、援助资金的项目。

4.1.3 公路工程招标的类别

根据招标目的不同,我国目前公路工程主要有以下几种形式:建设项目总承包招标、勘察设计招标、施工监理招标、材料设备招标、施工招标。

(1) 建设项目总承包招标。又称建设项目全过程招标,在国外也称之为“交钥匙”工程招标,它是指在项目决策阶段从项目建议书开始,包括可行性研究报告、勘察设计、设备材料询价与采购、工程施工、生产设备,直至竣工投产、交付使用全面实行招标。

(2) 勘察设计招标。指招标人就拟建工程的勘察设计任务发布通告,以法定方式吸引勘察设计单位参加竞争,经招标人审查获得投标资格的勘察设计单位按照招标文件的要求,在规定时间内向招标人填报投标书,招标人从中选择优越者完成勘察设计任务。

(3) 施工监理招标。指招标人就拟建工程的监理任务发布通告,以法定方式吸引工程监理单位参加竞争,招标人从中选择优越者完成监理任务。

(4) 材料设备招标。指招标人就拟购买的材料设备发布通告或邀请,以法定方式吸引材料设备供应商参加竞争,招标人从中选择优越者的法律行为。

(5) 施工招标。指招标人就拟建的工程发布通告,以法定方式吸引建筑施工企业参加竞争,招标人从中选择优越者完成建筑施工任务。

4.2 公路工程施工招标

4.2.1 成立招标工作机构

公路工程施工招标是项很复杂的工作，特别是国际竞争性招标。国际招标工作涉及各国有关外汇管理、外资利用、国际贸易、对外经济技术合作以及财政金融等方面的方针、政策、法规等问题，融技术、经济、法律于一体，因此，成立招标工作机构是很有必要的。

根据相关规定和以往公路工程施工招标的经验，成立招标工作的“招标领导小组”和“招标工作组”比较符合我国国情。招标领导小组的主要任务是对招标工作组工作中的重大问题进行决策并负责协调好各方面的关系，而大量的具体业务则由招标工作组来完成。面对国际竞争性招标，还必须选择一家对外窗口的代理机构。

(1) 招标领导小组

招标领导小组或招标委员会是一个临时组织，是为某项工程而设立的，随着该工程招标工作的结束来完成使命。招标领导小组的组建，应根据工程建设规模的大小、工程所在地、技术复杂程度和工程重要性确定其组成成员。一般由省(市、县)政府的领导、省(市、县)计委、造价管理、银行、交通等有关部门的领导组成。它的主要任务是做好招标工程中的行政监督；协调好各方面的关系；审定招标工作计划；及时研究和解决招标工作中的重大问题；监督和检查招标工作的进展情况；审查招标工作组的推荐中标单位和定标等。

(2) 招标工作组

招标工作组应以建设单位(业主)工作人员为主，并邀请设计、监理、咨询公司的人员参加。在招标工作组中，除了应了解和熟悉招标工作的领导者外，还必须把各职能部门和各方面的专家(包括计划、技术、造价、财务、施工、监理、材料、劳动人事、法律等)组织进来，形成一个精明强干的班子，以便最有效地完成招标工作任务。

招标工作组要进行准备招标申请，组织或委托编制资格审查文件和招标文件，发招标通告或投标邀请书，发售资格审查文件和招标文件，主持标前会议和组织现场考察、开标、审查和评比投标文件，提出推荐的中标单位，准备好签约的合同文件等一系列工作。招标工作组是业主的代理人和招标领导小组的参谋部。即使是国际竞争性招标，除委托一家对外窗口的代理机构外，其他招标的许多具体工作都由招标工作组来完成。

(3) 招标代理机构

根据国家规定，采用国际竞争性招标时，其对外窗口必须是经国家批准的采购代理机构。作为采购代理机构，其职责主要是：协助业主制定招标计划，编制招标文件的合同条款部分；作为业主的委托代理人，经办具体招标采购事宜，在商务上作为业主的委托代理人，与投标人及中标的承包人进行谈判；督促承包人履行采购合同。

(4) 招投标管理机构

当前，各地成立了具有监督职能的招标投标管理机构(一般为事业性质)、规定各地的招标投标工作均由当地的招标投标管理机构进行监督和管理。招标投标管理机构的任务是：贯彻实施国家和当地政府有关招标、投标的法规和规章；进行招标项目登记；审核招标、投标、咨询、监理等单位的资格；核准招标文件；处理招标、投标中的违法行为等。

4.2.2 公路工程施工招标的方式

施工招标按投标单位数量的不同可分为公开招标、邀请招标和协议招标三种方式。

(1) 公开招标

公开招标也称为无限竞争性相标。它不受所有制、地区、部门以及投标单位多少的限制。招标单位可公开发布招标广告，凡符合规定条件的投标人都可以自愿参加投标。招标活动处于公众监督之下进行，一般来说，它将遵守国际竞争性投标的程序和条件，如果工程所在国制定了公共招投标法规，如《公路工程施工招标投标管理办法》，则公路工程招标应当按照管理办法规定的程序和办法进行。

公开招标一般在招标文件中规定了开标日期、时间和地点，并在招标单位、业主、投标人和其他有关人员在场的情况下当众开标，开标的结果，各投标人的报价和投标文件的有效性等均应公布。虽然是公开招标，但评审投标书和报价，却是在绝对保密情况下进行的，根据公开的评标、定标办法，按照公平和合理的原则评定中标人。

公开招标打破了地区封锁、行业垄断、开展平等的竞争，有利于促进施工企业励精图治，改善生产经营管理，在竞争中求生存求发展，在不断提高企业经济效益的同时，也重视社会效益和企业的信誉。公开招标也使招标单位有较大的选择范围，可在众多的投标人之间选择报价合理、工期较短、信誉良好的承包人。但公开招标也有其不足之处，就是招标单位审查投标人的资格及其标书的工作量比较大，相应要耗费的人力和费用也比较大，工作过程的时间也较长，同时，参加投标者越多，每个投标者中标的机会就会越小，白白损失投标费用的风险也越大，因此公开招标会增大工程建设的社会成本。

(2) 邀请招标

邀请招标也称有限竞争招标，实际上就是有选择地直接通知有承担该项工程施工能力的施工企业来参加投标竞争。

邀请招标的优点是招标单位可以在自已熟悉或了解的施工单位中进行选择，一般选择技术装备水平高、施工经验丰富、社会信誉好，经营管理等方面均能适应该项工程建设技术要求的施工企业，由于被邀请参加竞争性投标者数量有限，不仅可减少招标工作的许多烦琐事务，节省招标费用，相应也提高了投标人的中标概率，对招投标双方都有利，从而降低了工程建设的社会成本。但邀请招标的最大缺点是限制了竞争范围，把许多可能的竞争者排除在外，不利于公平竞争。因此，邀请招标最好应在公开进行资格预审的基础上进行。《公路工程施工招标投标管理办法》规定邀请招标中应邀参加投标的单位不得少于三家，否则招标单位就没有了选择余地，失去了招标的意义。

(3) 协议招标

协议招标不通过公开招标成邀请招标，而由业主或其代理人直接邀请，也可由上级主管部门指定数家(一般为 2～3 家)施工单位，通过分别协商，协定工期和工程造价等有关事宜，达成协议后将工程任务委托一家施工单位去完成。由于是议标，竞争性差，工程造价一般都会稍高，但业主可减少招标费用，还可减少招标的烦琐工作手续，缩短了工程建设项目开工前的准备工作，可以提前组织施工。因此，对个别施工难度大、工期特别紧张以及情况特殊的公路工程项目，可采用议标方式。

4.2.3 选择合同形式，划分合同段

4.2.3.1 合同形式的确定

招标采用的合同形式按计价方法的不同，一般分为总价合同、单价合同和成本加酬金合同三种主要形式。

（1）总价合同。总价合同就是按商定的总价承包工程。总价合同的特点是以设计图纸和工程说明书为依据，明确承包内容后计算出该项工程所需的总费用（总价格），在合同执行过程中除非业主要求更改原定的承包内容，否则承包人不得要求变更承包总价。这种承包方式对业主较为简便省事，且对该项工程究竟要花多少钱心中有底，因此较受业主欢迎。对承包人来说，若设计图纸和设计说明书详细正确，施工工期也不长，估计施工期间的物价变动也不会太大，能比较精确地估算出造价。签订合同时考虑也比较周全，不致有太大的风险，也是一种简便的承包方式。但若设计图纸和说明书不够详细、工期较长、未知数较多、承包人承担的应变风险大、在报价时加大不可预见费用，不利于降低造价，对业主也不利。因此，总价承包合同一般适用于规模较小、技术不复杂、工期较短的工程。

（2）单价合同。单价合同是指按实际完成的工程数量和承包单价结算工程价款的承包合同。在实际操作中有只列出工程项目、计量单位、承包总价的合同，也有列出工程项目、计量单位、工程数量、承包单价、总价的合同。目前国内外招投标中使用较多的是后一种形式的单价合同。在这种形式中，需要业主提供一份工程量清单。这种承包方式适用于设计已达到一定深度，能据以估算出分项工程数量的近似值的工程，但对于某些情况不完全清楚或任何一方承担过大的风险，采用这种形式的单价合同是不合适的。在招投标中，投标人按工程量清单和承包单价计算出总报价，招标单位也以总报价和单价作为评标、决标的主要依据，并以此签订单价承包合同。根据合同条款的规定，有在合同执行期间内价格调整与否的规定，但即使要进行价格调整，也是在一定时间内的结算价调整，单价在合同执行期间是始终不能变动的。单价合同有利于降低投标报价，有利于处理变更工程的计价及减少施工索赔或降低施工索赔的处理难度等。

（3）成本加酬金合同。成本加酬金合同的基本特点是按工程实际发生的成本加上商定的管理费和利润，来确定工程总造价。这种承包方式一般用于开工前对工程内容尚不十分清楚的情况，如边设计边施工的紧急工程，或遭受地震、水毁等灾害破坏后需修复的工程等。

4.2.3.2 合理地划分标段

公路工程是线形结构，一个工程项目可以是几十甚至几百千米，工程项目以公路工程为主，也有建筑工程、机电工程等。因此，对于一个大的路线工程，划分好合同段对今后工程施工是有很大意义的。按工程性质划分标段，除要将房屋建筑和交通工程的通信等设备采购单独分合同段外，其余的宜按路线长度划分合同段为好（当然也可将有些大桥、特大桥或立交工程做单独合同段），有的将路基工程和路面工程分作不同合同段，对于软土路基有沉降的地区，是很不合适的。按路线长度划分，究竟多少千米一个合同段才合适，要看具体情况，要从路线等级、投资额、行政区域、工程数量和施工队伍的施工能力等方面综合考虑。以高速公路为例，根据我国施工企业的施工能力，一般以 20 km 左右为一个合同段较为合适。值得注意的是，合同段划分得太小时，会破坏原有的土石方调配方案，增加业主或监理的管理协调工作，增大工程施工的总开办费用，从而加大工程造价。

公路工程施工比较复杂，每个项目的工程内容、工程数量、施工条件及施工方法基本上

是千变万化的，影响因素也很多，因此，标段划分应考虑的因素有：工程性质、工程规模、承包对象、分包问题、土石方调配、合同段的管理工作量等。

合同段划分的大小对工程造价产生以下影响：破坏设计土石方最佳调配方案；增加施工队伍的开办费；工程相互干扰引起费用索赔；工期长短直接影响成本的高低等。由此应按下列原则合理地划分合同段：

(1) 适合采用现代化的施工方法和施工工艺，确保工程质量；

(2) 工程量至少能容纳一个施工队，在合理的工期内完成施工任务；

(3) 防止产生标段之间的相互干扰以及内部工序之间的相互交叉；

(4) 工程性质相同的标段应尽量避免化整为零，以免影响工效和施工质量；

(5) 保持构造的完整性，除特大桥外，尽可能不肢解完整的工程构造。

4.2.4 公路工程施工招标的基本程序

采用资格预审方式公开招标的，应当按照下列程序进行：

(1) 编制资格预审文件；

(2) 发布资格预审公告，发售资格预审文件，公开资格预审文件关键内容；

(3) 接收资格预审申请文件；

(4) 组建资格审查委员会对资格预审申请人进行资格审查，资格审查委员会编写资格审查报告；

(5) 根据资格审查结果，向通过资格预审的申请人发出投标邀请书；向未通过资格预审的申请人发出资格预审结果通知书，告知未通过的依据和原因；

(6) 编制招标文件；

(7) 发售招标文件，公开招标文件的关键内容；

(8) 需要时，组织潜在投标人踏勘项目现场，召开投标预备会；

(9) 接收投标文件，公开开标；

(10) 组建评标委员会评标，评标委员会编写评标报告、推荐中标候选人；

(11) 公示中标候选人相关信息；

(12) 确定中标人；

(13) 编制招标投标情况的书面报告；

(14) 向中标人发出中标通知书，同时将中标结果通知所有未中标的投标人；

(15) 与中标人订立合同。

采用资格后审方式公开招标的，在完成招标文件编制并发布招标公告后，按照前款程序第(7)项至第(15)项进行。

采用邀请招标的，在完成招标文件编制并发出投标邀请书后，按照前款程序第(7)项至第(15)项进行。

公路工程建设项目采用公开招标方式的，原则上采用资格后审办法对投标人进行资格审查。

针对上述招标程序就其中主要内容说明如下。

4.2.4.1 招标公告

根据我国公路工程项目招标的实际情况，公路工程项目招标公告中应包括如下内容：

(1) 清楚载明招标人的名称和地址；

（2）招标工程项目和各标段的基本情况，包括项目名称、批复文号、技术标准、工程规模、工程特点、投资情况、施工工期、实施地点和实施时间等；

（3）获取资格预审文件或招标文件的办法、时间和地点；

（4）对潜在投标人的资质要求；

（5）递交投标文件（或资格预审申请文件）的地点和起止时间；

（6）招标人认为应当公告或者告知的其他事项。

4.2.4.2　招标文件的审查

招标文件是业主或业主委托具有相应资质的第三方单位进行编制的。招标人应当根据其招标项目的具体特点和实际需要编制招标文件。

招标文件包括：① 招标公告（或投标邀请书）；② 投标人须知；③ 评标办法；④ 合同条款及格式；⑤ 工程量清单；⑥ 图纸；⑦ 技术规范；⑧ 工程量清单计量规则；⑨ 投标文件格式；⑩ 投标人须知前附表规定的其他材料；⑪招标文件补遗书。

其中招标文件中的合同条款及格式、技术规范、工程量清单计量规则、工程量清单不同的项目有不同的要求应引起足够的重视。

4.2.4.2.1　合同条款及格式

公路工程的合同条款及格式，主要包括通用合同条款、专用合同条款（包括公路工程专用合同条款和项目专用合同条款）和合同附件格式等。

在《公路工程标准施工招标文件》（2018 版）的第一卷第四章“合同条款及格式”中，第一节为“通用合同条款”，该部分采用《标准施工招标文件》的“通用合同条款”。

第二节为“项目专用合同条款”，包含公路工程专用合同条款和项目专用合同条款，招标人在根据《公路工程标准施工招标文件》编制项目招标文件中的“项目专用合同条款”时，可根据招标项目的具体特点和实际需要，对“通用合同条款”及“公路工程专用合同条款”进行补充和细化，除“通用合同条款”明确“专用合同条款”可作出不同约定及“公路工程专用合同条款”明确“项目专用合同条款”可作出不同约定外，补充和细化的内容不得与“通用合同条款”及“公路工程专用合同条款”强制性规定相抵触。同时，补充、细化或约定的内容，不得违反法律、行政法规的强制性规定和平等、自愿、公平和诚实信用原则。

第三节为“合同附件格式”，主要包括合同协议书、廉政合同、安全生产合同、其他管理和技术人员最低要求、主要机械设备和试验检测设备最低要求、项目经理委任书、履约保证金格式、工程资金监管协议格式等 8 个附件。

4.2.4.2.2　工程量清单

工程量清单是根据招标文件中包括的有合同约束力的工程量清单计量规则、图纸以及有关工程量清单的国家标准、行业标准、合同条款中约定的其他规则编制。约定计量规则中没有的子目，其工程量按照有合同约束力的图纸所标识尺寸的理论净量计算。工程量清单的编制应符合工程建设项目特点及实际需要，同时应与招标文件中的投标人须知、通用合同条款、专用合同条款、工程量清单计量规则、技术规范及图纸中有关规定相符合。

我国的公路工程项目招标，一般均由招标单位提供工程量清单。招标单位在编制工程量清单时可参照《公路工程标准施工招标文件》（2018 年版），工程量清单各章节编号应按照标准施工招标文件中第八章“工程量清单计量规则另册”、第七章“技术规范另册”相对应章节编号编制，这样，工程量清单中各章节工程子目的范围与计量与“工程量清单计量规则”“技术规范”

相对应的范围、计量与支付条款就相对应了。需要说明的是，工程量清单中所列工程数量，是招标投标时根据招标设计图纸和说明及工程量清单计算规则，双方共同认可的可以作为投标报价的基础数据，不能作为中标单位在施工过程中应予以完成的实际工程量，也不能作为最终结算与支付的依据。实际完成的工程量，应由承包人按工程量清单计量规则规定的计算方法，以监理人认可的尺寸、断面计量。按工程量清单的单价和总额价计算支付金额；或根据具体情况，按照合同条款相关规定，按监理人确定的单价或总额价计算支付金额。

(1) 工程量清单的作用

将要求投标人完成的工程项目及其相应工程实体数量全部列出，为投标人提供拟建工程的基本内容、实体数量和质量要求等信息，招标人根据工程量清单编制招标工程的招标控制价，投标人按照工程量清单所述内容自主填报工程量清单所列项目的单价与合价；是建设工程计价、付款和结算的依据。

(2) 工程量清单的组成

工程量清单一般包括说明、工程量清单表、计日工明细表、暂估价表和工程量清单汇总表 5 个方面。

工程量清单说明：规定了工程量清单的性质、特点以及单价的构成和填写要求。

工程量清单表：反映了施工项目各工程细目的数量，是工程量清单的主体部分。工程细目是招标工程中按章的顺序排列的各个项目表。表中有子目号、子目名称、数量、单位、单价及合价栏目，其格式见表 4-1。其中单价或合价栏的数字一般由承包人投标时填写，而其他部分一般由业主或者招标单位在编制工程量清单时确定。

表 4-1　工程量清单表第 100 章

清单第 100 章总则					
子目号	子目名称	单位	数量	单价	合价
101	通则				
101—1	保险费				
—a	按合同条款规定，提供建筑工程一切险	总额			
—b	按合同条款规定，提供第三者责任险	总额			
102	工程管理				
102—1	竣工文件	总额			
102—2	施工环保费	总额			
102—3	安全生产费	总额			
102—4	信息化系统(暂估价)	总额			
103	临时工程与设施				
103—1	临时道路修建、养护与拆除(包括原道路的养护费)	总额			
103—2	临时占地	总额			
103—3	临时供电设施架设、维护与拆除	总额			
103—4	电信设施的提供、维修与拆除	总额			
103—5	临时供水与排污设施	总额			

表 4-1(续)

清单第 100 章总则					
子目号	子目名称	单位	数量	单价	合价
104	承包人驻地建设				
104—1	承包人驻地建设	总额			
105	施工标准化				
105—1	施工驻地	总额			
105—2	工地试验室	总额			
105—3	拌和站	总额			
105—4	钢筋加工场	总额			
105—5	预制场	总额			
105—6	仓储存放地	总额			
105—7	各场(厂)区、作业区连接道路及施工主便道	总额			
清单第 100 章合计		人民币			

工程细目分章排列，有利于将不同性质、不同部位、不同施工阶段或其他特性的不同的工程区别开来，同时也有利于将那些需要采用不同施工方法、不同施工阶段或成本不一样的工程区别开来。工程细目按章、节、目的形式设置，具体参照《公路工程标准施工招标文件》(2018 年版)确定。清单格式如表 4-1，清单第 100 章为总则，清单第 200 章为路基工程，清单第 300 章为路面工程，清单第 400 章为桥梁、涵洞，清单第 500 章为隧道，清单第 600 章为安全设施及预埋管线，清单第 700 章为绿化及环境保护设施，可根据实际情况增加清单 800 章为房建工程，改扩建项目可增加清单第 1000 章交通组织及临时保通。一个项目具体划分多少章，章中分多少级划分子目，视工程实际情况确定。公路工程工程量清单子目的划分应分级划分、逐层编制，编码可递延、可扩展。其编码的一级划分应按《公路工程建设项目造价文件管理导则》(JTG 3810—2017)中的相关内容执行，二级划分宜按《公路工程建设项目造价文件管理导则》(JTG 3810—2017)中的“工程量清单子目组成及编码框架表”划分，根据项目的实际情况逐级递延，具体需划分多少级以工程项目的实际需要为准，一般最多划分为五级。

暂估价表：是在工程招标阶段已经确定的材料、工程设备或工程项目，但无法在投标时确定准确价格，而又可能影响招标效果时，发包人在工程量清单中给定一个暂估价。在工程实施阶段，根据不同类型的材料与专业工程再重新定价。暂估价表包括材料暂估价、工程设备暂估价和专业工程暂估价。

计日工明细表：计日工也称散工或点工，指在工程施工过程中，发包人可能有一些临时性的或新增加的项目，而且这种临时新增项目的工程量在招投标阶段很难估计，希望通过招投标阶段事先定价，避免开工后可能发生时出现的争端，故需要以计日工明细表的方法在工程量清单中予以明确。在招标文件中一般列有劳务、材料和施工机械三个计日工表。计日工的劳务、材料和施工机械由招标人(发包人)列出正常的估计数量，投标人报出单价，计算出计日工总额后列入工程量清单汇总表中进行评标价。

工程量清单汇总表：工程量清单汇总表是将各章的工程细目表及计日工明细表进行汇

总，加上暂列金额而得出该项目的总报价，该报价与投标书中所填写的投标总价应是一致的。

(3) 工程量清单

工程量清单格式见表 4-1。

(4) 编制工程量清单的原则

编制工程量清单要和技术规范、计量规则保持一致性；便于计量支付；便于合同管理及处理工程变更；保持合同的公平性。

(5) 编写工程量清单注意事项

工程量清单的内容很多、很细，极易出错，给计量、合同管理带来麻烦，可能给承包人造成有的项目费用无处可摊或是有漏洞，甚至给业主带来不可弥补的损失。因此在编写时注意以下几点：

① 将开办项目、信息化管理及环保等作为独立的工程子目单列出来。开办项目是工程施工开工前就要发生或一开工就要发生或大部分发生的项目，如工程保险、承包人的临时工程设施费、承包人驻地建设、施工标准化等，信息化管理及施工环保费等子目，在工程量清单、技术规范及计量规则中，均单独列项，放在工程量清单第 100 章总则中。确保项目前期资金及时支付，不影响承包人的资金周转，单独列支，也会降低招标文件中约定的预付款的金额。

② 合理划分工程项目。在工程细目划分时，要注意将不同等级要求的工程区分开。将同一性质但不属于同一部位的工程区分开；将情况不同，可能要进行不同报价的项目区分开。这一做法主要是为了强化工程投标中的竞争性，使投标人报价更加具体，针对不同情况可以采用不同的单价，便于降低造价。

③ 工程子目的划分不是绝对的，要根据实际情况调整，既要简单明了、高度概括，又不能漏掉项目和应计价的内容，要结合工程实际，具体问题具体对待，灵活掌握。

④ 工程量的计算整理要细致准确。计算和整理工程量的依据是设计图纸、技术规范和计量规则，它是一项严谨的技术工作，绝不是简单地罗列设计文件中的工程量。要认真阅读计量规则中的计量与支付方法，仔细核查设计文件中工程量所对应的计量方法与计量规则中的计量方法是否一致，如不一致，则需在整理工程量时进行技术处理。如桥梁工程梁板后张法钢绞线的计量，是按两端锚具间的理论长度计算，除上述计算长度以外的锚固长度及工作长度的预应力钢材含入相应预应力钢材报价中，不另行计量；在设计图纸的数量表中显示的是包含工作长度和锚固长度的数量，在计量时是不包含的，在整理工程量时需要进行区分。

此外，在工程量的计算过程中，要做到不重不漏，更不能发生计算错误，否则，会带来一系列问题。

⑤ 计日工清单不可缺少。计日工清单是用来处理一些附加的或小型的变更工程计价的，清单中计日工的数量是由业主虚拟的，用以控制承包人在投标报价时计日工的单价，有了计日工清单会使合同管理很方便。

⑥ 应与技术规范、计量规则一致。工程量清单是一份与技术规范相对应的文件。技术规范和计量规则规定了各工程细目的质量要求及计量支付办法，而工程量清单则详细说明了每一工程细目可能要发生的工程数量。

(6) 工程量清单计价

工程量清单计价，是指招标标底、投标报价的编制、合同价款的确定与调整、工程结算以招标文件中的工程量清单为依据进行的工程造价的确定与控制的总称，由投标人按照招标人提供的工程量清单，逐一地填报单价并计算出工程项目所需的全部费用。公路工程工程量清单计价应采用“全费用综合单价”计价，全费用综合单价包括了为实施和完成合同工程所需的劳务、材料、机械、质检、安装、缺陷修复、管理、保险、税费、利润等费用，以及合同明示或暗示的所有责任、义务和一般风险。

【例 4-1】 某道路路面基层采用二灰碎石，厚 34 cm，工程量为 67 000 m^2，采用厂拌，计算该基层的工程量清单综合单价。

解：列表计算，如表 4-2。

表 4-2　某道路路面基层的工程量清单综合单价

工程项目		石灰粉煤灰稳定类	厂拌基层稳定土混合料运输	机械铺筑厂拌基层稳定土混合料	基层稳定土厂拌设备安装、拆除
工程细目		厂拌石灰、粉煤灰、碎石稳定土基层(粉煤灰∶石灰∶碎石＝15∶5∶80，压实厚度 20 cm)	装载质量 15 t 以内自卸汽车运厂拌基层稳定土混合料第一个 1 km	宽度 7.5 m 以内摊铺机铺筑基层	生产能力 300 t/h 以内稳定土厂拌设备安装、拆除
定额单位		1 000 m^2	1 000 m^3	1 000 m^2	1 座
工程数量		67.000	22.780	67.000	1.000
定额表号		2-1-7-31	2-1-8-7	2-1-9-7	2-1-10-4
工、料、机名称	单位	金额(元)	金额(元)	金额(元)	金额(元)
直接费	元	3 775 372	87 305	134 295	290 299
措施费 Ⅰ	元	5 086	6 509	8 113	6 665
措施费 Ⅱ	元	18 615	148	1 155	2 779
企业管理费	元	72 004	1 946	4 467	10 589
规费	元	10 019	4 616	14 146	30 989
利润	元	175 960	7 750	11 496	18 654
税金	元	365 135	9 745	15 631	32 398
金额合计	元	4 422 192	118 019	189 304	392 372
合计	元	5 121 887			
综合单价	元/m^2	76.45			

4.2.4.2.3　技术规范、计量规则

技术规范和计量规则是招标文件和合同文件的非常重要的组成部分，也是投标书编写中不可缺少的资料，是进行工程估价和确定报价的重要依据。

招标人对工程项目技术等级、技术指标、质量要求、质量评定和竣工验收等规定均是以技术规范和计量规则为依据的。合同协议书签订后，承包人按照相应的技术规范和计量规则的规定进行施工、计量等，且各章节工程子目的工程量计量规则应与“技术规范”相应章节的施工规范结合起来理解、解释和应用，以确保在合同规定的工程总价内保证质量、保证工期完工。技术规范和计量规则是施工过程中承包人控制质量和监理工程师检查验收施工质量的主要依据。

4.2.4.3　对投标者进行资格审查

招标人可以根据招标项目本身的特点和需要，要求潜在投标人或者投标人提供满足其资格要求的文件，对潜在投标人或者投标人进行资格审查。资格审查的目的在于限制不符合条件的单位盲目投标。资格审查实行资格预审，投标者向招标单位递交资格预审申请书，审查合格者才准许购买招标文件。目前，一般招标均采用资格后审方式，即在评标时进行资格审查。资格审查应主要审查潜在投标人或者投标人是否符合下列条件：

(1) 具有独立订立合同的权利；

(2) 具有履行合同的能力，包括专业、技术资格和能力，资金、设备和其他物质设施状况，管理能力、经验、信誉和相应的从业人员；

(3) 没有处于被责令停业，投标资格被取消，财产被接管、冻结，破产状态；

(4) 在最近三年内没有骗取中标和严重违约及重大工程质量问题；

(5) 法律、行政法规规定的其他资格条件。

4.2.4.4　招标问题的答疑

投标人应仔细阅读和检查招标文件的全部问题。如发现缺页或附件不全，应及时向招标人提出，以便补齐。如有疑问，应在投标人须知前附表规定的时间前以书面形式(包括信函、电报、传真等可以有形地表现所载内容的形式)，要求招标人对招标文件予以澄清。

招标文件的澄清以书面形式发给所有购买招标文件的投标人，但不指明澄清问题的来源。澄清发出的时间距投标人须知前附表规定的投标截止时间不足 15 天的，并且澄清内容影响投标文件编制的，将相应延长投标截止时间。投标人在收到澄清后，应在投标人须知前附表规定的时间内以书面形式通知招标人，确认已收到该澄清。

4.2.4.5 开标

4.2.4.5.1　开标时间和地点

招标人在规定的投标截止时间(开标时间)和投标人须知前附表规定的地点公开开标，并邀请所有投标人的法定代表人或其委托代理人准时参加。

投标人若未派法定代表人或委托代理人出席开标活动，视为该投标人默认开标结果。

4.2.4.5.2　采用双信封形式采用的条款

(1) 主持人按下列程序对投标文件第一信封(商务及技术文件)进行开标：

① 宣布开标纪律；

② 公布在投标截止时间前递交投标文件的投标人数量；

③ 宣布开标人、唱标人、记录人等有关人员姓名；

④ 按照投标人须知前附表规定由投标人推选的代表检查投标文件的密封情况；

⑤ 按照投标人须知前附表规定的开标顺序当众开标、公布标段名称、投标人名称、投标保证金的递交情况、工期及其他内容，并记录在案；

⑥ 投标人代表、招标人代表、记录人等有关人员在开标记录上签字确认；

⑦ 开标结束。

(2) 在投标文件第一个信封(商务及技术文件)开标现场，投标文件第二个信封(报价文件)不予开封，由招标人密封保存。

(3) 招标人将按照规定的时间和地点对投标文件第二个信封(报价文件)进行开标。主持人按下列程序进行开标:

① 宣布开标纪律;

② 当众拆开投标文件第一个信封(商务及技术文件)评审结果的密封袋,宣布通过投标文件第一个信封(商务及技术文件)评审的投标人名单;

③ 宣布开标人、唱标人、记录人等有关人员姓名;

④ 按照投标人须知前附表规定由投标人推选的代表检查投标文件的密封情况;

⑤ 按照投标人须知前附表规定的开标顺序当众开标,开标人只拆封通过投标文件第一个信封(商务及技术文件)评审的投标文件第二个信封(报价文件),公布标段名称、投标人名称、投标报价及其他内容,记录在案;

⑥ 计算并宣布评标基准价;

⑦ 将未通过投标文件第一个信封(商务及技术文件)评审的投标文件第二个信封(报价文件)退还给投标人;

⑧ 投标人代表、招标人代表、记录人等有关人员在开标记录上签字确认;

⑨ 开标结束。

(4) 若用合理低价法或综合评分法,在投标文件第二个信封(报价文件)开标现场、招标人将按"评标办法"规定的原则计算并宣布评标基准价。若招标人发现投标文件出现以下任一情况,其投标报价将不再参加评标基准价的计算:

① 未在投标函上填写投标总价;

② 投标报价或调价函中的报价超出招标人公布的最高投标限价(如有);

③ 投标报价或调价函中报价的大写金额无法确定具体数值;

④ 投标函上填写的标段号与投标文件封套上标记的标段号不一致。

如果投标人认为某一标段的评标基准价计算有误,有权在开标现场提出,经招标人当场核实确认之后,可重新宣布评标基价。开标现场宣布的评标基准价除计算有误经评标委员会修正外,在整个评标期间保持不变,不随任何因素发生变化。

(5) 在投标文件第一个信封(商务及技本文件)或第二个信封(报价文件)开标过程中,若招标人宣读的内容与投标文件不符,投标人有权在开标现场提出疑问,经招标人当场核查确认之后,可重新宣读其投标文件。若投标人现场未提出疑问,则认为投标人已确认招标人宣读的内容。

4.2.4.5.3 采用单信封形式采用的条款

(1) 主持人按下列程序进行开标:

① 宣布开标纪律;

② 公布在投标截止时间前递交投标文件的投标人数量;

③ 宣布开标人、唱标人、记录人等有关人员姓名;

④ 按照投标人须知前附表规定由投标人推选的代表检查投标文件的密封情况;

⑤ 按照投标人须知前附表规定的开标程序当众开标,公布标段名称、投标人名称、投标保证金的递交情况、投标报价、工期及其他内容,并记录在案;

⑥ 计算并宣布评标基准价;

⑦ 投标人代表、招标人代表、记录人等有关人员在开标记录上签字确认;

⑧ 开标结束。

(2) 采用合理低价法或综合评分法，在开标现场、招标人按评标办法规定的原则计算并宣布评标基准价。若招标人现投标文件出现以下任一情况，其投标报价将不再参加评标准价的计算：

① 未在投标函上写投标总价；

② 投标报价或调价函中的报价超出招标人公布的最高投标限价(如有)；

③ 投标报价或调价函中报价的大写金额无法确定具体数值；

④ 投标函上填写的标段号与投标文件封套上标记的标段号不一致。

如果投标人认为某一标段的评标基准价计算有误，有权在开标现场提出，经招标人当场核实确认之后，可重新宣布评标基准价。开标现场宣布的评标基准价除计算有误经评标委员会修正外，在整个参评期间保持不变，不随任何因素发生变化。

(3) 若招标人宣读的内容与投标文件不符，投标人有权在开标现场提出疑问，经招标人当场核查确认之后，可重新宣读其投标文件。若投标人现场未提出疑问，则认为投标人已确认招标人宣读的内容。

4.2.4.5.4　开标异议

投标人对开标有异议的，应在开标现场提出，招标人当场做出答复，并制作记录，有异议的投标人代表、招标人代表、记录人等有关人员在记录上签字确认。

4.2.4.6　评标

(1) 评标委员会

评标由招标人依法组建的评标委员会负责。评标委员会由招标人或其委托的招标代理机构熟悉相关业务的代表，以及有关技术、经济等方面的专家组成。

(2) 注意事项

评标委员会成员有下列情形之一的，应主动提出回避：

① 为负责招标项目监督管理的交通运输主管部门的工作人员；

② 与投标人法定代表人或其委托代理人有近亲属关系；

③ 为投标人的工作人员或退休人员；

④ 与投标人有其他利害关系，可能影响评标活动公正性；

⑤ 在与招标投标有关的活动中有过违法违规行为、曾受过行政处罚或刑事处罚。

评标过程中，评标委员会成员有回避事由、擅离职守或因健康等原因不能继续评标的，招标人有权更换。被更换的评标委员会成员作出的评审结论无效，由更换后的评标委员会成员重新进行评审。

(3) 评标原则

评标活动遵循公平、公正、科学和择优的原则。

(4) 评标

评标委员会按照《公路工程标准施工招标文件》(2018 版)“评标办法”规定的方法、评审因素、标准和程序对投标文件进行评审。“评标办法”没有规定的方法、评审因素和标准，不作为评标依据。

4.2.4.7 定标

按照投标人的须知前附表规定，招标人或招标人授权的评标委员会依法确定中标人。

4.2.4.8 履约保证金

在签订合同前,中标人应按投标人须知前附表规定的形式、金额和招标文件第四章“合同条款及格式”规定的或事先经过招标人书面认可的履约保证金格式向招标人提交履约保证金。除投标人须知前附表另有规定外,履约保证金为签订合同价的10%。联合体中标的,其履约保证金以联合体各方或联合体牵头人的名义提交。采用银行保函时,应由符合投标人须知前附表规定级别的银行开具,所需的费用由中标人承担,中标人应保证银行保函有效。

中标人不能按照以上要求提交履约保证金的,视为放弃中标,其投标保证金不予退还,给招标人造成的损失超过投标保证金数额的,中标人还应对超过部分予以赔偿。

4.2.4.9 签订合同

(1) 中标人确定后,招标人应在投标有效期内,以投标人须知前附表规定的形式向中标人发出中标通知书,同时将中标结果通知未中标的投标人。

(2) 招标人在确定中标人之日起3日内,按照投标人须知前附表规定的公告媒介和期限公告中标结果,公告期不得少于3日。公告内容包括中标人名称、中标价。

(3) 招标人和中标人应当自中标通知书发出之日起30天内,根据招标文件和中标人的投标文件订立书面合同。中标人无正当理由拒签合同,或在签订合同时向招标人提出附加条件,或不按照招标文件要求履约保证金的,招标人取消其中标资格,其投标保证金不予退还;给招标人造成的损失超过投标保证金数额的,中标人还应对超过部分予以赔偿。

(4) 联合体中标的,联合体各方应共同与招标人签订合同,就中标项目向招标人承担连带责任。

(5) 招标人和中标人在签订合同协议书的同时,须按照本招标文件规定的格式和要求签订廉政合同及安全生产合同,明确双方在廉政建设和安全生产能力方面的权利和义务以及应承担的违约责任。

4.2.4.10 纪律和监督

(1) 对招标人的纪律要求

招标人不得泄露招标投标活动中应当保密的情况和资料,不得与投标人串通损害国家利益、社会公共利益或者其他人合法权益。

(2) 对投标人的纪律要求

投标人不得相互串通投标或与招标人串通投标,不得向招标人或者评标委员会成员行贿谋取中标,不得以他人名义投标或者以其他方式弄虚作假骗取中标;投标人不得以任何方式干扰、影响评标工作。

(3) 对评标委员会成员的纪律要求

评标委员会成员不得收受他人的财务或者其他好处,不得向他人透露对投标文件的评审和比较、中标候选人的推荐情况以及评标有关的其他情况。在评标活动中,评标委员会成员应客观、公正地履行职责,遵守职业道德,不得擅离职守,影响评标程序正常进行,不得使用“评标办法”没有规定的评审因素和标准进行评标。

(4) 对与评标活动有关的工作人员的纪律要求

与评标活动有关的工作人员不得收受他人的财务或者其他好处,不得向他人透露对投标文件的评审和比较、中标候选人的推荐情况以及评标有关的其他情况。在评标活动中,与评标活动有关的工作人员不得擅离职守，影响评标程序正常进行。

（5）投诉

投标人或其他利害关系人认为招标投标活动不符合法律、行政法规规定的，可以自知道或应当之日起 10 日内向有关行政监督部门投诉。投诉应有明确的请求和必要的证明材料。

投标人和其他利害关系人对招标文件、开标和评标结果提出投诉的，应按照有关招标文件有关规定先向招标人提出异议，异议答复期间不计算在上条规定的期限内。

4.2.5　公路工程评标办法

评标委员会按照交通部《公路工程标准施工招标文件》（2018 年版）规定的方法、因素、标准和程序对投标文件进行评审。“评标办法”没有列明的因素和标准不得作为评标的依据。

4.2.5.1　合理低价法

（1）方法简介

评标委员会对满足招标文件实质性要求的投标文件，按照评标办法规定的评分标准进行打分，并按得分由高到低顺序推荐中标候选人，或根据招标人授权直接确定中标人，但投标报价低于其成本的除外，综合评分相等时，评标价低的投标人优先；评标价也相等时，被招标项目所在地省级交通运输主管部门评为较高信用等级的投标人优先。

在评标时，一般按照评标价得分由高到低的顺序，对投标文件进行初步评审和详细评审，对存在重大偏差的投标文件按废标处理。对施工组织设计、投标人的财务能力、技术能力、业绩及信誉不再进行评分。

（2）分值构成（总分 100 分）

评标价：100 分

其他评分因素分值均为 0 分。

评标价得分计算公式示例：

① 如果投标人的评标价＞评标基准价，则评标价得分＝100－偏差率×100×E_1；

② 如果投标人的评标价≤评标基准价，则评标价得分＝100＋偏差率×100×E_2；

其中：E_1 是评标价每高于评标基准价一个百分点的扣分值；

E_2 是评标价每低于评标基准价一个百分点的扣分值。

招标人可依据招标项目具体特点和实际需要设置 E_1、E_2，但 E_1 应大于 E_2。

（3）评标基准价的计算

在开标现场，招标人将当场计算并宣布评标基准价。

① 评标价的确定

方法一：评标价＝投标函文字报价

方法二：评标价＝投标函文字报价－暂估价－暂列金额（不含计日工总额）

② 评标价平均值的计算

除按投标人须知中有关规定开标现场被宣布为不进入评标基价计算的投标报价之外，所有投标人的评标价去掉一个最高值和一个最低值后的算术平均值即为评标价平均值（如果参与评标价平均值计算的有效投标人少于 5 家时，则计算评标价平均值时不去掉最高值和最低值）。

③ 评标基准价的确定

方法一：将评标价平均值直接作为评标基准价。

方法二：将评标价平均值下浮____%，作为评标基准价。

方法三：招标人设置评标基准价系数，由投标人代表或监标人现场抽取，评标价平均值乘以现场抽取的评标基准价系数作为评标基准价。

在评标过程中，评标委员会应对招标人计算的评标基准价进行复核，存在计算错误的应予以修正并在评标报告中作出说明。除此之外，评标基准价在整个评标期间保持不变，不随任何因素发生变化。

(4) 评标价的偏差率计算公式

偏差率＝100%×(投标人评标价－评标基准价)/评标基准价，偏差率保留____位小数。

注：对于特别复杂的特大桥梁和特长隧道项目主体工程以及其他有特殊要求的工程，还可对其他管理和技术人员(如项目副经理、专业工程师等)以及主要机械设备和试验检测设备进行资格评审。

4.2.5.2 技术评分最低标价法

(1) 方法简介

评标委员会对满足招标文件实质性要求的投标文件的施工组织设计、主要人员、技术能力等因素进行评分，按照得分由高到低排序，对排名在招标文件规定数量以内的投标人的报价文件进行评审，按照评标价由低到高的顺序推荐中标候选人，或根据招标人授权直接确实中标人，但投标报价低于其成本的除外。评标价相等时，评标委员会应按照评标办法前附表规定的优先次序推荐中标候选人或确定中标人。

(2) 评分价

① 第一个信封：分值构成(总分 100 分)

施工组织设计 25～40 分，评分因素细分项是关键工程的施工方案、方法与技术措施。

主要人员 25～40 分，评分因素细分项是项目经理、总工任职资格与业绩。

技术能力 10～20 分，指投标人的科研开发和技术创新能力。

履约信誉 15～25 分，招标人可结合招标项目所在地省级交通运输主管部门对投标人的信用评级对其履约信用进行评分，但不得任意设置歧视性条款并不得任意设立行政许可。

……

② 第二个信封：评标价＝修正后的投标报价－暂估价－暂列金额(不含计日工总额)

③ 通过第一个信封详细评审的投标人数量，应按照投标人的商务和技术得分由高到低排序，为避免本办法演变为经评审的最低投标价法，应选择 3～10 名通过详细评审。此外，招标人可规定技术文件用暗标形式编制。

(3) 评分因素与权重分值

招标人应根据项目具体情况确定各评分因素及评分因素权重分值，并对各评分因素进行细分(如有)、确定各评分因素细分项的分值，各评分因素权重分值合计应为 100 分。各评分因素(评标价和履约信誉评分项除外)得分一般不得低于权重分值的 60%，且各评分因素得分应以评标委员会各成员的打分平均值确定，评标委员会成员总数为 7 人以上时，该平均值应去掉一个最高分和一个最低分后计算。评标委员会成员对某一项评分因素的评分低于权重分值 60%的，应在评标报告中做出说明。招标人应列明各评分因素或各评分因素细分项(如有)的评分标准并作为评标委员会进行评分的依据。

4.2.5.3 综合评分法

(1) 方法简介

评标委员会对满足招标文件实质性要求的投标文件,按照规定的评分标准进行打分,并按得分由高到低排序推荐中标候选人,或根据招标人授权直接确定中标人,但投标报价低于其成本的除外,综合评分相等时,评标价低的投标人优先;评标价也相等时,被招标项目所在地省级交通运输主管部门评为较高信用等级的投标人优先;信誉等级也相等时,商务和技术得分较高的投标人优先。

(2) 分值构成(总分100分)

① 第一信封(商务及技术文件)评分分值构成:

施工组织设计:5~20分

主要人员:10~20分

技术能力:0~5分

财务能力:5~10分

业绩:5~12分

履约信誉:3~5分

……

② 第二信封(报价文件)评分分值构成:

评标价权重分值不应低于50分。

(3) 评标基准价的计算

在开标现场,招标人将当场计算并宣布评标基准价。

① 评标价的确定:

方法一:评标价=投标函文字报价

方法二:评标价=投标函文字报价-暂估价-暂列金额(不含计日工总额)

方法三:……

② 评标价平均值的计算:

除按规定开标现场被宣布为不进入评标基准价计算的投标报价之外,所有投标人的评标价去掉一个最高值和一个最低值后的算术平均值即为评标价平均值(如果参与评标价平均值计算的有效投标人少于5家时,则计算评标价平均值时不去掉最高值和最低值)。

③ 评标基准价的确定

方法一:将评标价平均值直接作为评标基准价。

方法二:将评标价平均值下浮____%,作为评标基准价。

方法三:招标人设置评标基准价系数,由投标人代表现场抽取,评标价平均值乘以现场抽取的评标基准价系数作为评标基准价。

方法四:……

在评标过程中,评标委员会应对招标人计算的评标基准价进行复核,存在计算错误的应予以修正并在评标报告中作出说明。除此之外,评标基准价在整个评标期间保持不变,不随任何因素发生变化。

(4) 评标价的偏差率计算公式

偏差率=100%×(投标人评标价-评标基准价)/评标基准价

（5）评标价得分计算公式示例

① 如果投标人的评标价＞评标基准价，则评标价得分＝F－偏差率×100×E_1；

② 如果投标人的评标价≤评标基准价，则评标价得分＝F＋偏差率×100×E_2；

其中：F 是评标价所占的权重分值；

E_1 是评标价每高于评标基准价一个百分点的扣分值；

E_2 是评标价每低于评标基准价一个百分点的扣分值。

招标人可依据招标项目具体特点和实际需要设置 E_1、E_2，但 E_1 应大于 E_2。

（6）综合评分法得分

评标委员会按照规定的量化因素和分值进行打分，并计算出综合评分法得分。

① 按规定的评审因素和分值对施工组织设计部分计算出得分 A；

② 按规定的评审因素和分值对主要人员部分计算出得分 B；

③ 按规定的评审因素和分值对其他部分计算出得分 D。

投标人的商务和技术得分＝$A+B+D$。

④ 评标委员会按照规定的量化因素和分值对评标价计算出得分 C，评标价得分分值计算保留小数点后两位，小数点后第三位“四舍五入”。

投标人综合得分＝$A+B+C+D$

适用范围：技术特别复杂的特大桥梁和特长大隧道项目主体工程，目前我国很多公路工程招标项目采用此方法。

4.2.5.4 经评审的最低投标价法

评标委员会对满足招标文件实质要求的投标文件，根据招标文件规定的量化因素及量化标准进行价格折算，按照经评审的投标价由低到高的顺序推荐中标候选人，或根据招标人授权直接确定中标人，但投标报价低于其成本的除外。经评审的投标价相等时，投标报价低的优先；投标报价也相等的，招标人可采用被招标项目所在地省级交通主管部门评为较高信用等级的投标人优先或递交投标文件时间较前的投标人优先或其他方法确定第一中标候选人。

经评审的投标价（评标价）＝修正后的投标报价－暂估价－暂列金额（不含计日工总额）

本办法适用于工程规模较小、技术含量较低的工程。

4.3 公路工程施工投标

施工投标是施工单位对招标的响应，是通过竞争获得工程任务的过程。对于公路建设者来说，是企业在据公路建设市场竞争中承接任务的一种经营手段。投标与招标一样有其自身的运营规律，有与招标程序相适应的程序。参加投标的施工企业在认真掌握招标信息、研究招标文件的基础上，根本招标文件的要求，在规定的期限内向招标单位递交投标文件，提出合理报价，以争取获胜中标。

投标不仅是施工企业之间造价的竞争，更是企业之间比实力、比信誉、比施工技术措施方案、比水平、比应变能力的竞争。因此，企业通过投标竞争，可促进自身管理水平的提高，使企业在不断改革中提高信誉，达到降低工程造价、确保工程质量、缩短建设工期、提高投资效益的目的。

4.3.1　公路工程施工投标程序

4.3.1.1　公路工程施工投标前期准备工作

4.3.1.1.1　成立投标组织机构

施工单位为了在投标竞争中获胜，应设置专门投标机构，配备专职人员。投标机构的任务是：经常掌握国内外公路工程项目的市场信息和动态，收集招标的有关情报；对招标项目进行分析，研究其有无参考价值；定期收集招标地区有关部门颁发的建筑材料价格；研究投标策略和报价编制策略；认真分析历次投标中失败的教训和经验，为今后投标打下基础。

投标机构通常由下列人员组成：

(1) 经理或业务副经理，作为投标负责人和决策人，其职责是决定最终是否参加投标及参加投标项目的报价金额。

(2) 总工程师或主任工程师，其职责是决定施工组织设计方案、技术措施及技术问题。

(3) 公路工程造价工程师，负责编制计划及投标报价工作。

(4) 机械管理部门工程师，负责根据本投标项目工程特点选型配备供应本项目施工设备。

(5) 材料部门人员，了解提供当地材料供应及运输能力情况；财务部门人员，提供企业工资、管理费、利润等有关成本资料；生产技术部门人员，负责安排施工作业计划等。

4.3.1.1.2　投标业务开发

(1) 投标业务开发内容

工程承包企业的业务开发包括以下主要内容：

① 对承包市场的宏观调查，了解企业经营的外部环境及其发展动态，研究开展承包业务的机会，预测可能的风险，选择开发的市场和项目；

② 根据本企业的实力和优势以及经营目标，确定中、长期发展战略和部署；

③ 积极开展对外业务宣传；

④ 完善内部管理机制，开发新技术，培训企业骨干力量，提高企业竞争力；

⑤ 通过各种方式，与业主和有关部门、有关方面建立密切关系；

⑥ 寻求各种合伙人(合营、分包、供货)，以便增强企业竞争力；

⑦ 沟通信息渠道，通过各种可能的途径和方式招揽工程项目，使企业经常处于和谐的运转状态；使人力、物力、资力得到充分的、合理的利用，从而获得良好的整体效益。

(2) 开发战略决策的重要性

一个工程承包企业，要有一个本企业发展的总体规划，才有前进的目标，才能使近期发展与长远发展有机结合起来。开拓一个地区的业务，应是企业发展规划的一个组成部分和总的战略的体现。

土木工程的工期因工程大小而异，一般为1～3年。有些大的线状工程(如道路工程，管道工程)为了早日完成投入使用，往往分成若干段同时招标，从而缩短工期。在一个地区只经营一个项目时，为了充分利用所配置的机械设备和人力，避免因任务间断而停滞带来的损失，需要“吃一看二想三”，即在拿到一个项目后就要考虑后续工程。而且，由于各项内容不尽一致，使用的机械、人力也有所变化，需要有所更换和补充。在一个新开辟地区，当只有一套施工设备时，最理想的后续工程内容与在建的基本相同。但实际上不太可能，因而要做几手准备，要有一个通盘考虑。制订中、长期战略决策，就是要避免短期行为，避免盲目性。对于公路工程而言，所谓中期是指能把投入的一套施工设备的资金全部回收的时间，一般以3～6年为宜，而长期则在6～10年或更长些。

(3) 开发战略决策的内容

在一个地区的中、长期业务开拓规划，要以本企业的发展规划为依据。其内容包括：

① 本地区的业务开发在本企业业务开发计划中所占地位，是重点开发还是辅助性开发，是长期性的还是临时性的、试探性的。

② 本企业准备投入的施工准备、资金、人力多大。

③ 预估可能取得的效益，可能遇到和可能承受的风险，还是提出避免风险的对策和措施。

④ 先从何类工程入手有利，例如一个道桥承包公司，以招揽本行业项目入手有利于发挥自己的优势。在道桥项目中，以先搞一般形式桥梁较为有利，因为这样既可充分利用在国内施工中积累的经验，投入的施工设备也较少。但该地区属于干旱地区，河川甚少，桥梁工程不多，从事桥梁项目就没有发展前景。作为进入一个新地区的头一个项目，最好选择投入少、产出多、有后续的项目。

⑤ 要通过资源开发的机会研究、考虑本企业的资金、人力和经验，确定在该地区发展的规模、布局和逐步发展的步骤。要预估可能遇到的问题，并考虑采取的措施。

4.3.1.1.3 合作开发业务

(1) 合作与竞争的关系

有些企业进入承包市场，只注意竞争压倒别人，不注意寻求合作，增强竞争力，没有处理好竞争与合作的关系，结果使企业难以发展。应该认识到，一个企业的实力总是有限的，而社会的潜力才是无限的。因此，要善于在不同条件下与不同的企业谋求可能的合作，使自己在竞争激烈的市场上立于不败之地。

工程承包市场的特点，是工程项目的类型、规模、内容变化多端，因而，一个企业要想完全靠自己的实力承接各类项目是不可能的。企图把自己的企业搞成一个能承接各类项目的大而全的企业是不现实的，也是不经济的。善于经营的企业，必须既善于管理自己的企业，还善于根据市场情况寻求合作，利用别人的优势补充自己的不足，只有这样才能提高竞争能力、获得经济效益。

(2) 合作的形式和范围

合作的形式多种多样，合作的范围也是广泛的，现分述如下。

① 分包

分包是最常用的一种合作形式。在国外市场上，凡是工程建设项目比较多的地方，都有一批小包商。他们大都拥有少量常用的小型机械(水泥混凝土拌和机，空压机等)或小型专用设备(如画线机等)，有一定数量的技术工人，可从事小型排水构造物或混凝土制品及诸如道路画线、标志牌制作安装之类的专业化工程。这些小包商有当地施工经验，专业性强，机动、灵活，其工程成本往往比大公司要低。因此招揽项目时，与他们合作，作为专项工程分包人，既可减少施工设备的投入，又可降低造价，减少一些繁杂工作，对承包人是有利的。在国内开展工程承包，许多地方也有一些集体性质的小包商。对于这些当地小包商只要注意了解其资信，有一定的约束手段，是可以与他们成功合作的。

② 联合投标

对于规模大的工程，经常采取联合投标的方式。在国际上，比较多的是具有不同专业特点的承包人之间的联合。合作的项目大多是大型综合性项目。例如，包含有大量土方工程、道路工程、楼房工程和电信设施的航空港建设工程。此外，工业发展区的基础工程，农业发展区的建设，也都是包罗多方面的工程项目，采取联合投标也是有利的。从事同行业的承包人，由于优势不同，也有合作的可能。

此外，有时为了在竞争中取得某种优势，两个实力相当的承包公司可以采取联合投标，分段施工。这样能够缩短工期，取得规定的优惠条件。

③ 建立集团公司

集团公司是一种综合联营的方式，国际上许多大公司采取此种形式。参加联营的一般是本国公司，可包括投资公司、设备材料供应公司、工程建设公司、运输公司等。这种联营公司一旦获得项目，可以依靠集团内部力量在各个环节上协调工作，共同实施工程，共同获利，增强竞争力。

4.3.1.1.4　招揽投标项目

(1) 调查了解投标信息

信息在整个投标活动中占有举足轻重的地位，谁先掌握了全面准确的信息，谁就掌握了投标的主动权，因此，调查了解信息是投标活动中的第一位工作。

投标信息内容包括来自企业内外的一切与投标有关的经济、技术和社会等方面的信息。有条件的施工企业，应组织好信息网，通过各种渠道收集有关项目信息及招标资料，为选择项目、决策投标提供基础。

① 对信息的要求

对于信息的要求，可以归纳为“快、全、准、用”四个字。“快”为迅速及时；“全”为多多益善，如哪里有招标项目，工程概况如何，什么日期开始招标，什么时间按开标以及当地材料价格、汇率、工期等，在招标的全过程中，即从准备投标一直到定标前的几分钟，都要掌握信息，而交标以后，开标以前，应采取相应的措施以利夺标；“准”是要求信息的准确性，要善于辨别信息的真伪；“用”就是要善于利用信息，为正确的投标决策服务。

在进入一个新的投标竞争区之前，应该派出信息敏锐性强的各种专业人员和具有决策权的有关领导深入该区，进行较长时间的考察，考察的主要任务就是收集和掌握信息，力求全面了解该地区的工程建设情况，对于有投标可能的项目，需要进行更详细、更准确、更全面的调查。

② 需要掌握的信息内容

A. 当地建筑市场信息及投标建设项目的工程情况，如项目规模有多大，分几个标段，资金来源等市场信息。

B. 当地建筑材料和设备能否供应、价格怎样，交通运输情况，当地税收、税率、银行贷款利率等。

C. 材料与施工技术发展动态，如招标项目有无新结构、新技术、新材料、需要采购的新设备和新工艺等情况。

D. 招标单位的倾向性(招标单位倾向让哪个或哪类层次施工单位来承包工程)和存在的困难，如工期要提前、投资不足、材料供应困难等。

E. 各竞争对手的基本情况，如有多少单位参加投标，每个标段有几个单位投标，各单位的名称、资质、技术水平高低、装备能力、管理水平、队伍作风、是否急于中标等。

F. 设计与其他协作单位的情况。

G. 类似工程的施工方案、报价、工期等。

H. 本企业内部今年和明年任务是否饱和，是否有力量投入新的投标项目。

I. 本企业欲完成本项目投标工程和同类已完工程的技术经济指标。

J. 企业为本投标项目购置新设备、采购新技术的可能性。

(2) 选择投标项目

正确地选择投标项目，是企业的经营决策大事，是否看准，将直接影响到中标后企业的利益、生存和发展，因此每个企业都应认真研究这个问题。

① 选择投标项目的原则

A. 项目的可行性与可能性。选择的投标项目是否可取，首先要从本企业的实际情况出发，实事求是，量力而行。而不是中标项目越多越好，应以保证均衡施工和连续施工为前提，防止铺摊太多，不能确保重点。同时，根据本企业的施工力量、机械设备、技术力量、施工经验等方面的条件，考虑招标项目是否有事实上的利润，本企业能否保证工期和质量的要求。其次要着重考虑能否发挥本企业的特点和特长、技术优势和装备优势，做到扬长避短。选择适合于发挥本企业优势的项目，避开本企业缺乏经验的项目。再次要根据竞争对手的技术经济情报和市场投标报价动向，考虑该项目是否有一定竞争取胜的把握和机会，反之，不宜勉强投标，更不宜陪标，以免有损于本企业的声誉，而影响未来的投标机会。

B. 项目的可靠性。首先，是充分了解建设项目是否已正式批准，资金来源是否可靠，主要材料和设备供应是否落实，设计文件完成的阶段情况等；其次，是认真研究业主的资质条件及合同条件有无重大风险性等方面，以避免参加不可靠的项目竞争，造成不应有的损失。

C. 利润的测算。承包企业在确定投标前，除了要清楚招标文件和要求外，还要认真研究项目中标后可能获得的利润程度，通过工程技术和经济效益的分析，测算出工程中标后可能获得的利润金额。

D. 本企业的近期利润目标和远期利润目标。施工企业要建立起本企业的目标管理标准，制定出本企业的近期利润目标和远期利润目标，才能明确投标竞争的战略战术。不同时期，不同的竞争环境，企业可以有不同的近期目标，因而在面临许多招标项目时，就可以很容易地作出究竟选择哪一项目可以参加投标的决策。

在进行投标的选择时，还应考虑其他因素，如本企业员工的技术水平、施工设计能力等。

② 项目选择首选条件

A. 重点工程项目；

B. 有施工经验的项目；

C. 本地工程项目；

D. 通用机械设备施工项目；

E. 项目管理法律法规的健全项目；

F. 征地拆迁完成好的项目；

G. 业主、监理管理水平高的项目；

H. 正常按国际咨询工程师联合会条款管理的项目；

I. 与当地政府关系好的项目；

J. 主营、兼营并与工程规模相适应的项目。

与上述首选条件相反的项目应为投标决策放弃的项目。

(3) 项目投标决策

① 招揽项目的风险分析

公路工程施工承包合同使用最多的是固定单价合同。对于道桥工程和一些其他的土木工程，由于不确定因素比较多，例如地下工程、水下工程、地质、水文条件有变化，所用天然砂石料场材料质量和开采、运输条件时有不同，居民区地下管线不明，因而标书中预估的工程数量常有较大出入，采用固定单价，按实际发生的数量结算比按总价包干风险小些。由于工程单价与数量大小有关，量大而集中的工程与量小零星的工程耗费的机械和人工有较大差异，施工机械和人员的配备也有很大不同。因此，如实际发生的工程量与预估的出入很大，承包人仍将蒙受风险，有时甚至会严重延误工期，加大成本，造成明显亏损。在市场竞争激烈、标价大幅度下降的情况下，如能按成本加酬金的方式取得合同，对承包人是有利的。但此种方式目前很少为业主采用。因为这种方式需要逐项审核单据，严格控制成本。

交钥匙合同一般用于工业建设，如建造工厂，包括安装设备和试运转。这种项目可称为成套出口项目。由于包括勘察设计、生产线或某种生产技术的转让，包括组织营运，所以，可以说带动了技术输出、智力输出、设备输出，承包人掌握了主动权。这是一种层次较高的合同，创利创汇比一般施工合同要高，而且比较有保证。承包人必须有较好的素质、较好的信誉，与业主有较密切关系，才能得到此种合同。在路桥行业也有类似工程，例如，外援项目大都按此方式签订合同。

特许权合同的经营范围比交钥匙合同更广，包括为项目提供资金和全面组织营运。在路桥行业中有收费高速公路、桥梁类工程。这种形式合同层次更高，但风险和获利都更大。对于一个实力强的公司，在十分熟悉一个地区的市场，投资环境好，又善于在国际市场组织资金的情况下，是可以采取这种承包方式的。

② 要求工作任务具有连续性

一个项目完工或接近完工就能找到另一个项目，以使已经闲置的施工设备和人员能及时转移到一个新工地上，这种衔接愈好，不必要的停滞时间愈短，效益愈高。反之，即使某项工程效益好，由于停滞时间长，不创产值的维持费用(包括保管维修施工设备，资金利息等费用)将抵消或部分抵消已创产值，总体效益不好。

③ 所承揽的工程项目与拥有的施工设备相适应

由于各工程项目内容差异甚大，例如，有的工程是道路新建工程，土方(或石方)多，需要土方机械多；有的工程是道路改建，主要是补强路面，需要路面专用机械多。在选择项目的机遇多时，就要选择更能发挥已有施工设备的项目。如果要考虑增添新工程需要的设备，也应该是该地区用途最广的施工机械。为此要进行施工设备投资效益预估，就道路工程之类的土木工程而言，要求在一个项目中充分利用各种施工设备往往是做不到的，因此有必要在允许的条件下，积极利用短期闲置的施工设备，如在附近地区寻找各种小包工程或短期出租这些设备，以此增加收入，提高总体效益。另外，利用率低的施工机械尽可能租用，而不购置。

④ 承揽的项目应投入少，产出高，结算快，创利高

就道路工程而言，土方工程所需机械多，价格高，投入大，产出少；混凝土工程所用机械少，材料较多，投入小，产出大。小工程工期短，结算快，技术性强的工程、议价工程一般创利高些。在有选择余地时就要考虑这些因素，并通过一些定量指标的估算加以比较。

在施工设备能力允许的条件下，缩短工期就意味着降低成本。其原因，一是工效高，停滞时间少；二是间接费少；三是资金回收快。所以施工安排紧凑，提前完工是获得良好效益的有效办法。

为了达到上述目的，业务开发人员不能坐等标讯，而要多方活动，通过各种渠道捕捉信息，加以研究。除了积极参加投标之外，还要争取议标项目；除了各级政府计划项目之外，还要联系企业甚至私人（主要是在国外）的小项目。对承包市场的动态研究，要有连续性，不能中断，在不招揽项目的时期，同样要密切注意有关信息。

4.3.1.1.5　办理投标担保

投标人办理投标担保，可以直接向招标方的开户银行汇出投标担保款额，也可由投标方的开户银行作保，开具保函。一般投标保函随同投标书一起递交给招标机构。投标担保一旦办理，在其有效期内是不可撤销的。

（1）投标担保金额

投标担保金额通常在招标文件有明确规定，一般约为投标方报价总金额的0.5%～3%，也有些工程项目招标方规定为固定金额。

（2）投标担保有效期

投标担保有效期一般与投标书的有效期相一致，或略长一些，通常在投标人须知中有具体规定，一般中等规模的项目需90天左右，大型及特大型项目须120～180天左右。

（3）投标担保有效期的延长

当招标方为评标和议标时间延长而担保有限期快到时，业主往往会要求各投标人办理延长投标担保的手续。

（4）投标担保金清退

在一般情况下，当决标、授标后，未能得标的投标者会得到业主或招标方清退的投标担保金。而中标者则在和业主方签订合约后，向业主提交一份履约担保或保函，此时业主就应退还投标担保金。

4.3.1.1.6　购买标书

（1）编标的组织方式

有些公司有一整套编标工作程序，有完整的数据库，包括标价计算程序和定额、价格、费用的数字库。编标工作在统一计划安排和协调下，由施工组织计划、工程预算，设备配套和材料物资等部门分别进行工作，然后由公司领导直接参与决策，使编标和决策较好地联系起来。这样可以编出完备的施工组织计划和标价。这种方法对于熟悉的地区比较适用。对于工程内容变化较多的道桥工程，也往往难以达到应有的精度。在目前条件下，还是以组织投标组的方式就地进行编标工作为好。

对于国外工程，在已开拓地区，可以办事处为主组织编标、投标；在新开拓地区则以公司总部组织投标就地编标为宜。为了便于主要领导直接参与决策，必要时可在投标前派人向公司领导详细汇报后定标。在时间允许的情况下，还可采取派人到国外调查后在国内编标，并在国外适当留人，以便随时与国内联系，进行补充调查和掌握市场动向。托人购买标书，在国内编标投出的办法，或在国外编标国内决策的方法，都是不可取的，这样往往会造成失误。

为了争取时间做好标前工作，要尽早组织投标组。投标组成员要根据项目工程性质和规模而定，一般应包括熟悉投标程序和合同管理的业务开发人员、富有施工管理经验的工程组织计划人员和精通业务的预算工程师、施工工程师和机械管理工程师。要由既有经验、又有经营决策权的领导带领，有拟担任未来项目经理的人员参加。在国外投标，业务开发人员和其他编标人员都应掌握一种以上外语，否则，就须配备具有一定专业知识和商务知识的外语人员。为了减少投标费用，人员要少而精，尽可能身兼数职。要派熟悉业务的领导担任投标组长，以便既能参与具体工作，又有决策意识和权限。

(2) 购买标书及有关资料

投标人员要及早购买标书，以便争取时间。编标时间视工程大小、难易程度以及业主对工程要求的迫切性而异，多者 3 个月，少者 1 个月。

购买标书之后，要很快确定编标需要的有关资料，如标书条文涉及的有关法律、技术规范或标准。此外，还有业主备索的地质钻探、料场调查等资料。

(3) 制订编标工作计划

在规定的时间内，要完成市场调查、标价计算和研究决策、编制标书的工作，如无严格的计划，往往会顾此失彼，丢三落四，造成漏项、计算错误等。

为了使各方人员能同时分别进行工作，不致互相干扰和失误，外国公司往往把所购标书送回国内复印数份，分别送有关部门，并制订统一的编标进度和质量要求，严格执行。

4.3.1.2 公路工程施工投标程序

(1) 确定投标方针

投标方针是指在某次投标的指导思想和策略。它首先体现本企业对该地区开发的战略和布置，同时，经结合当时市场情况和该项目的特点确定具体策略，包括报价水平的掌握和资源的投入。

对于认定要尽快开发，而且准备长期开发的地区，一旦遇到有利于本企业开发的项目，应采取积极争取的方针。一方面要加强竞争对手的摸底，另一方面的成本计算中对某些固定资产(如利用率较低的施工机械和管理设备等)采取减少摊入，降低利润率，保本报价等措施降低报价水平，把获利寄希望于以后的工程项目，或利用工作间隙开展小包、分包或出租机械等措施增加收入。这种做法提高了竞争力，但不能保证成功，因而属风险决策。

对于该地区发展前景没有把握或工程隐蔽部分较多、风险较大的项目，特别是对竞争对手情况不明的情况下，不能盲目杀价。一般应争取工程量较大，工期较长，投入施工设备的资金较少的项目；或采取分包部分工程的方式来减少资金投入。

在已开发地区谋求后续项目时，要掌握时机，务使新项目与在建项目衔接好，并把充分利用现有设备作为确定投标方针的重要因素。对于工期衔接较好，现有设备可以充分利用的项目，可以较低价格争取目标。

(2) 投标工作步骤

在投标工作程序中，主要包括以下工作步骤：

① 根据招标广告或招标单位的邀请，筛选投标的有关标段，选择适合本企业承包的工

程参加投标。

② 向招标单位提交资格预审申请书，同时附上本企业营业执照及承包工程资格证明文件、企业简介、技术人员状况、历年施工业绩、施工机械装备等情况。

③ 经招标单位投标资格审查合格后，向招标单位购买技术文件及资料，并交付一定的投标保证金。

④ 研究招标文件合同要求、技术规范和图纸，了解合同特点和技术要点，制定出初步施工方案，提出现场考察提纲和准备向业主提出的疑问。

⑤ 参加招标单位召开的标前会议，认真考察现场、提出问题、倾听招标单位解各单位的答疑。

⑥ 在认真考察现场及调查研究的基础上，修改原有施工方案，落实和制定出切实可行的施工组织设计。在工程所在地材料单价、运输条件、运距长短的基础上编制出切实可行的材料单价，然后计算和确定标价，填好合同文件所规定的各种表格，盖好印鉴密封，在规定的时间内送达招标单位。

⑦ 参加招标单位召开的开标会议，回答招标单位要求补充的资料或须进一步澄清的问题。

⑧ 如果中标，与招标单位一起依据招标文件规定的时间签订承包合同，并递交银行履约保函；如果不中标，及时总结经验和教训，按时撤回投标保证金。

(3) 投标文件的组成

投标人应认真研究、正确理解招标文件的全部内容，并按要求编制投标文件。投标文件应当对招标文件提出实质性要求和条件作出响应。实质性要求和条件，是指招标文件中有关招标项目的价格、计划、技术规范、合同的主要条款等，投标文件必须对这些条款作出响应。要求投标人必须严格按照招标文件填报，不得对招标文件进行修改，不得遗漏或者回避招标文件中存在的问题，更不能提出任何附带条件。投标文件通常分为以下几种。

① 商务文件：这类文件是用以证明投标人履行了合法手续及招标人了解投标人产业资信、合法性的文件。一般包括投标保函、投标人的授权书及证明文件、联合体投标人提供的联合协议、投标人所代表的公司的资信证明等。如有分包商，还应出具其资信文件，供招标人审查。

② 技术文件：如果是建设项目，则包括全部施工组织设计内容，用以评价投标人的技术实力和经验。技术复杂的项目对技术文件的编写内容及格式均有详细要求，投标人应当按照规定认真填写。

③ 价格文件：是投标文件的核心，全部价格文件必须完全按照招标文件的规定格式编制，不允许有任何改动。如有漏填，则视为其已经包含在其他价格报价中。

为了保证投标人能够在中标以后完成所承担的项目，还要求招标项目属于建设施工的，投标文件的内容应当包括拟派出的项目负责人与主要技术人员的简历、业绩和拟用于完成招标项目的机械设备等。

投标人应当在招标文件要求提交的截止时间前，将投标文件送达投标地点。招标人收到投标文件后，应当签收保存，不得开启。投标人根据招标文件要求载明的项目实际情况，拟在中标项目的部分非主体、非关键性工作进行分包的，应当在投标文件中载明。

4.3.2　投标报价编制的依据

4.3.2.1　投标报价编制的原则

报价的编制，一是要合理。对于投标人而言，主要是要符合企业的实际水平，符合本企业施工队伍的装备、人员和管理水平，对施工成本能起控制作用。二是要有竞争力，就是要符合市场的行情，并具有优势，能与强手相匹敌。前者取决于企业本身的实力和水平，后者则取决于市场的形势，包括竞争对手的实力、水平和市场的供求情况。二者可能有一定差距，但不能不兼顾，而且，前者必须服从后者。当施工企业的实力和水平达到市场高层次时，两者的差距就缩小了。

4.3.2.2　投标报价编制的依据

(1) 招标单位提供的招标文件。为保证投标的有效性，必须对招标文件给予全面的响应，因此招标文件是必不可少的编制依据。另外，业主在开标前规定的日期内颁发的有关合同、规范、图纸的书面修改书和书面变更通知具有与招标文件同等的效力，也是报价的依据。

(2) 招标文件所规定的各种国家标准、部颁标准、技术规范等。

(3) 国家、地方颁发的有关收费标准和定额及施工企业的工料机消耗定额。

(4) 工程所在地的政治形势和技术经济条件，如交通运输条件等。

(5) 本工程的现场情况，包括地形、地质、气象、雨量、劳动力、生活品供应、当地地方病等。

(6) 当地工程机械出租的可能性、品种、数量、单价，发电厂供电正常率及提供本项目用电的功率和单价。

(7) 当地劳动力的技术水平和供应数量。

(8) 业主供应材料情况及交货地点、单价；当地材料供应情况，建材部门公布的材料单价，并预测当地材料市场涨落情况。

(9) 本企业为本项目提供新添施工设备经费可能性，设备投资在标价中分摊费与成本的比率。

(10) 施工组织设计和施工方案。

(11) 该项目中标后，当地的工程市场信息，是否有后续工程的可能性。

(12) 参加投标的竞争对手情况。

(13) 有关报价的参考资料，如当地近几年来同类性质已完工程的造价分析，以及本企业历年来(至少 5 年)已完工程的成本分析。

4.3.3　投标报价编制的步骤

报价编制程序如图 4-1 所示。在完成投标报价的这些工作时应注意以下问题。

4.3.3.1　研究招标文件

招标文件作为合同文件的一个重要组成部分，对招投标文件责任、义务、利益、风险均作出了明确的规定。其中很多条款影响并左右着投标人的报价，如投标须知中的评标办法，通、专用条款中的保留金比例，中期支付的比例和时间，开工预付款的比例、支付条件和时间等规定。总之，招标文件要求投标人承担的责任、义务、风险越多(大)，投标人的报价就应越高。因此，投标人在编制报价前，必须认真研究招标文件，全面准确理解投标人应该承担的责任、义务和风险。

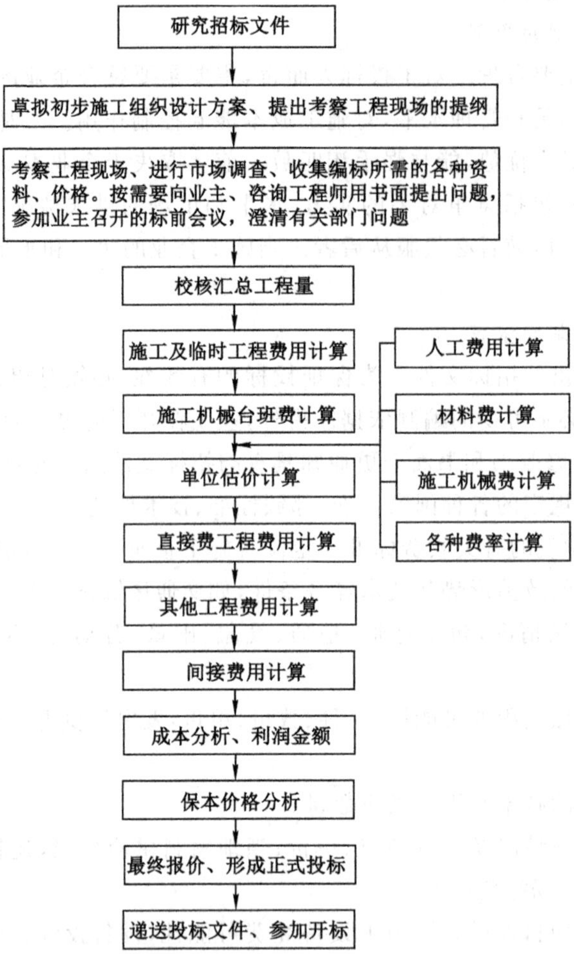

图 4-1　报价编制程序

4.3.3.2　现场考察

现场考察是收集报价和施工组织设计第一手资料的重要途径，投标人应高度重视。在考察前仔细阅读招标文件和图纸，拟定现场考察提纲和疑点，设计好调查表格，做到有的放矢。在考察过程中应认真仔细、全面详尽收集资料。考察后再对着招标文件进行逐一核对，有疑虑的在必要时可再次进行重点补充调查。现场考察的具体内容如下。

(1) 地质和气候条件：地质与设计文件是否相符；项目所在地水文情况；通常情况下的气候条件。

(2) 工程施工条件：材料供应情况和价格水平；交通运输条件；通信与电力供应状况；劳动力素质、供应情况及工资水平；机械设备租赁情况及价格水平等。

(3) 经济方面：当地的经济发展水平和通货膨胀情况，汇率水平及变化等。

(4) 政治和人文环境方面：项目所在地(国)政府的管理和服务水平；政局和社会稳定情况；当地人文背景、法律环境、历史传统、风俗习惯等，在国外投标时这一点特别重要。

(5) 其他方面：医疗、环保、安全、治安情况等。

4.3.3.3 复核工程量

工程量是整个计算标价工作的基础。招标项目的工程量在招标文件的工程量清单中有详细说明,但由于种种原因,工程量清单中的工程数量有时会和图纸中的数量存在不一致的现象。因此,有必要进行复核。

核实工程量的主要作用如下:全面掌握本项目需发生的各分项工程的数量,便于投标中进行准确报价;及时发现工程量清单中关于工程量的错误和漏洞,为制定投标策略提供依据(可以使用不平衡报价法,工程量偏高的地方报低价,工程量偏低的地方报高价);有利于促进投标单位对技术规范中的计量支付规定做进一步的研究,便于精确地编写各工程细目的单价。

核实工程量清单时应做的工作:全面核实设计图纸中各分项工程的工程量;计算受施工方案(施工方法)影响而需额外发生(设计图纸中未能计算进去的)和消耗的工程量;根据技术规范中计量与支付的规定折算出新的工程量(在折算过程中有时需要对设计图纸中的工程量进行分解或合并)。

4.3.3.4 重视施工组织设计的编制

施工组织设计的内容以满足招标文件中质询表的要求为准。在合同中,施工组织设计又称工程进度计划,通常应包含以下内容:

(1) 施工方案和施工方法;

(2) 分项工程施工进度计划(可用规定的横道图、垂直图、网络图等表示);

(3) 与施工进度计划相适应的工、料、机配备数量及进场计划;

(4) 与施工进度计划相适应的用款计划;

(5) 施工总体布置图及当地材料供应地点,开采山场;

(6) 冬雨季施工计划及措施;

(7) 工地(项目)施工组织机构图,土方工程调配图;

(8) 临时工程及临时设施的(初步)设计图;

(9) 质量、安全、环境保护措施和方法;

(10) 其他。

高效率和低消耗是编制施工组织设计的总原则,施工组织设计的基本原则包括连续性原则、均衡性原则、协调性原则和经济性原则,其中,经济性原则是施工组织设计原则的核心和落脚点,因此,在编制施工组织设计时,应注意以下事项:

(1) 充分满足技术上的先进性和可靠性,最大限度地提高劳动生产率,降低施工成本。

(2) 充分利用现有的施工机械设备,提高施工机械的使用率以降低机械施工成本。

(3) 采用先进的进度管理手段,优化施工进度计划,选择最优施工排序,均衡安排施工,避免施工高峰的赶工现象和施工低谷中的窝工现象,机动安排非关键线路的剩余资源,从非关键线路上要效益。

(4) 聘用适当数量的当地员工或临时工,降低施工队伍调遣费,减少窝工现象。

投标竞争是场比技术、比管理的竞争,技术和管理的先进性应充分体现在施工组织设计中,先进的施工组织设计可以达到降低成本、缩短工期的目的。

4.3.3.5 明确报价的组成

投标报价的费用构成主要有直接费、间接费、利润、税金以及不可预见费等。直接费是指在工程施工中直接用于工程实体上的人工、材料、设备和施工机械使用费等费用的总和；间接费是指组织和管理工程施工所需的各项费用，主要由施工管理费和其他间接费组成；利润和税金是指按照国家有关部门的规定，工程施工企业在承担施工任务时应计取的利润，以及按规定应计入工程造价内的营业税、城市建设维护税等税金；不可预见费是工程项目的风险费。

为便于计算工程量清单中各个分项的价格，进而汇总整个工程标价，通常将工程费用分为直接费和待摊费用，如图 4-2 所示。待摊费用是工程项目实施所必需的，但在工程量清单中没有单列项的项目费用，需要将其作为待摊费用分摊到工程量清单的各个报价分项中去。

- 工程费用
  - 直接工程费
    - 人工费
    - 材料费
    - 施工机械使用费
  - 待摊费
    - 施工管理费
      - 施工管理人员费
      - 差旅费
      - 办公和生活器具费
      - 办公费
      - 文娱宣教费
      - 劳动保护费
      - 后勤车辆使用费
      - 其他直接费
      - 小型工具使用费
      - 会议及招待费
    - 临时设施费
    - 保险费
    - 税金
    - 贷款利息
    - 保函手续费
    - 上级单位管理费
    - 经营业务费
    - 投标费
    - 特价上涨费
    - 计算利润
    - 不可预见费（风险费）
    - 分包费＝分包人报价＋主包管理费
    - 备用金额（招标人备用金）

图 4-2　工程报价构成

4.3.3.6　掌握市场情报和信息，确定投标策略

报价策略是投标单位在激烈竞争的环境下为了企业的生存与发展而可能使用的对策，报价策略运用是否得当，对投标单位能否中标和获得的利润影响很大。

4.3.3.7　汇总计算标价

计算计日工单价表，汇总各章金额，计算总标价，即基础报价。

4.3.3.8　总标价的重分配(不平衡报价)

在保持总报价不变的前提下，根据报价所确定的技巧和有关资料，对工程量清单各细目的单价进行有针对性的调整，即标价重分配或不平衡报价(不平衡报价的具体方法见后面章节)，以利于中标后争取更多利益。

4.3.4　投标报价编制的方法

按清单的要求计算报价是一项严肃而关键的工作，特别是对工程费用的报价，它对投标的成败和施工工程的盈亏起到决定性的作用。每个承包人在报价时都有自己的经验和习惯，有自己的一套算标方法、程序和报价结构体系。常见的报价计算方法有定额单价分析法、工序单价分析法、总价控制法、以预算为基础的报价方法。下面分别介绍各方法。

4.3.4.1　定额单价分析法

直接费是施工过程中直接耗费的构成工程实体和有助于工程形成的工、料、机费用，是标价构成中的主要部分。一般，直接费的计算是通过人工、材料和永久设备、施工机械设备的基础单价乘以各自的消耗量再汇总得出的。

(1) 人工费

人工费包括对作业人员的一切津贴和所有的各种支付。

人工费＝工日基础单价×分项工程的用工量(工日)　　(4-1)

工日基础单价：

人工单价(元/工日)＝[某工种全年各种(基本工资＋各种津贴、福利＋劳保用品费＋人事保险费)费用之和]/年有效施工天数(工日)　　(4-2)

分项工程的用工量：根据公司企业定额，没有企业定额也可采用部颁预算定额或劳动定额，计算完成此项目工程量所需总的工时数。

(2) 材料费

材料费包括材料及安装部件的采购价格及运费、杂费、保险费及其他费用。

材料费＝材料单位基础价格×分项工程的材料消耗量　　(4-3)

材料按其来源可分为进口材料、国内供应材料和自采材料三类。

进口材料单价＝到岸价＋海关税和港口费＋运至工地的运费＋装卸费＋运输损耗＋仓储费

国内供应材料单价＝供应价＋到工地运费＋运输损耗＋装卸费＋仓储费

自采材料单价＝料场价＋运至工地的运费＋装卸费＋运输损耗

根据技术规范和施工要求，可以确定各分项工程所需材料品种及材料消耗定额，然后，根据材料消耗定额和工程数量计算材料消耗量。

(3) 永久设备费

永久设备费是指成为工程实体一部分的设备的采购费用及其他有关费用。

永久设备价＝出厂价＋运杂费　　(4-4)

运杂费按出厂价的一定百分比计算或者按照调查的运距及运输包装费等计算。设备的安装费另外列项目计算。

(4) 施工机械费

施工机械费是指施工机械作业所发生的机械使用费以及机械安拆费和场外运费，内容包括折旧费、大修理费、经常修理费、安拆费及场外运输费、人工费、燃料动力费、养路费及车船使用税等。

$$施工机械费=台班单价\times分项工程所需机械设备台班数 \tag{4-5}$$

施工机械台班单价的计算方法有两种：一种是直接利用施工机械台班定额计算；另一种是按施工机械台班成本组成来计算。

$$台班单价=(基本折旧费+安装、拆卸费+维修费+机械保险费)/总台班数+机上人工费+燃料、动力费 \tag{4-6}$$

基本折旧费：施工机械基本折旧费的计算可以根据具体情况和投标报价策略的需要确定，但仍要以不加大投标报价为原则。

安装拆卸费：施工机械的安装拆卸费可根据施工方案和进度的安排，分别计算各种需要安装拆卸的设备在施工期间的拆装次数和每次拆装费用的总和。

维修保养费：维修费包括定期维修费（相当于中修）和现场修理费（相当于小修）。保养费则是指维持机械正常运转的日常费用。凡替换附件、工具附件、润滑油料等，均可按消耗定额和相应材料、人工单价进行计算。

燃料动力费：燃料费是指机械运行时消耗的燃油费。由于柴油、汽油价格都比较高，燃料费一般达到台班费的30％～50％，因此，燃料费用的计算要认真、准确。一般根据实际耗油量资料确定，也可按消耗定额和当地燃料、动力单价进行计算。

其他费用：诸如机械停放场所、设施和看管机械人员等费用，以及机械调运、银行贷款利息等。

分项工程所需机械设备台班数：首先列出所需的各种施工机械，然后参照施工机械定额即计算出各种机械的台班数量。

（5）其他直接工程费

其他直接工程费指不包含在定额中，又属施工生产直接发生费用。包括施工现场消耗的水、电等费用，冬、雨季施工增加费、夜间施工增加费、材料二次搬运费、特殊地区施工增加费，以及机械（船舶）进退场费，外海工程拖船费等。可参考规定的费率结合工程实际情况分析计算，也可根据以前施工同类型项目的经验估算。

（6）分包项目费用

按照分包项目的分包单位的报价计算。

① 间接费的计算

间接费是指施工企业为组织施工和进行经营管理以及间接为施工安装生产服务的各项费用。间接费主要包括现场综合管理费用以及其他待摊费用。

② 不可预见费

不可预见费即风险费，是指工程承包过程中由于各种不可预见的风险因素发生而增加的费用。通常由投标人经过对具体工程项目的风险因素分析之后，确定一个比较合理的工程总价的百分数作为风险费。

③ 利润税金计算

利润是指施工企业完成所承包工程获得的盈利。税金是指按国家税法规定的应计入工程造价内的营业税、城市维护建设税及教育费等。该项根据投标时情况确定。

④ 分项工程单价分析与计算

A. 每个分项工程的直接费(A)

$$直接费=人工费+材料费+永久设备费+施工机械费 \quad (4\text{-}7)$$

与永久设备有关的项目，如每套水轮发电机组(包含采购、安装、调试)的单价分析，包括永久设备费。而绝大多数与永久设备无关的项目，如每立方米土方开挖单价，则不含永久设备费这一项。

B. 每个分项工程的间接费(B)

$$b=\sum I/\sum A \quad (4\text{-}8)$$

间接费比率系数 b 等于全部间接费项目的总和 $\sum I$ 与所有清单项目的直接费总和 $\sum A$ 的比值。

如果企业有经验的间接费比率系数，则每个分项工程的间接费可以用直接费乘以间接费比率系数得到。

$$间接费\ B=直接费\times 间接费比率系数 \quad (4\text{-}9)$$

C. 工程总成本(W)

$$工程总成本=A+B \quad (4\text{-}10)$$

D. 上级企业管理费及利润(C)

$$上级企业管理费及利润=W\times c \quad (4\text{-}11)$$

上级企业管理费、风险费及利润的费率 c 的变化很大，一般国内工程在 5%～16%之间考虑；国外工程可在 7%～15%之间考虑。取这个系数要根据公司本身的管理水平、承包市场、地区、对手、工程难易程度等许多因素来确定。

E. 分项工程单价(U)

$$分项工程单价=(W+C)/该项目的工程量 \quad (4\text{-}12)$$

$$分项工程合价=分项工程单价\times 本分项工程量 \quad (4\text{-}13)$$

将分项工程单价及分项工程合价填入工程量清单表中。

F. 标价汇总及调整

将各分项工程合价汇总，即为计算总标价。标价汇总时，常常将整个工程的人工费、材料费、机械设备费、直接费和间接费分别进行汇总，并计算出每项占总标价的比例。将这些比例与公司的经验数据进行比较，分析标价的组成及其合理性，必要时可以调整间接费率，并使各项费用的数字更为协调。

4.3.4.2　工序单价分析法

为了使分项工程单价的计算更接近施工实际情况，可采用工序单价分析法，步骤如下。

(1) 工、料、机单价分析

人工和材料单价的分析，与定额单价分析法相同。机械台班单价应考虑机械运转和闲置，分两种情况计算：

$$机械闲置时台班单价=台班不变费用 \quad (4\text{-}14)$$

$$机械运转时台班单价=台班不变费用+台班可变费用 \quad (4\text{-}15)$$

(2) 拟定施工方案和进度计划，确定主要工程的起止时间，然后把每一分项工程作为一道工序进行相应的安排。

以每道工序的主导机械控制进度，以其产量定额和该工序流程期限反算所需机械数量，进行必要的调配，并配备相应辅助机械。

（3）配备符合该机组生产能力的工人，由于机械操作的费用已包括在机械费用之中，需要计算的人工费用只有技工和辅助工，可根据实际需要确定人数，也可参照定额计算所需人数。

（4）计算所需材料，可用定额所列每单位工程的材料消耗用量乘以本项目数量。

（5）计算各分项目的工程直接费和工程单价。

① 把上面③、④、⑤条所得出的完成各分项目所需的工、料、机数量乘以各种工、料、机相应的单价并求其和，可得各分项目的直接费。

② 把各分项目的直接费除以各该分项目的工程数量，即可反求该分项目的单位直接费。

4.3.4.3 总价控制法

总价控制法直接费的分析步骤如下：

（1）根据施工组织方案划分专业队；

（2）按专业队工作范围配备人员和机械；

（3）确定各机械使用的起止时间，计算机械费（闲置费和运转费分别计算）；

（4）按进度计划确定人员总需求，并计算人工费；

（5）计算材料费；

（6）计算工程总直接费。

这样算出来的直接费总额与将要发生的费用基本符合，如果施工方案是切实可行的，则所算出的总直接费加上待摊费用可以作为控制该工程的总价。

4.3.4.4 以预算为基础的报价方法

（1）根据招标文件的要求及设计工程量编制施工预算。

（2）将编制工程预算各单位工程的工程细目按"工程量清单"的项目分别填入工程预算-报价过渡表，并分别汇总人工、材料、机械台班数量。

（3）测算人工、材料及机械台班单价，在"工程预算-报价过渡表"中计算工料机费用等直接费。

（4）按"工程量清单"的工程项目对"工程预算-报价过渡表"的项目合并同类项，填入分项报价过度表。

（5）进行附加费测算、临时工程费测算、材料差价测算，并按上述程序在分项报价过渡表中将附加费、临时工程费及材料差价分摊到各工程项目内并计算各工程项目的总价及单价。

（6）填分章工程报价表及报价汇总表。

（7）根据工程费总额计列暂定金额，并汇总成报价总额。

4.3.5 报价策略与技巧

4.3.5.1 报价策略

承包人在正常经营条件下要想在一项竞争性投标中获胜，最关键的问题就是要有一个恰当的报价。实践证明，报价太高，无疑会失去竞争力而落标；报价太低，也未必能中标或者会变成废标。因此恰当的报价应是一种适度的报价，同时还应当有一定的策略，才能在竞争中获胜，中标后取得更多的经济效益。

(1) 基本策略

① 以获得较大利润为投标策略。这种投标策略通常是企业近期任务饱和并对该工程项目拥有技术上的垄断优势、工期短时才可采用。

② 以保本或微利为投标策略。即在施工成本、利税及风险费三项费用中,降低利润目标,甚至不考虑利润的一种策略。这种策略通常在企业工程任务不饱满,竞争对手多,本企业对该项目又无优势可言及业主按最低标价定标时可采用。

③ 以最大限度降低报价为投标策略。进入新的市场时,可以以最大限度降低报价为投标策略。

④ 超常规低报价。超常规低报价适用于企业面临生存危机或竞争对手较强。超常规低报价中标后应采用合理的施工方法、降低消耗等措施降低成本来完成项目,力求减少或避免亏损。

(2) 附带策略

以上是投标报价的4种常见策略。投标报价过程中,可以在以上4种策略的基础上采用以下几种附带策略。

① 优化设计策略。即发现并修改原施工图设计中存在的不合理情况或采用新技术优化设计方案。如果这种设计能大幅度降低工程造价(或缩短工期)且设计方案可靠,则这种设计方案一经采纳,承包商即可获得中标资格。

② 缩短工期策略。即通过先进的施工方案、施工方法、科学施工组织或优化设计缩短合同工期。当投标工期是关键工期时,业主在评标过程中会将缩短工期后所带来的预期受益定量考虑进去,此时对承包商获取中标资格是有利的。

③ 附加优惠策略。即在得知业主资金较紧张或者"三大材"供应有一定困难的情形下,附带地向业主提出相应的优惠条件来获得中标资格的一种投标策略。

④ 低价中标,着眼索赔。即在发现招标文件中存在许多漏洞甚至多处错误或业主不能提供必要的施工条件,开工后必然违约的情况下有意将价格报低,先争取中标,中标后通过索赔来挽回低报价损失。这种策略只有在合同条款中关于索赔的规定明显对己方有利的情形下方可采用。对于以国际咨询工程师联合会条款作为合同条款的项目招标,不宜采用这种方法。

4.3.5.2　报价技巧

4.3.5.2.1　不平衡报价法

不平衡报价是在总价基本确定不变的前提下,调整工程各子项的单价的报价方法。不平衡报价法可以从以下两种情况考虑。

(1) 从时间上处理。由于资金具有时间价值,获取收入的时间不同,对承包商来说其收益也不一样。就时间而言,不平衡报价有以下4种方法:

① 早期摊入法。即将投标期间和开工初期需发生的费用全部摊入早期完工的分项工程中。这些费用有投标期间的各种开支、投标保函手续费、工程保险费、部分临时设施费、由承包商承担的监理设施费、施工队伍调遣费、临时工程及其他开支费用。采用不平衡报价法时,可以将工程量清单中的这些费用支付项目适当提高报价,由于这些费用支付时间较早(通常在开工初期支付),这样报价便于承包商尽早收回成本或减少周转资金。

② 递减摊入法。即将施工前期发生较多而后逐步减少的一些费用,按随时间发生逐步

减少分摊比例的方法摊到各分项工程中。这些费用有履约保函手续费、贷款利息、部分临时设施费、业务费、管理费。

③ 递增摊入法。其方法与递减摊入法相反,这些费用包括物价上涨费等费用。当承包人预测物价上涨率在施工后期较高甚至超过银行利率时,可以采用递增摊入法来报价。

④ 平均摊入法。即将费用平均分摊到各分项工程的单价中。这些费用包括意外费用、利润、税金等费用。

(2) 从单价上处理有以下 6 种方法:

① 对能早期结账收回工程款的项目(如土方、基础等)的单价可报以较高价,以利于资金周转;对后期项目单价可适当降低。

② 估计今后工程量可能增加的项目,其单价可提高,而工程量可能减少的项目,其单价可降低。

③ 图纸内容不明确或有错误,估计修改后工程量要增加的,其单价可提高;而工程内容不明确的,其单价可降低。

④ 没有工程量只填报单价的项目(如疏浚工程中的开挖淤泥工作等),其单价宜高。这样,既不影响总的投标报价,又可多获利。

⑤ 对于暂定项目,其实施的可能性大的项目,价格可定高价;估计该工程不一定实施的可定低价。

⑥ 零星用工(计日工)一般可稍高于工程单价表中的工资单价。

4.3.5.2.2 扩大标价法

除了按正常的已知条件编制价格外,对工程中变化较大或没有把握的工程项目,采用扩大单价、增加不可预见费的方法来减少风险。但这种方法总价偏高,不易中标。

4.3.5.2.3 多方案报价法

多方案报价法是利用工程说明书或合同条款不够明确之处,以争取达到修改工程说明书和合同为目的的一种报价方法。即对同一个招标项目除了按招标文件的要求编制了一个投标报价以外,还编制了一个或几个建议方案。

具体做法:在标书上报两价目单价,一是按原工程说明书合同条款报一个价,二是加以注解,“如工程说明书或合同条款可做某些改变时”,则可降低多少的费用,使报价成为最低,以吸引业主修改说明书和合同条款。

但是要注意,投标人对原招标方案一定也要报价,从而使招标人比较两种方案的优劣。增加建议方案时,新方案不必写得太具体,保留方案的关键技术,防止招标人采纳此方案后又交给其他承包商实施。值得一提的是,建议方案一定要比较成熟,或过去有这方面的实践经验。因为在投标时间不长的情况下,如果仅为中标而匆忙提出一些没有把握的建议方案,可能会在日后带来麻烦。

4.3.5.2.4 开口升级报价法

将工程中的一些风险大、花钱多的分项工程或工作抛开作为活口,仅在报价单中注明,由双方再度商讨决定。这样大大降低了报价,用最低价吸引业主,取得与业主商谈的机会,而在议价谈判和合同谈判中逐渐提高报价。

4.3.5.2.5 突然降价法

报价是一件保密的工作,但是对手往往通过各种渠道、手段来刺探情况,因此在报价时可以采取迷惑对方的手法。即先按一般情况报价或表现出自己对该工程兴趣不大，到投标快截止时，再突然降价。

采用这种方法时，一定要在准备投标报价的过程中考虑好降价的幅度，在临近投标截止日期前，根据情报信息与分析判断，再做最后决策。如果由于采用突然降价法而中标，因为开标只降总价，在签订合同后可采用不平衡报价的思想调整工程量表内的各项单价或价格，以期取得更高的效益。

4.3.5.2.6　风险防范

招标方式在提高公平竞争机会的同时，也大大增加了投标人的风险。因此投标人在做投标报价时，要做好防范以下风险的工作：

（1）计价失误引起的风险

投标人在编制投标书时，要对各种条款研究透彻，分清楚承包者的责任和义务，以便在最终报价决策时得体恰当，即应当接受那些基本合理的限制，同时对不合理的制约条款在投标编制中争取埋下伏笔。以便今后中标后利于索赔，减少风险。

（2）指定分包引起的风险

有些项目，在中标的同时，投标人必须接受业主指定分包人，并接受对分包项目规定的计算费用的办法。投标人要争取在投标文件或合同文本中就某些重要条款提出具体措施，形成法律文件，防止双方发生摩擦。

（3）工程地质条件风险

一般合同文本中都会明确：遇到工程地质不良等特殊地质条件而导致增加的费用时，承包商将得到合理的补偿。但是有的招标文件所附的合同文件中故意删去这一条款，甚至写明承包商不得以任何理由提出合同价格以外的补偿。投标阶段要仔细分析招标文件，在报价时增加必要的费用，并在投标书中说明清楚。

（4）提供图纸不及时风险

在实际施工过程中，可能由于设计工程师工作的问题，提供图纸不及时，导致施工进度延误，以致窝工，而合同条件中又没有相应的补偿规定时。这都是投标人在投标过程中要综合考虑到问题。

（5）业主的资信风险

业主的资信风险是投标项目应考虑的主要风险，应予以高度重视。资信主要指资金的筹措和社会信誉两个方面。业主的资金筹措方式直接关系到完工后的支付能力。对于利用自有资金投资项目的业主来说，支付能力比较强，风险比较小；对于向银行或其他法人借贷资金进行项目投资的业主来说，支付能力比较差，往往会由于经济恶化而无力支付工程款。由于业主资信比较差，致使承包商遭受重大损失的情况相当多。所以这要求投标人深入的进行调查了解，通过访问业主的有关客户，业主的所在地区有关政府部门、银行等全面掌握业主的社会信誉以及经济实力，从而对业主的资信风险作出客观的判断。

（6）盲目压价形成的利润风险

投标人求标心切，盲目压价，造成工程严重损失。

第5章　公路施工项目成本管理

【本章摘要】

本章主要介绍了公路施工项目成本预测、成本计划和成本控制的主要内容和相关方法。

【学习要求】

通过本章学习了解了公路施工项目成本管理主要内容；熟悉公路施工项目成本预测、成本计划和成本控制的主要内容和特点；掌握公路施工项目成本预测、成本计划和成本控制的方法。

【基本概念】

公路施工项目成本管理、成本预测、成本计划、成本控制、成本差异。

公路施工项目成本管理是在满足工程质量、工期等合同要求的前提下，对项目实施过程中所发生的费用，通过计划、组织、控制和协调等活动实现预定的成本目标，并尽可能地降低成本费用的管理活动，它主要通过技术、经济和管理活动达到预定目标，实现赢利的目的。成本是项目施工过程中各种耗费的总和。成本管理的内容很广泛，贯穿于项目管理活动的全过程和每个方面，从项目中标签约开始到施工准备、现场施工直至竣工验收，每个环节都离不开成本管理工作。随着公路交通事业的健康、快速发展，公路施工企业面临着日益激烈的市场竞争，企业能否在市场上立于不败之地，关键在于能否为社会提供质量高、造价低的产品，而企业能否获得较大的经济效益，关键在于控制成本，企业为降低成本而进行的成本的预测、计划、控制、核算和分析等工作称为成本管理。施工项目管理中诸如质量、工期、资源、安全、合同、分包、预算等的管理无不与成本的管理息息相关。因此，公路施工项目管理的水平集中体现在成本管理水平上。本章主要介绍公路施工项目成本预测、计划和控制的相关内容。

5.1　公路施工项目成本预测

5.1.1　公路施工项目成本预测概述

5.1.1.1　公路施工项目成本预测的内涵

公路施工项目成本预测是根据成本信息和工程项目的具体情况，运用一定的方法，对工程项目未来成本水平及其发展趋势所作出的科学估计，其实质就是工程项目实施之前对成本进行的估算。也就是说，工程项目成本预测是通过取得的历史数据资料，采用经验总结、统计分析及数学模型的方法进行推断和估计。通过成本预测，使公路施工项目管理主体在满足业主和自身要求的前提下，确定工程项目降低成本的目标，克服盲目性，提高预见性，为工程项目成本降低提供决策和计划依据。

5.1.1.2　公路施工项目成本预测的种类

公路施工项目成本预测，是指在掌握相关信息和历史资料的基础上，根据成本特性以及施工现场的实际情况、生产技术条件和管理水平等现状，对未来一定时期内的成本水平及变动趋势进行预计和测算的成本管理活动。

成本预测是成本管理工作的重要内容，它为成本决策提供依据，同时，成本预测是编制成本计划必不可少的科学分析阶段。要有正确的成本计划，首先必须有科学的成本预测，通过反复测算，确定合理的成本水平，为编制成本计划提供依据。通过成本预测，还可以寻找降低成本的途径，对历史资料进行分析总结，对未来成本进行估计，减少盲目性，也能发现从哪些方面降低成本，有利于控制成本。

按照成本预测在项目运作中的不同阶段和成本预测贯穿于项目中的不同顺序，公路施工项目成本预测一般可分为两大类。

5.1.1.2.1　根据项目运作的不同阶段分类

根据项目运作的不同阶段，成本预测包括以下几种。

（1）在制订方案过程中，预测计划期项目目标成本

在工程项目中标、项目组织开展工作之后，首先要做的重要工作之一就是确定项目的目标成本。公路施工项目目标成本是以货币形式预先规定公路施工项目进行中施工生产耗费的目标总永平。预测目标成本是公路施工项目成本管理的一个重要环节，是制定公路施工项目目标成本计划的依据。

公路施工项目的目标成本是在项目标后预算成本的基础上，预测目标成本降低率后制定的。为了使目标成本降低率能够落到实处，在预测目标成本降低率时要根据公路施工项目的生产技术组织措施、劳动工资、材料供应等情况进行。

（2）在方案（或计划）的实施过程中，进行中期成本预测

中期成本预测是计划实施阶段目标成本预测的继续和发展。在前一阶段中，通过成本预测和决策制定了成本计划，但在计划执行过程中，通过对前一阶段降低成本效益的检查，发现本方案还有一些缺点和问题以及新的成本变动趋势，然后针对后一阶段成本升降情况进行预测，并提出相应的改进措施，以确保降低成本目标的实现。

（3）在日常管理中，预测成本水平及其变动趋势

在日常管理中，工程量、工作量、工程结构、工程质量、劳动力组合、材料代用及市场物价等都有可能发生变动，从而影响成本的变动。因此，在日常工作中必须及时捕捉有关经济信息，通过对有关经济技术指标变动情况进行分析，预测成本变动趋势，有利于加强日常的成本控制。

5.1.1.2.2　根据成本预测贯穿于项目中的不同顺序分类

根据成本预测贯穿于项目中的不同顺序，成本预测一般可分为以下两类。

（1）自上而下成本预测

自上而下的成本预测方法主要依据来源于中、上层项目管理人员对类似或相关项目的经验。完全相同的项目是不存在，但相似的项目有很多。上、中层项目管理人员根据自身丰富的实践经验，运用科学合理的预测方法，使自上而下的成本预测成为可能，也成为现实。首先由上层或中层管理人员对构成成本的子项目成本进行预测，并把这些预测的信息传递给低一层的管理人员。低一层的管理人员在上层预测的基础上对组成项目或子项目的任务

和子任务的成本进行预测，然后继续向下一层传递它们的预测，直到最低一层。

这种成本预测方法优越性主要表现在以下两个方面：

① 这种方法主要依据上、中层项目管理人员的经验进行预测，历史上相似或相关的项目，为新项目的成本预测奠定了基础，提供了成本预测的参考资料。通过总结历史上相似或相关的项目成本预测的经验，能提高新项目成本预测的水平、可操作性，使预测结果最大限度地接近现实情况，减少因对新项目成本预测的盲目性带来的预测失真。

② 自上而下成本预测方法，对整个项目来说具有宏观性。上、中层项目管理人员站在整个项目或子项目的高度上，合理、准确地对子项目或子任务进行成本预测，减少因人为原因而造成的个别子项目或子任务成本预测的过高或过低。同时这种方法还能对不同子项目或子任务的相似性、差异性进行比较，避免了因人为或技术原因造成的对相似的子项目成本预测的较大差异性，从而保证项目成本预测能控制在一个比较准确的水平上。

但是这种方法也存在不足之处，主要表现在：

① 不易调动下层项目管理人员的积极主动性，阻碍上、下级之间的顺畅对话。当上层管理人员根据他们的经验进行成本预测并分解到下层时，可能会出现下层人员认为不合理的情况。这时，下层人员并不一定会表达出自己的观点和上层人员展开讨论。因此，下层人员的积极性就会被压抑。自上而下成本预测方法，逐级对项目、子项目、任务、子任务进行成本预测，在现实中，由于下层人员很难提出和上层不一致的看法，上、下级之间的对话机制不能健康运行，上层管理人员不易尽早发现成本预测出现的偏差，给项目的成本管理带来难度，有时甚至会造成较大的经济损失。

② 容易形成思维定式，难以营造创新的工作氛围。社会发展日新月异，尖端的高新技术、先进的管理理念不断引入到公路施工项目中。因此，成本预测方法一方面优化了传统公路施工项目在技术、管理上的落后之处。另一方面也给科学组织和管理公路施工项目带来挑战。这些影响也体现在项目的成本预测工作中，如果一味地依赖于历史的经验，没有充分认识到项目处于新时期、新技术、新理念的环境下，那么成本预测结果的失真也在所难免。

(2) 自下而上成本预测

实施自下而上成本预测的前提条件是项目的详细工作分解结构已经确定，项目内容明确到能识别出为实现项目目标必须要做的每一项具体工作，对这些较小的工作单元能做出较准确的预测。首先，底层项目管理人员考查本层次所涉及的项目工作，进行项目成本预测，汇总上报上一层管理人员，上一层管理人员在此基础上加上适当的间接成本，例如，加上一定的管理费、意外准备金等，形成本层次的成本预测结果。以此类推，逐级上报预测成本，最后汇集成整个项目的预测成本。

① 自下而上成本预测的优点。这种方法可以把所涉及的所有工作任务都考虑到，预测结果更为准确。预测结果出自日后要参与实际工作的人员，可以避免上、下层管理人员发生争执和不满，同时还能调动各层项目管理人员的工作积极性。项目各层的管理人员能及时了解项目运行过程中成本异常情况的出现，为采取应对措施赢得时间。

② 自下而上成本预测的缺点。首先，自下而上成本预测方法对任务的层次要求更高，涉及的工作量大，预测工作本身的成本高，比自上而下预测方法更为困难。其次，项目管理人员为了日后能够获得更多的资金、技术支持，以及减轻降低项目成本工作的压力，必然会较高地估计自己的资源需求，直接导致预测成本脱离现实情况，出现偏高现象。

5.1.1.3 公路施工项目成本预测要求

为了使成本预测充分发挥积极的作用，在进行成本预测时要把握以下几点要求：

(1) 预测模型的科学性与所利用资料的充分性

数学模型对经济活动的定量描述，只是一种理论上的抽象和概括，通过模型预测出的结果，也只是反映了哪些主要因素对成本产生的影响。在项目的运行过程中，除这些主要因素外还存在更多的影响因素。因此，为了保证预测结果最大限度地接近现实情况，对预测模型的科学性、合理性应有更高的要求。我们可以根据项目自身的特点、外部资源、经济环境，设计、选择合适的数学模型，从理论基础上保证成本预测的科学、合理。

预测结果的真实、可靠性除依赖数学模型的科学性外，更主要依赖于所利用资料的充分性、即时性、一般性、真实性。再精确的数学模型输入了不真实的数据也得不出理想的预测结果。因此，一方面要广泛收集资料，充分的资料加上科学的预测模型才能得出理想的结果；另一方面要剔除资料中的偶然因素，避免这些因素对成本预测的误导。

(2) 充分考虑项目内部条件和外部环境对项目成本的影响

任何事物都是在内因和外因的共同作用下变化的，项目的成本预测也不例外，内因对项目成本预测来说包括项目的经济、技术、管理等内在条件。同一个项目采用不同的技术手段、管理模式，项目的成本也会存在很大差异。因此在成本预测工作中除选用科学合理的预测模型和充分资料，还要熟悉项目自身的技术、经济、管理特点。

外因即项目的外部条件，如国家发展规划、产业政策、宏观调控、资源条件、市场条件等。成本预测要注意外部条件的变化，分析变化的趋势，研究外部条件变化与项目内部条件的关系以及对项目成本的影响。在充分明晰外部条件及其变化趋势的基础上，选择合适的预测模型，进行成本预测。

(3) 与项目目标相联系

项目目标是业主在合同中规定的目标，一般由成果性目标和它的约束条件所组成。约束条件包括工期、成本与质量，三者之间既统一又对立。在成本预测确定成本控制目标时必须同时考虑项目工期、项目质量的要求。项目工期越紧，项目进度越快，项目质量目标要求越高，项目成本就越高。因此在编制成本预测时，要与项目的进度计划、质量要求密切联系，根据具体情况研究三者的相互关系在不同条件下的变化规律，在此基础上保持三者的平衡，防止顾此失彼，相互脱节。

(4) 弹性要求

项目成本预测是在现有资料、预测模型、经验判断的基础上得出的结论。但在项目运作过程中，可能会有预料之外事情的发生，这些变化会造成预测成本与现实情况的不符，给成本管理带来难度。因此在成本预测工作中要考虑意外因素对成本的影响，保持预测成本在一定意外因素下的适应能力。一般在整个项目预测中留出10%～15%的不可预见费用，以应付项目运行过程中不可预见因素对项目的影响。

(5) 要认识到历史上相类似项目借鉴作用的重要性

无论采用数学模型预测还是借助专家的经验判断分析，历史上相似的项目都会发挥重要的借鉴作用。在一定的经济时期内，产业政策、外部条件不会发生太大变化。一方面，借鉴历史类似项目成本，可以排除技术、人为原因造成的预测成本过高或过低现象；另一方面，可减少预测工作的环节，降低预测工作的自身成本，提高项目运作效率，节约资源。

5.1.1.4 公路施工项目成本预测基本步骤

公路施工项目成本预测基本步骤,一般可分为三个阶段七个步骤,如图 5-1 所示。

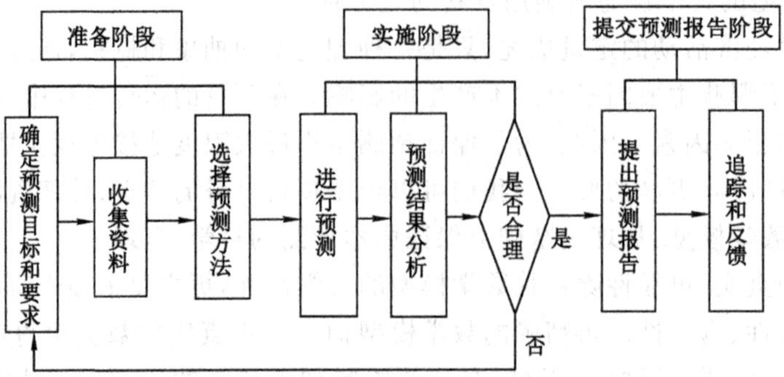

图 5-1 成本预测的基本步骤

5.1.1.4.1 准备阶段

准备阶段包括确立预测目标、收集资料、选择预测方法三个步骤。

(1) 确立预测目标。主要明确预测目的、预测范围、预测期限,以求做到有的放矢。预测目标和要求应尽可能用数量单位来描述。

(2) 收集资料。在成本预测之前,要对预测对象的生产要素进行市场调查,包括市场的目前的供求情况以及今后供求情况的预测、行业竞争的情况、同类产品或施工的成本水平等。同时,应该收集一定时期的本企业和其他企业同类产品或施工的成本资料,包括有可比性的成本资料,各项生产、财务、人事、技术和组织措施计划,内部有关的经济定额,内部价格目录及相关的内部控制制度等。并按照相关性原则对其进行分析挑选。

数据资料是预测的依据,在收集资料过程中,要特别注意数据资料的可靠性、完整性和时效性。要注意研究资料的变化特点,分析数据的代表性。排除因个别偶然因素影响而出现的异常数据,从而大体掌握预测对象的变化规律。

(3) 选择预测方法,一般应从以下几个方面考虑:

① 预测期限。不同的预测方法适用于不同的预测期限。定性预测一般多用于长期预测,而定量预测则适用于中、短期预测。

② 数据资料。不同的预测方法有不同的数据要求。中、长期预测一般要有 3 年以上的统计资料。如果历史数据比较丰富和完整,可以运用各种定量方法进行预测;否则,只宜采用定性分析方法。

③ 准确度。选用的预测方法应获得足够准确的预测结果。

④ 费用。在保证预测准确性的前提下,优先选用费用较少的方法。

⑤ 实用性。选用的预测方法应易于理解,方便使用。

5.1.1.4.2 实施阶段

实施阶段包括进行预测和预测结果分析两个步骤。

(1) 进行预测。根据现有的资料和已制定的预测模型进行预测,得出预测结果。

(2) 预测结果分析。检查是否达到预期的预测目标,预测误差是否在允许范围之内,预测结果是否合理等。如果得出否定结论,则需重复前面的步骤,重新确定预测目标或选择预测方法，再次进行预测。

5.1.1.4.3　提交预测报告阶段

提交预测报告阶段主要包括提出预测报告和追踪反馈两个步骤。

(1) 提出预测报告。预测结果得到确认后，便可提出预测报告。预测报告中至少包括预测结论及建议两项内容。

(2) 追踪和反馈。提出预测报告并不等于预测工作的最后完成，还要追踪报告的结论和建议是否被采用，采用的结果如何，实际效果如何。要反馈追踪结果，以便在下一次预测时改进预测方法。

5.1.2　公路施工项目成本预测方法

公路施工项目成本预测的方法按是否采用数学模型，可分为定性预测法和定量预测法。定性预测法包括经验判断法、调查研究法和德尔菲法；定量预测法包括时间序列法、回归分析法、高低点法和本量利分析法等。

5.1.2.1　定性预测法

定性预测法是指对未来事物的发展状况无法通过历史数据进行推测，只能依靠人的主观经验和综合分析能力作出判断的一种预测方法。

(1) 经验判断预测法

经验判断预测法也称主观估计预测法，主要由熟悉业务、具有经验和综合分析能力的人来进行预测。

这种方法是由项目经理把与项目有关和熟悉施工管理的各职能部门负责人集合起来，请他们对施工中的各项耗费以及可能采取的成本控制措施作出判断和估计，然后把各种意见汇总起来，进行分析研究和综合处理，最后形成预测方案。它实质上是项目经理组织各职能部门联合作出的预测。

这种预测方法的优点在于它集中了各方面熟悉项目情况的有经验人员的意见，可以发挥集体的智慧，使预测比较准确可靠。另外它还有迅速、经济，不需要经过复杂的计算，也不需要太多预测费用就可以及时得到预测结果等优点。如果施工条件发生变化，还可以立即进行修改。其缺点主要是基本上凭借经验判断，受主观因素的影响大，预测结果也只能是粗略估计。

(2) 调查研究预测法

调查研究预测法，就是根据预测对象，按照预测内容的要求作实际调查，从而取得必要的成本信息资料。然后，对资料进行加工整理和分析研究，并结合过去的经验，判断和推测未来一段时间内的成本发展和变化趋势。采用这种方法需要掌握必要的数据，进行一定的数量分析，研究可能的数量关系。由于这种数量关系主要是通过人的主观经验而作出的，所以也属于定性预测法。

(3) 德尔菲法

德尔菲法起源于美国，在初期阶段，此法主要用于科技方面的预测，随着社会的发展，德尔菲法广泛应用于经济、社会、工程技术等各个领域。

德尔菲法主要是采用函询的方式，依靠专家背靠背地进行集体判断，使专家的不同意见能够充分发表，经过客观分析和多次征询和反馈，使不同意见逐步趋向一致，从而得出比较符合发展规律的预测结果。它的主要过程是：

① 拟定意见征询表。根据预测的目的和要求，拟订需要调查了解的问题，列成预测意见征询表。征询的问题要简单明确，而且数目不宜太多，使专家便于回答。意见征询表中还需要提供一些已掌握的背景资料，供专家们在预测时参考。

② 选定征询对象。选择的专家是否适宜，是德尔菲法成败的关键。一般应选择从事与工程项目有关的专业工作、精通业务、熟悉施工现场、具有预见性和分析能力的专家。人数一般以 20 人左右为宜。

③ 反复征询专家意见。预测单位通过通信方式向专家发送意见征询表，请专家于限定的时间内寄回答案。接到各专家的答案后，将不同的意见进行综合整理，汇总成表，再分送给各位专家，请专家比较各种意见以修正或发表自己的意见、判断。但为了避免受心理因素的影响，在反馈的综合材料中，并不说明哪些意见是谁提的，一般采用匿名的方式。这样，在第二轮征询中，每个专家都能了解其他人的意见，以及其他人对自己意见的评价。第二轮答案寄回后，再加以综合整理与反馈。经过几轮的反复征询，使各位专家的预测意见逐步趋于一致。在整个过程中，各位专家只与调查单位发生联系，各专家之间不发生任何联系，以免相互干扰。

④ 作出预测结论。根据几次提供的全部资料和几轮反复修改后的各方面意见，采用统计方法对专家意见进行定量处理。处理的方法和表达方式，取决于预测问题的类型和对预测的要求。德尔菲法的突出特点是：a. 集思广益。在整个过程中，每一轮都将上一轮的许多意见与信息进行汇总和反馈，使各位专家能够充分了解各方面的客观情况和其他专家的意见，有助于提高预测的全面性和可靠性；b. 匿名反馈。可使征询对象不会迷信权威，不需要为了面子而固执己见，也不受上下级关系的影响。可以使参加预测的人员能独立思考，充分发表自己的意见，避免相互干扰。同时，还可以避开领导人倾向性意见的影响，经过多次反馈，不断修正预测意见，集中了集体的智慧，使预测结果更加准确可靠。其缺点是，主要是凭主观判断，缺乏客观标准。因此，在缺乏历史资料和在未来不确定因素较多的情况下，应用此法是比较适宜的。

【例 5-1】 B 公司指定由经营科进行专家调查，对 2021 年和 2022 年两年内建材价格的年平均增长率作出预测。选择的专家为该市的建筑业主管部门、建材业主管部门及建材企业、建设银行等方面的专家，共 12 人。给专家发送的征询函的内容有：① 征询的目的和要求，即要求专家预测 2021 年和 2022 年两年内建材价格平均增长率；② 向专家提供一些必要的资料供预测时参考，主要有 2015～2020 年的建材价格行情、基建规模、物价指数和建材供求情况等。经过四轮征询，最后一轮专家的意见集中在建材价格的年平均增长率为 1%(3 人)、1.5%(2 人)、2%(4 人)、2.5%(2 人)、3%(1 人)。采用平均法求得预测值。

解：建筑材料价格受到通货膨胀的影响，尤其对基建规模的变化很敏感，实际上很难用个简单方便的数学模型描述它。对于施工企业来说，预测材料价格变化的最好方法是采用德尔菲法。具体的做法是采用德尔菲法对每年初或年末以后 1～2 年内的价格变动情况(通常是以上涨或下降的百分率表示)做出预测。由于单位工程的工期往往在 2 年内，选择预测期为 1 年和 2 年可以满足实际需要。

在本例中，B 公司指定由经营科进行专家调查，对未来一年内建材价格变化进行预测。经过四轮征询，最后一轮专家的意见集中在 1%(3 人)、1.5%(2 人)、2%(4 人)、2.5%(2 人)、3%(1 人)，则采用平均法求得预测值。

$$y=\frac{1\%\times 3+1.5\%\times 2+2\%\times 4+2.5\%\times 2+3\%\times 1}{12}=1.83\%$$

德尔菲法同常见的召集专家开会，通过集体讨论，得出一致预测意见的专家会议法既有联系又有区别。德尔菲法既有专家会议法的优点：能充分发挥各位专家的作用，集思广益，提高准确性；能把各位专家意见的分歧点表达出来，取各家之长，避各家之短。同时，德尔菲法又能避免专家会议法的缺点：权威人士的意见影响他人的意见；有些专家碍于情面，不愿意发表与其他人不同的意见；出于自尊心而不愿意修改自己原来不全面的意见。德尔菲法的主要缺点是过程比较复杂，花费时间较长。目前来看，德尔菲法是一种广泛应用的专家预测方法。

需要注意的是，并不是所有被预测的事件都要经过四步，可能有的事件在第二步就达到了统一而不必在第三步中出现。在第四步结束后，专家对各事件的预测也不一定都达到统一。不统一之处也可以采用中位数和四分点法来作结论。事实上，总会有许多事件的预测结果是不统一的。

5.1.2.2 定量预测方法

定量预测方法也称统计预测方法，它是根据已掌握的比较完备的历史统计数据，运用一定的数学方法进行科学的加工整理，以揭示有关变量之间的规律性联系，用来预计和推测未来发展变化情况的预测方法。

5.1.2.2.1 时间序列法

时间序列法是将某种统计指标的数值，按时间先后顺序排列起来，并对其时间序列进行加工整理和分析，利用数列所反映出来的客观变动过程、发展趋势和发展速度，进行外推和延伸，借以预测今后可能达到的水平。主要可分为平均值法、移动平均法、指数平滑法和季节指数法等。

（1）平均值法

平均值法是在算术平均值的基础上发展起来的一种简单的预测方法。它适用于时间序列主要表现为随机变动时的预测。根据平均值的计算方法不同可分为算术平均值法、加权平均值法和几何平均值法。

① 算术平均值法

算术平均值法是将历史数据对预测值的影响作用等同看待，采用简单算术平均值法计算预测值。其计算公式为：

$$M_{i+1}=\frac{1}{n}\sum_{1}^{n}D_i \tag{5-1}$$

式中 M_{i+1}——第 $i+1$ 期的预测值；

D_i——第 i 期的实际值；

n——资料期数。

② 加权平均值法

加权平均值法是在算术平均值的基础上，对所用资料按远近期不同分别给予不同权数（近期数据更能反映下期趋势，故其权数较大），然后以近期数据的加权平均数作为下期的预测值。其计算公式为：

$$M_{i+1}=\sum_{i=1}^{n}W_iD_i \tag{5-2}$$

式中　W_i——D_i 的权数；

其余符号意义同前。

③ 几何平均值法

对于长期预测来说，为了反映时间序列的变动速度，可以采用几何平均值法。

设 X_i 为已知数据，$i=1,2,\cdots,n$，则 n 个计划内总体发展速度为 V，每一年计划期的平均发展速度为 $\bar{V}$，则有：

$$V=\frac{X_n}{X_1}$$

$$\bar{V}=\sqrt[n-1]{V}=\sqrt[n-1]{\frac{X_n}{X_1}}$$

$$\hat{X}_{i+1}=\bar{V}\times\hat{X}_i \tag{5-3}$$

式中　$\hat{X}_{i+1}$——第 $i+1$ 计划期的预测值。

这是把 X_i 系列看成是平均的几何递增，这种方法对 $i+1$ 计划期数量预测结果远优于算术平均值法。

【例 5-2】 某工程项目前 10 个月完成的预制构件数量见表 5-1，试采用平均法预测第 11 个月的预制构件数量。

表 5-1　预制构件数量　　单位：件

时间序列	1	2	3	4	5	6	7	8	9	10
预制构件数量	10	15	8	20	10	16	18	20	22	24

解：(1) 采用算术平均值法预测

$$M_{11}=\frac{10+15+8+20+10+16+18+20+22+24}{10}=16.3$$

(2) 采用加权平均值法预测

前 5 个月权重系数取 0.06，后 5 个月权重系数取 0.14，则：

$$M_{11}=0.06(10+15+8+20+10)+0.14\times(16+18+20+22+24)=17.78(\text{件})$$

(3) 采用几何平均值法预测

$$\bar{V}=\sqrt[9]{\frac{24}{10}}=1.1$$

$$M_{11}=1.1\times24=26.4(\text{件})$$

(2) 移动平均法

由于实际数据序列既受偶然因素的作用而产生随机变动，也受反映发展规律的倾向性或周期性变动。因此，如何消除或减少随机变动的影响，从数据模式中寻找出规律性变化的特征和趋势，是时间序列预测方法所要解决的技术问题。移动平均值法是解决这类问题的方法之一。

① 一次移动平均值法

一次移动平均值法的基本思路是，每次取一定数量周期的数据平均，按时间次序逐次推进。每推进一个周期时，舍去前一个周期的数据，增加一个新周期的数据，再进行平均。

$$M_t^{(1)}=\frac{y_t+y_{t-1}+\cdots+y_{t-N+1}}{N} \tag{5-4}$$

式中　t——周期序列号；

$M_t^{(1)}$——第 t 周期的一次移动平均数；

y——周期的实际值；

N——计算移动平均数所选定的数据个数。

移动平均值法通过 N 个数据移动平均值可以削弱数据随机变动的影响，起到平滑数据的作用，在一定程度上反映了时间序列的变化趋势。因此在计算移动平均值时，N 值的选择是一个关键，N 值越大，平滑作用越强，对新数据的反映越迟钝；反之，则相反。同时，计算出的移动平均数总是落后于实际数据，存在滞后偏差，N 值越大，滞后偏差越大。

一般可用最近时间的一次移动平均数作为下一周期的预测值，即：

$$\hat{y}_{t+1}=M_t^{(1)} \tag{5-5}$$

② 二次移动平均法

二次移动平均法适用于时间序列具有线性趋势的场合，它不是用二次移动平均数直接进行预测，而是建立线性预测模型，然后用模型预测。计算公式为：

$$M_t^{(2)}=\frac{M_t^{(1)}+M_{t-1}^{(1)}+\cdots+M_{t-N+1}^{(1)}}{N} \tag{5-6}$$

式中　t——周期序列号；

$M_t^{(1)}$——第 t 周期的一次移动平均数；

$M_t^{(2)}$——第 t 周期的二次移动平均数；

N——计算移动平均数所选定的数据个数。

利用二次移动平均法进行预测的基本公式是：

$$\hat{Y}_{t+T}=a_t+b_tT$$

$$a_t=2M_t^{(1)}-M_t^{(2)}$$

$$b_t=\frac{2}{n-1}(M_t^{(1)}-M_t^{(2)}) \tag{5-7}$$

式中　$\hat{Y}_{t+T}$——$t+T$ 周期的预测值；

a_t、b_t——代表平滑系数。

【例 5-3】　数据同例 5-2，试采用移动平均值法预测第 11 个月的预制构件数量。

解：(1) 采用一次移动平均法预测

取 $N=3$，计算一次移动平均值 $M_t^{(1)}$，结果见表 5-2。

表 5-2　一次移动平均值　　单位：件

时间序列	1	2	3	4	5	6	7	8	9	10
预制构件数量	10	15	8	20	10	16	18	20	22	24
$M_t^{(1)}$			11	14.3	12.7	15.3	14.7	18	20	22

$$\hat{Y}_{11}=M_{10}^{(1)}=22(件)$$

(2) 采用二次移动平均法预测

在一次移动平均值 $M_t^{(1)}$ ($N=3$)的基础上，计算二次移动平均值 $M_t^{(2)}$ 结果见表 5-3。

表 5-3　二次移动率平均值　　　　单位：件

时间序列	1	2	3	4	5	6	7	8	9	10
预制构件数量	10	15	8	20	10	16	18	20	22	24
$M_t^{(1)}$			11	14.3	12.7	15.3	14.7	18	20	22
$M_t^{(2)}$					12.7	14.1	14.2	16	17.6	20

$$a_{10}=2M_{10}^{(1)}-M_{10}^{(2)}=2\times22-20=24$$

$$b_{10}=\frac{2}{N-1}(M_{10}^{(1)}-M_{10}^{(2)})=\frac{2}{9}(22-20)=0.44$$

$$\hat{Y}_{11}=a_{10}+b_{10}T=24+0.44\times1-24.44$$

(3) 指数平滑预测法

指数平滑预测法是在加权平均值法的基础上发展起来的。

① 一次指数平滑法

指数平滑又称指数修匀法。可以消除时间序列的偶然性变动，进而寻找预测对象的变化特征和趋势。一次指数平滑法适用于实际数据序列以随机变动为主的场合。一次指数平滑值的计算公式：

$$S_t^{(1)}=ay_t+a(1-a)y_{t-1}+a(1-a)^2y_{t-2}+\cdots \tag{5-8}$$

式中　$S_t^{(1)}$——第 t 周期的一次指数平滑值；

y_t——第 t 周期的实际值；

a——平滑系数($0<a<1$)。

实际值 y_t、y_{t-1} 的权数分别为 a、$a(1-a)$、$a(1-a)^2\cdots$距现时刻越远的数据，其权数越小。指数平滑法是用平滑系数来实现不同时间数据的非等权处理。因为权数是指数几何级数，指数平滑法也因此得名。

将式(5-8)略加变换，得：

$$\begin{aligned}S_t^{(1)}&=ay_t+(1-a)[ay_{t-1}+a(1-a)y_{t-2}+\cdots]\\&=ay_t+(1-a)S_{t-1}^{(1)}\end{aligned} \tag{5-9}$$

式中　$S_{t-1}^{(1)}$——第 $t-1$ 周期的一次指数平滑值。

一次指数平滑法是以最近周期的一次指数平滑值作为下一个周期的预测值的。即：

$$\hat{Y}_{t+1}=S_t^{(1)}=ay_t+(1-a)S_{t-1}^{(1)} \tag{5-10}$$

由上式可知，$a=1$ 时，$1-a=0$，预测值等于第 t 周期的实际值；当 $a=0$ 时，$1-a=1$，$S_t^{(1)}=S_{t-1}^{(1)}$，这反映了平滑系数 a 取两个极端值的特殊情况。

上式可改写成：

$$\hat{Y}_{t+1}=S_t^{(1)}=S_{t-1}^{(1)}+a(y_t-S_{t-1}^{(1)}) \tag{5-11}$$

式(5-10)、式(5-11)均称为一次平滑预测模型。

计算指数平滑值必须先估计一个初始值 $S_t^{(1)}$。当实际数据较多(>50)时，取 $S_0^{(1)}=Y_1$，如果数据较少(≤20)，取 $S_t^{(1)}=(Y_1+Y_2+Y_3)/3$。

平滑系数 a 的选择是关键，一般认为时间序列的长期趋势比较稳定，取 $a=0.05\sim0.20$；

如时间序列具有迅速明显的变动倾向时，取 $a=0.3\sim0.7$，使时间序列中最近数据能更多地反映在预测值中。

② 二次指数平滑法

如实际数列具有较明显的线性增长倾向，则不宜用一次指数平滑法。因为滞后偏差将使预计值偏低。此时，通常可用二次指数平滑法建立线性预测模型，然后再用模型预测。计算公式为：

$$S_t^{(2)}=aS_t^{(1)}+(1-a)S_{t-1}^{(2)} \tag{5-12}$$

式中　$S_t^{(2)}$——第 t 周期的二次指数平滑值；

$S_t^{(1)}$——第 t 周期的一次指数平滑值；

$S_{t-1}^{(2)}$——第 $t-1$ 周期的二次指数平滑值；

a——平滑系数。

二次指数平滑值并不直接用于预测，根据滞后偏差的演变规律建立线性预测模型。即：

$$y_{t+T}=a_t+b_t\times T \tag{5-13}$$

式中　t——目前的周期序号；

T——预测超前周期数；

a_t——线性模型的截距；

b_t——线性模型的斜率；

Y_{t+T}——第 $t+T$ 周期的预测值。

其中 a_t 和 b_t 的计算公式为：

$$a_t=2S_t^{(1)}-S_t^{(2)} \tag{5-14}$$

$$b_t=\frac{a}{1-a}(S_t^{(1)}-S_t^{(2)}) \tag{5-15}$$

③ 三次指数平滑法

如果实际数据序列具有非线性增长倾向，则一次、二次指数平滑法都不适用了。此时应采用三次指数平滑法建立非线性预测模型，再用模型进行预测。计算公式为：

$$S_t^{(3)}=aS_t^{(2)}+(1-a)S_{t-1}^{(3)} \tag{5-16}$$

式中　$S_t^{(3)}$——第 t 周期的三次指数平滑值；

$S_t^{(2)}$——第 t 周期的二次指数平滑值；

$S_{t-1}^{(3)}$——第 $t-1$ 周期的三次指数平滑值；

a——平滑系数。

三次指数平滑法建立的非线性预测模型为：

$$\hat{y}_{t+T}=a_tb_tT+c_tT^2 \tag{5-17}$$

式中　t——目前的周期序列号；

T——预测超前周期数；

$\hat{y}_{t+T}$——第 $t+T$ 周期的预测值。

其中模型系数 a_t、b_t、c_t 的计算公式为：

$$a_t=3S_t^{(1)}-3S_t^{(2)}+S_t^{(3)} \tag{5-18}$$

$$b_t=\frac{a}{2(1-a)^2}[(6-5a)S_t^{(1)}-2(5-4a)S_t^{(2)}+(4-3a)S_t^{(3)}] \tag{5-19}$$

$$c_t=\frac{a^2}{2(1-a)^2}[S_t^{(1)}-2S_t^{(2)}+S_t^{(3)}] \tag{5-20}$$

【例 5-4】 数据同例 5-2,试采用指数平滑法预测第 11 个月的预制构件数量。

解:(1) 采用一次指数平滑法预测

取平滑系数 $a=0.5$,计算一次指数平滑值如下:

$S_0^{(1)}=(Y_1+Y_2+Y_3)\div 3=(10+15+8)\div 3=11$

$S_1^{(1)}=ay_1+(1-a)S_0^{(1)}=0.5\times 10+0.5\times 11=10.5$

$S_2^{(1)}=ay_2+(1-a)S_1^{(1)}=0.5\times 15+0.5\times 10.5=12.8$

…

依次类推,其余计算结果见表 5-4。

表 5-4　一次指数平滑法预测　　单位:件

时间序列	1	2	3	4	5	6	7	8	9	10
预制构件数量	10	15	8	20	10	16	18	20	22	24
$S_t^{(1)}$	10.5	12.8	10.4	15.2	12.6	14.3	16.2	18.1	20.1	22

$$\hat{Y}_{11}=M_{10}^{(1)}=22(件)$$

(2) 采用二次指数平滑法预测

在一次平滑指数值 $S_t^{(1)}(a=0.5)$的基础上计算 $S_t^{(2)}$,结果见表 5-5。

表 5-5　二次指数平滑法预测　　单位:件

时间序列	1	2	3	4	5	6	7	8	9	10
预制构件数量	10	15	8	20	10	16	18	20	22	24
$S_t^{(1)}$	10.5	12.8	10.4	15.2	12.6	14.3	16.2	18.1	20.1	22
$S_t^{(2)}$	10.9	11.9	11.2	13.2	12.9	13.6	14.9	16.5	18.3	20.2

$a_t=2S_t^{(1)}-S_t^{(2)}=2\times 22-20.2=23.8$

$b_t=\frac{a}{(1-a)}(S_t^{(1)}-S_t^{(2)})=\frac{0.5}{0.5}(22-20.2)=1.8$

$\hat{y}_{11}=a_{10}+b_{10}\times T=23.8+1.8\times 1=25.6(件)$

(3) 采用三次指数平滑法预测

在二次平滑指数值 $S_t^{(2)}(a=0.5)$的基础上计算 $S_t^{(3)}$,结果见表 5-6 所列。

表 5-6　三次指数平滑法预测　　单位:件

时间序列	1	2	3	4	5	6	7	8	9	10
预制构件数量	10	15	8	20	10	16	18	20	22	24
$S_t^{(1)}$	10.5	12.8	10.4	15.2	12.6	14.3	16.2	18.1	20.1	22
$S_t^{(2)}$	10.9	11.9	11.2	13.2	12.9	13.6	14.9	16.5	18.3	20.2
$S_t^{(3)}$	11.1	11.5	11.4	12.3	12.6	13.1	14.0	15.3	16.8	18.5

$a_{10}=3S_{10}^{(1)}-3S_{10}^{(2)}+S_{10}^{(3)}=3\times22-3\times20.2+18.5=23.9$

$$b_{10}=\frac{a}{2(1-a)^2}\times[(6-5a)]S_{10}^{(1)}-2(5-4a)S_{10}^{(2)}+(4-3a)S_{10}^{(3)}]$$

$$=\frac{0.5}{2\times0.5^2}[(6-5\times0.5)\times22-2\times(5-4\times0.5)\times20.2+(4-3\times0.5)\times18.5]$$

$$=2.65$$

$$c_{10}=\frac{a^2}{2(1-a)^2}[S_{10}^{(1)}-2S_{10}^{(2)}+S_{10}^{(3)}]=\frac{0.5^2}{2\times0.5^2}(22-2\times20.2+18.5)$$

$$=0.05$$

$\hat{y}_{11}=a_{10}+b_{10}T+c_{10}T^2=23.9+2.65\times1+0.05\times1^2=26.6$(件)

(4) 季节指数法

工程项目的施工一般都是露天作业，受自然气候条件影响大，生产成果经常会出现季节性变动的现象。为了适应生产的要求，搞好均衡生产，有必要掌握季节性变动的规律。

季节指数预测法的基本思路是：先建立描述整个时间序列总体发展趋势的数学方程，再考虑季节变动对预测对象的影响，计算出季节指数，最后将两者综合得到能够描述总体发展趋势与季节性变动的预测模型，并用于预测。

季节指数预测模型为：

$$\hat{y}_t=y'\times F_k \tag{5-21}$$

式中　$\hat{y}_t$——第 t 周期的预测值；

y'——反映总体发展趋势的数学方程；

F_k——季节周期中第 k 周期的季节指数。

如果时间序列具有线性增长趋势，则 y' 为一直线方程，即：

$$y'=a+bt \tag{5-22}$$

【例 5-5】 某工程项目 2017、2018 和 2019 年各月实际完成的工作量见表 5-7，据此来估计 2020 年各月预计完成的工作量。

表 5-7　各月实际完成的工程量

年份	1	2	3	4	5	6	7	8	9	10	11	12	合计
2017	200	166	231	348	394	419	335	367	388	408	400	387	4 043
2018	175	222	350	419	456	426	400	420	452	408	469	395	4 592
2019	263	241	459	504	517	538	429	460	484	443	497	450	5 285
合计	638	629	1 040	1 271	1 367	1 383	1 164	1 247	1 324	1 259	1 366	1 232	13 920
月平均	212.7	209.7	346.7	423.7	455.7	461	388	415.7	441.3	419.7	455.3	410.7	386.7
季度系数 /%	55	54.2	89.7	109.6	117.8	119.2	100.3	107.5	114.1	108.5	117.8	106.2	100

解：(1) 根据历史数据，分析变动性质

从表 5-7 中可看出，实际完成的工作量总的来说是呈递增趋势，并且伴随着以年为周期

的季节性变动。

(2) 确定季节系数

为确定季节系数,应分别求出月平均值与总平均值。季节系数可由下式确定:

$$季节系数=\frac{月平均值}{总平均值}\times 100\% \tag{5-23}$$

季节系数计算结果见表 5-7。

(3) 确定长期变动趋势

本例中的长期变动趋势为线性趋势,故选择一元线性回归方程 $y=a+bt$ 作为趋势模型,模型参数 a、b 可采用最小二乘法确定。由于本例历史数据较少($n=3$),采用算术平均值法确定 a,b,计算过程见表 5-8。

$$a=\frac{13\ 920}{3}=4\ 640$$

$$b=\frac{1\ 242}{2}=621$$

$$Y=4\ 640+621t$$

2020 年相应的 t 值为 2,故 2020 年预计完成的工作量为:

$$y=4\ 640+621\times 2=5\ 882$$

表 5-8 计算过程

年份	y_i	t_i	y_it_i
2017	4 043	−1	−4 043
2018	4 592	0	0
2019	5 285	1	5 285
合计	13 920	0	1 242

(4) 计算各月预测值

各月预测值可按下式确定:

$$月预测值=\frac{年预测值}{12}\times 季节系数 \tag{5-24}$$

计算结果列于表 5-9。

表 5-9 计算各月预测值

月份	1	2	3	4	5	6	7	8	9	10	11	12
季节系数/%	55	54.2	89.7	109.6	117.8	119.2	100.3	107.5	114.1	108.5	117.8	106.2
预测值	269.6	265.7	439.7	537.2	577.4	584.3	491.6	526.9	559.3	531.8	577.4	520.6

5.1.2.2.2 回归分析法

回归分析法是以相关原理为基础的预测方法。基本思路是:分析研究预测对象与有关因素的相互联系,用适当的回归预测模型表达出来,然后再根据数学模型预测其未来状况。

回归分析法是处理变量之间相关关系的一种数理统计方法。在回归预测中,把预测对象作为因变量，把相关因素称为自变量。一个自变量的称为一元回归，多个自变量的称为多元回归。

（1）一元线性回归

当两个变量之间存在线性关系，即一个变量的增加或减少相对于另一个变量的增、减来说成一定比例时，根据自变量预测因变量的方法，称为一元线性回归法。此法的基本步骤如下：

① 根据历史数据绘出散点图。若图中各数据点的分布呈线性趋势，即大体沿一条直线分布，说明可以应用一元线性回归法进行预测。

② 建立模型。一元线性回归方程模型是：

$$y = a + bX \tag{5-25}$$

③ 参数估计。根据数理统计中的最小二乘法，可按下式分别求出回归系数 a、b 值。

$$b = \frac{\sum X_i Y_i - \overline{X} \sum Y_i}{\sum X_i^2 - \overline{X} \sum X_i} \tag{5-26}$$

$$a = \overline{Y} - b\overline{X} \tag{5-27}$$

式中　X_i、Y_i——自变量、因变量的历史数据；

$\overline{X}$，$\overline{Y}$——自变量、因变量的平均值。

④ 相关性检验。任何一组数据都可求得回归直线方程，但对于 y 与 X 是否确实有线性相关关系，须加以检验，检验可以采用相关系数判断。相关系数是描述两个变量线性关系密切程度的数量指标，其计算公式为：

$$R = \frac{\sum (X_i - \overline{X})(Y_i - \overline{Y})}{\sqrt{\sum (X_i - \overline{X})^2 \sum (Y_i - \overline{Y})^2}} \tag{5-28}$$

当 $R_a \leqslant R$ 时，Y 与 X 存在显著的线性关系；当 $R_a > R$ 时，Y 与 X 不存在显著的线性关系。R_a 可以根据显著性水平 a 查相关关系检验表得到，它表示对线性关系密切程度的最低要求临界值。

⑤ 应用回归模型进行预测。

（2）一元曲线回归

在实际应用中，一个自变量对因变量的影响，并不都呈线性关系，此时需要采用一元曲线回归。对这类问题预测的关键是确定自变量与因变量之间的函数关系，为此，先将历史数据在图上标画出来，观察数据点的分布趋势和形状，或者通过数据分析确定出变化规律，然后再拟合成近似的曲线方程。由于非线性问题一般比较复杂，在确定函数方程后，通过变换将其转换成线性函数来求解。

常用的一元曲线回归预测法有二次曲线、指数曲线和双曲线回归预测法等。

① 二次曲线回归预测

一元二次回归方程的基本公式是：

$$y = a + b_1 X_1 + b_2 X_1^2 \tag{5-29}$$

式中　y——因变量；

X_i——自变量；

a、b_1、b_2——非线性回归系数。

求解非线性回归系数的方法是把非线性回归转化为线性回归。

假设 $X_2=X_1^2$，带入式(5-29)，即可得：

$$y=a+b_1X_1+b_2X_2 \tag{5-30}$$

这样，就把一元二次回归方程变成二元一次回归方程。我们只要把 $X_2=X_1^2$ 当作原始数据，运用二元线性回归预测法，求出回归系数 a、b_1、b_2，从而建立一元非线性回归预测模型，就可以进行预测了。

② 指数曲线回归预测

指数曲线的数学模型为幂函数形式，其公式是：

$$y=aX^b\ (a>0) \tag{5-31}$$

将等式两边取对数，即可化非线性回归为线性回归。

$$\lg y=\lg aX^b=\lg a+b\lg X$$

设 $y'=\lg y$、$a'=\lg a$、$X'=\lg X$，则：

$$y=a'+bX'$$

然后，运用一元线性回归预测法求出 y'，再查反对数表，即可求得未来预测值 y。

③ 双曲线回归预测

双曲线的数学模型为双曲线函数形式，其公式为：

$$y=a+\frac{b}{X} \tag{5-32}$$

求解双曲线方程式中的回归系数 a、b，先要假设 $X'=\dfrac{1}{X}$，则式(5-32)可转化为：

$$y=a+bX' \tag{5-33}$$

根据最小二乘法，可以导出两个标准方程式，求得回归系数 a，b。

$$\begin{cases}\sum y=Na+b\sum X'\\ \sum X'y=a\sum X'+\sum X'^2\end{cases}$$

$$a=\frac{\sum y-b\sum X'}{N} \tag{5-34}$$

$$b=\frac{N\sum X'y-\sum X'\sum y}{N\sum X'^2-(\sum X')^2} \tag{5-35}$$

然后，建立回归预测模型 $y=a+bX'$，即可进行预测。

(3) 多元回归预测

多元线性回归分析首先是因素选择问题。对于任一预测对象，影响预测对象的因素可能有多个，关键在于选择主要的、起决定作用的因素。选择是通过检验因素间的相关性，即相关系数 r 来进行的。

下面以二元线性回归预测来说明预测模型的建立。二元线性回归预测是分析一个因变量和两个自变量之间呈线性关系的一种预测方法。基本公式为：

$$y=a+b_1X_1+b_2X_2 \tag{5-36}$$

式中 X_1、X_2——自变量；

a、b_1、b_2——回归系数。

利用最小二乘法可以求得三个标准方程：

$$\sum y = Na + b_1 \sum X_1 + b_2 \sum X_2$$

$$\sum X_1 y = a \sum X_1 + b_1 \sum X_1^2 + b_2 \sum X_1 X_2$$

$$\sum Xy = a \sum X_2 + b_1 \sum X_1 X_2 + b_2 \sum X_2^2 \tag{5-37}$$

解此方程组，可得 a、b_1、b_2，或利用回归系数求解公式，即：

$$b_1 = \frac{\sum (y-\bar{y}) \sum (X_2-\bar{X}_2)^2 - \sum (y-\bar{y})(X_2-\bar{X}_2) \sum (X_1-\bar{X}_1)(X_2-\bar{X}_2)}{\sum (X_1-\bar{X}_1)^2 \sum (X_2-X_2)^2 [\sum (X_1-\bar{X}_1) \sum (X_2-\bar{X}_2)]^2} \tag{5-38}$$

$$b_2 = \frac{\sum (y-\bar{y})(X_2-\bar{X}_2)^2 \sum (X_1-\bar{X}_1)^2 - \sum (y-\bar{y})(X_1-\bar{X}_1) \sum (X_1-\bar{X}_1)(X_2-X_2)}{\sum (X_1-\bar{X}_1)^2 \sum (X_2-X_2)^2 - [\sum (X_1-\bar{X}_1) \sum (X_2-\bar{X}_2)]^2} \tag{5-39}$$

$$a = \bar{y} - b_1 \bar{X}_1 - b_2 \bar{X}_2 \tag{5-40}$$

式中，$\bar{y} = \frac{\sum y}{N}$，$\bar{X}_1 = \frac{\sum X_1}{N}$。

求得 a，b_1，b_2 后，代入 $y = a + b_1 X_1 + b_2 X_2$，即可进行预测。

【例 5-6】　某项目施工产值与成本的历史数据见表 5-10。预计下一年度施工产值为 700 万元，试预测下年度总成本。

表 5-10　施工产值与成本的历史数据

历史年度	1	2	3	4	5
施工产值/万元	540	560	590	640	680
总成本/万元	506	516	538	588	616

解：由于历史数据呈线性增长趋势，选用一元一次回归模型预测。

(1) 计算模型参数

数据的计算过程见表 5-11。

$$b = \frac{\sum X_i Y_i - \bar{X} \sum Y_i}{\sum X_i^2 - \overline{X} \sum X_i} = \frac{1\ 674\ 820 - 602 \times 2\ 764}{1\ 825\ 300 - 602 \times 3\ 010} = \frac{10\ 892}{13\ 280} = 0.820\ 2$$

$$a = \bar{Y} - b\bar{X} = 552.8 - 0.820\ 2 \times 602 = 59.04$$

表 5-11　数据计算

历史年度	施工产值 X_i /万元	总成本 Y_i /万元	$X_i Y_i$	X_i^2
1	540	506	273 240	291 600
2	560	516	288 960	313 600
3	590	538	317 420	348 100

表 5-11(续)

历史年度	施工产值 X_i /万元	总成本 Y_i /万元	X_iY_i	X_i^2
4	640	588	376 320	409 600
5	680	616	418 880	462 400
合计	3 010	2 764	1 674 820	1 825 300
平均	602	552.8	—	—

(2) 预测下一年度总成本

$$Y = a + bX = 59.04 + 0.820\ 2 \times 700 = 633.18(\text{万元})$$

5.1.2.2.3 高低点法

在一定的生产规模下，工程项目各期成本费用中有一部分费用是相对固定的，即不会随着产量或工作量的变动而变动，如固定资产折旧费、管理人员工资费用、水电费等，而另一部分费用则随着产量或工作量的变动而变动，如直接材料、直接人工费用等。因此，固定成本、变动成本和工作量之间具有下列线性关系：

$$\text{某工作量下的成本} = \text{固定成本} + \text{单位变动成本} \times \text{工作量} \tag{5-41}$$

高低点法就是依据上述关系，选取某一历史时期内的成本数据，以最高点工作量的成本与最低点工作量的成本的差数，除以最高与最低工作量的差数，以确定单位变动成本，进而预测报告期成本费用的方法。预测公式如下：

$$\begin{aligned} Y &= a + bx \\ b &= \frac{Y_1 - Y_2}{X_1 - X_2} \end{aligned} \tag{5-42}$$

式中 a——固定成本；

Y_1、Y_2——最高点和最低点成本；

X_1、X_2——最高点和最低点产值。

【例 5-7】 某公路施工项目的合同价为 190 000 万元。试根据企业同类项目的产值与成本(表 5-12)进行总成本预测。

表 5-12 同类项目产值与成本

期数	1	2	3	4	5
产值/万元	120 000	135 000	148 000	156 000	172 000
成本/万元	110 000	123 000	135 000	142 000	157 000

解：(1) 计算模型参数

$$b = (157\ 000 - 110\ 000)/(172\ 000 - 12\ 000) = 0.903\ 8$$

$$a = 157\ 000 - 0.903\ 8 \times 172\ 000 = 1\ 546.4$$

由此得出预测模型：$Y = 1\ 546.4 + 0.903\ 8x$。

(2) 预测总成本

该预测项目的总成本为：

$$Y=1\,546.4+0.903\,8\times190\,000=173\,268.4\text{ 万元}$$

5.1.2.2.4　本量利分析法

成本、业务量、利润三者之间关系的分析，简称为本量利分析。本量利是在成本分析的基础上，通过对成本、业务量和利润三者之间的依存关系建立数学模型和公式，从而进行成本预测的方法。

(1) 固定成本和变动成本的划分

公路施工项目要取得收入，必有相应的耗费，而且收入必须大于耗费才能盈利。公路施工项目的成本支出，按其数量与产量变动的内在联系，通常可以划分为变动成本和固定成本两类。

固定成本是指成本总额在一定时期和一定产量范围内不受产量影响的成本。其特点是：总额不随产量变化而变化，但单位额却随产量的增加而减少(即固定成本利润率的提高)。施工成本中的施工现场管理人员工资和办公费、临时设施费等属于固定成本。

变动成本是指成本总额在一定时期和一定产量范围内随着产量的变动而呈正比例变动的成本。其特点是：总额随产量变化而正比例变化，单位额保持不变。施工成本中的人工、材料以及机械设备中的变动费用等均属于变动成本。

除了固定成本和变动成本外，还有一种介于固定成本和变动成本之间的费用，它可以通过一定的方法分解为固定成本和变动成本两部分。因此，我们可以认为施工的全部费用最终可以分解为固定成本和变动成本两种类型。

(2) 本量利分析的基本公式

将成本分解成固定成本和变动成本两部分之后，再把收入和利润加进来，成本、产量和利润的关系就可以统一于一个数字模型，即本量利公式：

$$\begin{aligned}\text{施工利润}&=\text{预算收入}-\text{变动成本}-\text{固定成本}\\&=(\text{单价}-\text{单位变动成本})\times\text{工程量}-\text{固定成本}\\&=\text{单价}\times\text{工程量}-\text{单位变动成本}\times\text{工程量}-\text{固定成本}\end{aligned}\tag{5-43}$$

(3) 保本点的预算

保本点又称盈亏平衡点，是指公路施工项目在这个水平上，总收入与总成本相等，既无利润，也不亏损，刚好够本。因此保本点这个指标能够明确指出公路工程或分项工程在什么样的收入水平上，才能维持不赔不赚，并能预知在保本点以上，每收入一万元能够降低多少成本，获得多少利润。

保本点的测算是以变动成本率与边际利润率为计算基础。

① 变动成本率与边际利润率

变动成本率是指变动成本占工程预算成本的比例。用公式表示如下：

$$\text{变动成本率}=\frac{\text{变动成本}}{\text{工程预算成本}}\times100\%\tag{5-44}$$

工程预算成本减去变动成本后的余额称为边际利润，它用来补偿固定成本和为项目提供施工利润。用公式表示如下：

$$\text{边际利润}=\text{预算成本}-\text{变动成本}\tag{5-45}$$

如果边际利润与固定成本相等，则项目不盈不亏；若大于固定成本，则为盈利；反之，则为亏损。边际利润的意义在于：它表明了能为项目提供施工利润的能力。所以边际利润又称边际贡献、贡献毛利或创利额。边际利润的多少对获取施工利润具有重要作用。

边际利润与工程预算成本的比值为边际利润率。用公式表示如下：

$$边际利润率=\frac{边际利润}{工程预算成本}\times 100\% \tag{5-46}$$

边际利润率与变动成本率之间有着密切的联系，属于互补性质，变动成本率越高，边际利润率越低、盈利能力越小；反之，变动成本率越低，边际利润率越高，盈利能力越强。边际利润率与变动成本率的关系用公式表示如下：

$$边际利润率+变动成本率=100\% \tag{5-47}$$

② 保本点

因为

$$边际利润=预算成本-变动成本=固定成本+利润 \tag{5-48}$$

$$边际利润率=\frac{工程预算成本-变动成本}{工程预算成本}\times 100\% \tag{5-49}$$

所以

$$工程预算成本=\frac{固定成本+利润}{边际利润率} \tag{5-50}$$

当利润为零时的成本即为保本点，式(5-50)可变为：

$$保本点=\frac{固定成本}{边际利润率} \tag{5-51}$$

将式(5-49)代入式(5-51)，可得保本点的另一表达式：

$$保本点=\frac{固定成本}{1-\frac{变动成本}{工程预算成本}}=\frac{固定成本}{1-变动成本} \tag{5-52}$$

(4) 本量利分析法预测降低成本目标

工程项目的降低成本目标，也就是计划成本降低率，由下式计算：

$$计划成本降低率=\frac{工程预算成本-工程目标成本}{工程预算成本}\times 100\% \tag{5-53}$$

在工程项目已中标，签订合同后，工程预算成本是可知的。所以要确定计划成本降低率，就应预测工程目标成本。

预测工程目标成本时，应以历史或上一年度的实际成本资料作为测算的主要依据，按客观存在的成本与产量的依存关系，把成本分为固定成本和变动成本两大类，再分析研究历史或上年度固定成本和变动成本的情况，结合工程项目计划期的实际情况及要采取的技术措施，确定计划年度固定成本和变动成本水平，并预测计划期在一定产量下的最优目标成本。

预测的步骤和方法如下：

① 将历史或上年度的实际成本划分为固定成本和变动成本。

② 计算历史或上年度变动成本率、边际利润和边际利润率。

③ 假定计划年度固定成本与历史或上年度相同(实际中因客观和主观的某些原因可能有所升降)，预测计划年度的保本点。通过保本点的预测可以预知项目必须完成的预算工作量。

④ 在工程任务确定的条件下，预测计划年度目标成本和计划成本降低率。

$$目标成本=固定成本+计划年度预算成本\times变动成本率 \tag{5-54}$$

$$计划成本降低率=\frac{计算预算成本-目标成本}{计划预算成本}\times 100\% \tag{5-55}$$

【例5-8】 某工程项目上年度成本报表中，预算成本3 700万元，实际成本3 480万元。

在实际成本中，划为固定成本的为955万元，划分为变动成本为2 525万元。该项目计划年度已确定工程预算成本为3 800万元，固定成本基本和上年度相同，试预测本年度保本点和目标成本。

解：(1) 计算上年度变动成本率、边际利润、边际利润率

$$变动成本率=\frac{2\ 525}{3\ 700}\times 100\%=68.24\%$$

$$边际利润=3\ 700-2\ 525=1\ 175(万元)$$

$$边际利润率=\frac{1\ 175}{3\ 700}\times 100\%=31.76\%$$

(2) 预测计划年度保本点

$$保本点=\frac{955}{0.317\ 6}=3\ 007(万元)$$

上式表明，计划年度必须完成预算成本3 007万元才能保本，不亏损。如果超过3 007元就能盈利，每超过100万元，盈利31.76万元。

(3) 预测计划年度目标成本和计划成本降低率

$$目标成本=955+3\ 800\times 68.24\%=3\ 548(万元)$$

$$计划成本降低率=\frac{3\ 800-3\ 548}{3\ 800}\times 100\%=6.63\%$$

5.2 公路施工项目成本计划

5.2.1 公路施工项目成本计划概述

5.2.1.1 成本预测与成本计划的联系和区别

成本计划是在成本预测的基础上编制的，它们之间有一定的内在联系，但是，它们之间在编制的程序、方法、系统管理和作用上则有明显的区别。

(1) 在编制程序上，成本预测是编制成本计划的前提。通过成本的预测掌握未来成本趋势，选择最优的降低成本方案，从而为成本计划的编制和确定成本目标提供了科学、可靠的数据资料。

(2) 在编制方法上，成本预测重视科学研究和因果分析。一般是侧重分析影响企业的各种内部和外部的成本资料，即以与成本有关的业务量、收入、利润等客观因素为基础，建立数学模型，进行因果关系(外因)的对比分析，以求成本之优化。成本计划则是注重计划成本指标的落实。在计划制订上，要从加强成本管理入手，抓住有利时机，利用内部积极因素(内因)落实降低成本措施。

(3) 在系统管理上，成本预测是成本系统管理的重要环节，而成本计划则是涵盖整个成本系统管理的一项重要内容，主要体现在：

① 计划准备阶段，即成本预测。

② 计划决策阶段，优选降低成本方案。

③ 计划编制阶段，落实并制订具体的降低成本计划指标。

④ 计划执行阶段，实行成本控制和核算，实现降低成本任务。

⑤ 计划考评阶段，检查和分析降低成本计划执行情况，进行绩效考评。

（4）在作用上，成本预测具有参考性，成本计划具有执行性，因为它是一个指令性指标。成本预测是软指标，而成本计划则是硬指标。

5.2.1.2　现代工程项目成本计划的范围

在现代工程项目中，成本计划不仅不局限于事先的成本估算（或报价），而且也不局限于工程的成本进度计划（即S曲线），其内涵和外延进一步扩大，体现在以下方面：

（1）成本计划不仅包括按照已确定的技术设计、合同、工期、实施方案和环境预算工程成本，而且包括对不同的方案进行技术经济分析，从总体上考虑工期、成本、质量、实施方案等之间的互相影响和平衡，以寻求最优的解决。

（2）成本计划已不局限于建设成本，而且还要考虑工程的运行维护或服务方面的成本，即应采用工程全寿命期成本计划和优化方法。

（3）全过程的成本计划管理。

（4）成本计划的目标不仅是项目建设成本的最小化，而且优化可以实现项目盈利的最大化。

（5）成本计划的作用还体现在，不仅按照预定的工程规模和进度计划安排资金供应，保证顺利项目实施，而且还要按照可获得的资源（资金）量确定项目规模，编制进度计划。

5.2.1.3　成本计划的过程

在项目过程中，成本计划有许多版本，它们分别在项目目标设计、可行性研究、设计和计划、施工过程、最终结算中产生，形成一个不断修改、补充、调整、控制和反馈的过程，通常用不同的术语表示，如：估算、概算和预算等。成本计划作为专业性很强的技术工作，由专职的成本工程师或估价师承担。

从总体上，成本计划经历自上而下分解，再自下而上反馈的过程（图5-2）。

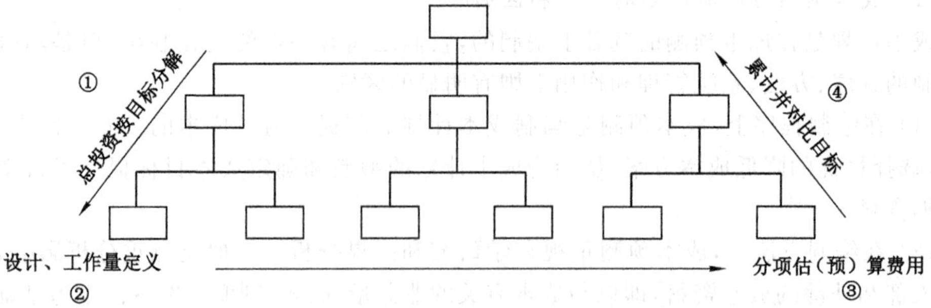

图5-2　成本计划过程图

5.2.1.4　公路施工项目成本计划的编制步骤

公路施工项目成本计划的编制过程，实际上也是工程成本的事前预控过程，施工单位的企业管理层及现场项目管理层都必须认真对待，做好每个环节的工作。

5.2.1.4.1　确定责任目标成本

编制施工成本计划的关键是确定责任目标成本，这是成本计划的核心，是成本管理所要达到的目标，成本目标通常以项目成本总降低额和降低率来定量地表示。确定责任目标成本的过程，应按照以下程序进行：

(1) 企业组织项目经理及有关部门负责人分析研究工程承包合同。商讨投标阶段已考虑的各项技术经济措施的落实和进一步降低工程成本途径的挖掘。

(2) 企业提出项目责任目标成本及其实施的指导意见，并与项目经理协商。

(3) 在企业与项目经理双方认同的基础上，正式书面下达项目经理责任目标成本，签订项目管理目标责任书。

5.2.1.4.2　施工成本计划的编制

公路施工项目成本计划应在项目经理的组织和主持下，根据合同文件、企业下达的责任目标成本、企业施工定额、经优化选择的施工方案以及生产要素成本预测信息等进行编制。具体的工作程序如下。

(1) 收集和整理资料

广泛收集资料并进行归纳整理是编制成本计划的必要步骤。所收集的资料是编制成本计划的依据。这些资料主要包括：

① 国家和上级部门有关编制成本计划的规定。

② 项目经理部与企业签订的承包合同及企业下达的成本降低额、降低率和其他有关技术经济指标。

③ 有关成本预测、决策的资料。

④ 公路工程的标后预算。

⑤ 施工组织设计资料。

⑥ 公路工程使用的机械设备生产能力及其利用情况。

⑦ 公路工程的材料消耗、物资供应、劳动工资及劳动生产率等计划资料。

⑧ 计划期内的物资消耗定额、劳动工时定额、费用定额等资料。

⑨ 以往同类项目成本计划的实际执行情况及有关技术经济指标完成情况的分析资料。

⑩ 同行业同类项目的成本、定额、技术经济指标资料及增产节约的经验和有效措施。

⑪ 本企业的历史先进水平和当时的先进经验及采取的措施。

⑫ 国外同类项目的先进成本水平情况等资料。

此外，还应深入分析当前情况和未来的发展趋势，了解影响成本升降的各种有利和不利因素，研究如何克服不利因素和降低成本的具体措施，为编制成本计划提供丰富具体可靠的成本资料。

(2) 分析上期成本计划的执行情况

在编制成本计划前，必须正确分析上期成本计划的完成情况，确定执行结果。分析成本升降的原因，弄清存在的问题，找出经验和教训，把已经取得的经验巩固下来，对存在的问题进行分析，找出产生问题的原因，并确定已采取的各种具体措施解决问题的结果，以充分挖掘和利用降低成本的潜力，保证成本计划建立在既先进又切实可靠的基础上。

(3) 确定目标成本及目标成本降低额

在掌握了丰富的资料，并加以整理分析，特别是在对上期成本计划完成情况进行分析的基础上，根据有关的设计、施工等计划，按照工程项目应投入的物资、材料、劳动力、机械、能源及各种设施等，结合计划期内各种因素的变化和准备采取的各种增产节约措施，进行反复测算、修订、平衡后，估算生产费用支出的总水平，进而提出全项目的成本计划控制指标，最终确定目标成本及目标成本降低额。

（4）编制成本计划草案

对于大、中型项目，经项目经理部批准下达成本计划指标后，各职能部门应充分发动员工进行认真讨论，在总结上期成本计划完成情况的基础上，结合本期计划指标，找出完成本期计划的有利和不利因素，提出挖掘潜力、克服不利因素的具体措施，以保证计划任务的完成。为了使指标真正落实，各部门应尽可能将指标分解落实下达到各班组及个人，使得目标成本的降低额和降低率得到充分讨论、反馈与再修订，使成本计划既能够切合实际，又成为员工共同奋斗的目标。

各职能部门应认真讨论项目经理部下达的费用控制指标，拟定具体实施的技术经济措施方案，编制各部门的费用预算。

（5）综合平衡，编制正式的成本计划

在各职能部门上报了部门成本计划和费用预算后，项目经理部首先应结合各项技术经济措施，检查各计划和费用预算是否合理可行，并进行综合平衡，使各部门计划和费用预算之间相互协调、衔接；其次，要从全局出发，在保证企业下达的成本降低任务或本项目目标成本实现的情况下，以生产计划为中心，分析研究成本计划与生产计划、劳动工时计划、材料成本与物资供应计划、工资成本与工资基金计划、资金计划等的相互协调平衡。经反复讨论多次综合平衡，最后确定的成本计划指标，即可作为编制成本计划的依据，项目经理部将编制的成本计划上报企业有关部门审定后即可正式下达至各职能部门执行。

5.2.2 公路施工项目成本计划编制方法

5.2.2.1 成本计划指标的测算方法

5.2.2.1.1 直接费测算

（1）直接计算法

直接计算法是根据有关定额、价格、标准和分配率计算确定某计算对象的项目成本和单位成本计划数的方法。其计算的基本公式为：

$$单位工程资源计划成本=单位工程资源消耗定额\times资源计划价格 \tag{5-56}$$

$$分项工程资源计划成本=单位工程资源消耗定额\times计划工程量\times资源计划价格 \tag{5-57}$$

① 人工费

人工费的计划成本，由项目经理部的劳资部门测算，按下式计算：

$$人工费的计划成本=计划用工量\times实际水平的工日单价 \tag{5-58}$$

$$计划用工量=\sum(分项工程量\times工日定额) \tag{5-59}$$

工日定额可根据实际情况，考虑项目的先进性水平适当调整。

② 材料费

材料费的计划成本，由项目经理部的材料部门测算。施工消耗的材料主要有构成工程实体的材料和周转性材料两类。构成工程实体的材料计划用量一般取决于定额用量和图纸的设计工程量。

周转材料费的降低是降低施工成本的重要方面。周转材料费的确定有两种方法：一是按预算定额用量乘以适当的降低系数包干使用。降低系数可根据企业多年来的历史数据，或类似工程的经验数据确定；二是根据施工方案中的模板、脚手架方案确定计划用量，再根据计划使用期和租赁单价确定。即：

$$材料费的计划成本=\sum(工程实体材料的计划用量\times材料实际价格)+\sum周转材料的使用量\times使用期\times租赁价格 \tag{5-60}$$

或

$$材料费的计划成本=\sum(工程实体材料的定额用量\times分项工程量\times材料实际价格)+\sum周转材料的使用量\times使用期\times租赁价格 \tag{5-61}$$

③ 机械使用费

施工现场的机械使用形式包括租赁机械和自有机械两种形式，机械使用费的计划成本应分别测算。即：

$$租赁机械的计划成本=\sum(施工机械计划使用台班数\times机械租赁费)+机械施工用电费 \tag{5-62}$$

$$自有机械的计划成本=\sum(施工机械的计划使用台班数\times规定的台班单价) \tag{5-63}$$

自有机械的台班单价包括在一个台班中应分摊的折旧费、大修费、经常修理费、辅助费、人工费、动力燃料费、养路费及车船使用税。折旧费按企业财务部门规定的机械设备折旧办法计算；机驾人员的工资按实际发放的月平均工资计算；动力燃料费按机械铭牌额定的油耗或经验油耗计算；材料单价按实际采购单价计算；大修费按企业规定计算，日常维修费按经验值计算。

④ 其他工程费

其他工程费的计划成本，由项目经理部的施工生产部门和材料部门共同测算。

测算的内容包括冬、雨季施工费，夜间施工增加费，生产工具用具使用费，检验试验费，工程定位复测费，工程点交费，场地清理费等。公路施工项目中的水、电费及因场地狭小等特殊情况而发生的材料二次搬运等已包括在工程定额中，不再另计。

其他工程费的确定，应编制计划，列项测算。若列项测算有困难，也可按现行施工图预算费用定额中的其他工程费，划分一定比例列入成本计划中。

(2) 比例计算法

比例计算法根据相关成本项目的计划数和拟测算成本项目与相关成本(费用)项目之间的比例关系来计算。其计算基本公式为：

$$成本项目计划数=相关成本项目计划数\times占相关成本项目计划比例 \tag{5-64}$$

例如，其他工程费计划成本等于直接工程费计划成本乘以其他工程费占直接费比例。

(3) 基础调整计算法

基础调整计算法根据计划指标的基期实际数，考虑计划期将会发生的变动程度，确定成本项目的计划数。其计算的基本公式为：

$$成本项目计划数=该项目成本基期实际数\times(1+计划期该项成本升降的百分比) \tag{5-65}$$

式中，基期实际数可以采用上年的实际耗用数。

5.2.2.1.2　成本降低指标的测算

在进行项目成本降低指标的测算时，既要从实际出发，又要考虑项目所具有的潜力，以保证计划指标是建立在综合平衡和先进水平的基础上。

测算成本降低指标的方法主要有以下几种。

（1）系数测算法

系数测算法是以上年平均单位工程成本为基础，根据计划年度各主要技术指标的变动系数，测算项目成本的降低率和降低额。测算步骤如下：

① 计算上年平均单位工程成本。

② 测算各项主要因素的影响程度。影响成本变动的因素主要有工程量、材料消耗定额、材料价格、劳动生产率、间接费用（现场管理费）、废品损失等方面。测算的方法主要是计算由于计划年度各项技术组织措施的实现，使完成的工程量增加、材料定额降低、劳动生产率提高、废品减少等而形成的节约。

材料价格不变时，材料消耗定额降低，会使单位工程成本中材料费用的比例降低。因此测算材料消耗定额降低对单位成本的影响程度包括材料消耗定额降低率和材料费用占项目成本的比重。计算公式如下：

材料消耗定额降低影响成本降低率＝材料消耗定额降低百分比×材料费用占成本的百分比　(5-66)

当材料消耗定额不变，材料价格降低时，也会使项目成本中的材料费用相应减少。材料价格降低对单位工程成本的影响程度也包括材料价格降低率和材料费用占项目成本的比重。计算公式如下：

材料价格降低影响成本降低率＝材料价格降低百分比×材料费用占成本的百分比　(5-67)

当材料价格降低，材料消耗定额也发生变动，使材料价格降低而形成的成本节约，应按下式计算：

材料消耗定额降低影响成本降低率＝材料价格降低百分比×(1－材料消耗定额降低百分比)×材料费用成本百分比　(5-68)

如果材料消耗定额和材料价格同时变动，考虑它们对成本的综合影响时，应按下式计算：

材料消耗定额和材料价格变动影响成本降低率＝[1－(1－材料消耗定额降低的百分比)×(1－材料价格降低的百分比)]×材料费用占成本的百分比　(5-69)

③ 测算各项主要因素的影响程度。

$$\text{劳动生产率提高影响成本降低率}=\left[1-\left(\frac{1+\text{平均工资增长百分比}}{1+\text{劳动生产率提高百分比}}\right)\right]\times\text{生产工人工资占成本百分比} \quad (5\text{-}70)$$

劳动生产率的提高，既可以表现为单位时间内所完成的工程数量增加，也可以表现为单位工程平均耗用劳动量即单位工程工时耗用定额的减少。由于工时定额减少超过平均工资增长而产生的节约可按下式计算：

$$劳动生产率提高影响成本降低率=[1-(1-工时定额降低百分比)\times(1+平均工资增长百分比)\times 生产工人工资占成本百分比] \quad (5\text{-}71)$$

④ 工程量增加超过现场管理费用增加而影响成本的降低率

现场管理费中大部分属于固定费用，如现场管理人员的工资、办公费、差旅费等；也有一部分属于半变动费用，如低值易耗品、现场管理使用的交通工具的油料、燃料费等。由于固定费用一般不随工程量的增加而发生变动，当工程量增加时，单位工程所分摊的固定费用就会减少。半变动费用虽然随工程量的增加而增加，但是可以通过各项节约措施进行控制。由于工程量增加超过现场管理费用增加而影响成本的降低率按下式计算：

$$固定费用节约影响成本降低率=\left[1-\left(\frac{1}{1+工程量增加的百分比}\right)\right]\times 固定费用占成本百分比 \quad (5\text{-}72)$$

$$半变动费用节约影响成本降低率=\left[1-\left(\frac{1+半变动费用增加的百分比}{1+工程量增加的百分比}\right)\right]\times 半变动费用占成本百分比 \quad (5\text{-}73)$$

施工中发生的废品损失，意味着人力、物力和财力的浪费。废品的损失额要计入合格品的成本中，废品损失增加，合格品成本也就随之提高，反之，则降低。计算公式如下：

$$废品损失减少影响成本降低率=废品损失减少百分比\times 废品损失占成本百分比 \quad (5\text{-}74)$$

⑤ 综合各因素影响数，确定成本降低指标。用总降低率乘以按上年平均单位工程成本计算的总成本，即可求得计划期项目成本总降低额。如果要确定各成本项目的降低额，可以用各影响因素的降低率，分别乘以按上年平均单位工程成本计算的总成本。

通过测算，若降低率还不能达到预期水平，或者经过调查研究认为仍有潜力可挖，则可对有关施工单位提出进一步的要求，组织补充措施，修订消耗定额，然后再次测算，直至达到或超过预期降低成本的要求。

(2) 项目测算法

系数测算法是以上年平均单位工程成本为基础，根据计划年度各项主要技术经济指标的变动系数来进行测算，人为因素较多，主观性比较大，工程成本的降低率与降低额容易脱离实际情况，并且缺乏群众基础，降低成本的任务不容易落实。相对而言，项目测算法更为科学并切合实际。

项目测算法是以上年单位工程成本为基础，依据计划年度降低成本措施中各项目的预计节约额，测算项目成本的降低额和降低率。

① 测算计划年度节约额。项目测算法的首要环节是测算计划年度节约额，编制具体的节约成本措施方案。通常先由各施工单位根据管理部门下达的降低成本任务，制定切实可行的节约措施，上报管理部门。管理部门根据这些节约措施项目计划，编制汇总表，综合反映节约措施对各成本项目的影响程度。

各项节约措施节约额的确定，通常以上年实际（或预计）达到的成本水平为基础进行计算。

在预计各项节约措施对工程成本影响时，如果这些措施只引起成本中某些项目的变动，而另一些项目不变或变动不大，这时，就可以计算那些变动较大的成本项目。这样虽然准确程度差些，但简化了测算，而且对降低成本的影响比较直观和明显。

② 测算成本降低额和降低率，计算公式如下：

$$\text{计划年度成本降低额} = \text{计划年度节约额} \tag{5-75}$$

$$\text{计划年度成本降低率} = \frac{\text{计划年度成本降低率}}{\sum(\text{计划工程量} \times \text{上年平均单位工程成本})} \tag{5-76}$$

③ 对比分析，进一步挖潜。将测算求得的工程成本降低率和预期要求达到的降低率相比较，如果达不到预期水平，则应进一步挖掘降低成本的潜力，以保证成本指标的先进性与可行性。

由于项目测算法计算的计划节约额是采取上下结合的方式，从各方面挖掘内部潜力，逐级进行综合平衡，使成本计划建立在坚实的群众基础上，能较好地获得广大计划执行者的支持。

另外，项目测算法使项目管理者可具体检查考核成本节约措施的执行情况，查明成本计划完成情况，分清责任，奖优罚劣，从而调动广大员工完成计划的主动性和积极性。

系数测算法和项目测算法可用于工程项目年度(季度)成本计划的编制。

【例 5-9】 某工程项目预测的计划成本降低率为 6.63%。经初步分析研究，确定计划年度影响工程成本变动的各项因素有：

(1) 计划年度完成工作量增长:2.7%

(2) 生产工人劳动生产率提高:10%

(3) 生产工人平均工资增长:8%

(4) 材料消耗降低:6%

(5) 机械使用费降低:8%

(6) 其他工程费降低:5%

(7) 施工管理费降低:11%

另外，该工程项目预算成本项目的比重为：

(1) 人工费:11%

(2) 材料费:66%

(3) 机械使用费:6%

(4) 其他工程费:4%

(5) 施工管理费:13%

计划年度该工程预算成本为 3 800 万元，试分析是否满足降低成本目标。

解:(1) 由于劳动生产率提高超过平均工资增长使成本降低

$$\text{成本降低率} = 0.11 \times \left(1 - \frac{1+0.08}{1+0.10}\right) = 0.2\%$$

$$\text{成本降低额} = 3\,800 \times 0.002 = 7.6(\text{万元})$$

(2) 由于材料消耗降低使成本降低

$$\text{成本降低率} = 0.66 \times 0.06 \times 100\% = 3.96\%$$

$$\text{成本降低额} = 3\,800 \times 0.039\,6 = 150.48(\text{万元})$$

(3) 由于机械使用费降低使成本降低

$$\text{成本降低率} = 0.06 \times 0.08 \times 100\% = 0.48\%$$

$$成本降低额=3\ 800\times 0.004\ 8=18.24(万元)$$

(4) 由于其他工程费降低而使成本降低

$$成本降低率=0.04\times 0.05\times 100\%=0.2\%$$

$$成本降低额=3\ 800\times 0.002=7.6(万元)$$

(5) 由于生产增长，管理费节约使成本降低

$$成本降低率=0.13\times\left[1-\frac{1+(-0.11)}{1+0.027}\right]\times 100\%=1.73\%$$

$$成本降低额=3\ 800\times 0.017\ 3=65.74(万元)$$

总的成本降低率为 6.57%，已基本满足降低成本目标 6.63% 的要求，这时预计工程总成本降低额为 249.66 万元。根据上述预测可着手编制成本计划。

(3) 目标成本法

目标成本是项目施工前确定的要在一定时期内经过努力所要实现的成本。在一般情况下，工程项目的目标成本应是参考本企业同类工程成本资料，根据项目的合同、施工组织设计、标后预算，以及企业对项目的要求，减去税金、目标利润和降低成本的目标值后确定的。即：

$$项目的目标成本=项目的标后预算成本-目标成本降低额 \tag{5-77}$$

在市场经济环境中，工程项目的价格是由招投标决定的。为了保证获得一定的利润，企业必须在降低成本方面挖掘潜力。目标成本是在价格、利润既定的情况下倒挤出来的，它的特点是根据工程量清单价格“保证利润，挤出成本”，与传统的“成本既定，算出利润”的方法比较，更符合市场经济发展的规律。

5.2.2.1.3　施工现场费用测算

(1) 临时设施费

临时设施费是指施工企业为进行建筑安装工程施工所必需的生活和生产用的临时建筑物、构筑物和其他临时设施的费用等。临时设施包括临时宿舍、文化福利及公用房屋与构筑物、仓库、办公室、加工厂，工地范围内的各种临时工作便道、人行便道，工地用水、用电的水管支线和电线支线，以及其他小型临时设施。

临时设施费用包括临时设施的搭建、维修、拆除费或摊销费。在测算时，根据工程规模、工期等要求和经审查批准的施工组织设计提供的临时设施设计图，由合同部门按设计图计算临建设施费列入现场经费。临时设施费发生在施工准备阶段，在施工过程中不需要再制定计划。

(2) 现场管理费

现场管理费是指企业在现场为组织和管理工程施工所需的费用，包括现场管理人员的基本工资及附加、办公费、差旅交通费、固定资产使用费、工具用具使用费、水电费、通讯费、招待费、工地转移费等。

① 管理人员工资及奖金。根据企业项目管理有关规定，按工程项目的规模及项目管理要求，由人事部门确定项目经理部定员。由劳资部门按企业当前岗薪标准，确定月度人员的薪水规定，并按合同工期和项目竣工后的部分人员的结算时间的工资，计算项目管理工资支出总额。该工资总额是指项目经理部完成项目管理责任合同应发放的薪水，不包括项目经理部超额完成项目管理责任合同施工成本降低率后，根据合同计取的奖金。为了调动项目人员控制工资总额的积极性，应采取总额包干的方法，即实行增人不增资，减人不减资，鼓励项目控制人员开支和派生出来的其他开支费用。

② 办公费和物料消耗。是指项目为直接组织施工生产而产生的采购办公用具和办公用品费，以及所发生的通信费、文具和其他的费用。一般按工程规模的不同基数和人均标准执行。这类费用有些可以采取半固定成本的方法计算，也可以按人头和施工时间进行计算。

③ 交通费。指工地与公司之间的交通费及办理与行程有关的事宜所需的交通费，一般按工程的规模、地点及项目人数确定。项目配备行政用车的，按每天规定的行驶路程标准开支相关费用，其修理费应制定相应的办法控制开支。

④ 探亲差旅费。按项目定岗定员以及企业的有关规定计算。

⑤ 固定资产及工具用具使用费。按企业有关固定资产、工具用具使用管理办法的规定计算。

⑥ 水电、通信费。按企业和项目有关规定计算。

⑦ 业务招待费。按工程规模和特点按月包干使用。先测定一个基数，再按项目规模和相应的标准，计算招待费。

⑧ 工地转移费。按实际发生摊销。

5.2.2.2 成本计划的编制方法

（1）固定预算法

固定预算法，也称静态预算法，它是指在目标成本控制下，根据项目计划期内可以实现的目标编制成本计划的方法。即根据项目的工期和施工组织计划，采用上述方法分别计算出成本指标和费用项目的预算数，进而汇总编制出全部成本计划。

（2）弹性预算法

弹性预算法，也称变动预算法，是与固定预算法相对而言的一种预算方法。它是按照可以预见的不同施工生产水平分别确定相应成本水平的成本计划编制方法。采用此方法，成本计划可随着施工变动水平的不同做相应调整、改变，具有伸缩弹性，因而称为弹性预算法。

弹性预算法的主要步骤如下：

① 选择和确定施工生产水平的计量单位和数量界限。通常成本计算对象种类较少时，可以选用工程量；成本计算对象种类多时，则可选用生产工时。

② 确定不同情况下施工生产水平的范围，这个范围是指弹性预算所适用的业务量区间，通常以正常生产能力的70％～110％为宜。

③ 根据成本和业务量之间的依存关系，分别确定变动成本、固定成本和混合成本及其具体费用项目在不同施工生产水平范围内的控制数额。随业务量变化成正比例变动的费用为变动费用，如机物料消耗、修理费等；不随业务量而变化的费用为固定费用，如办公费、折旧费等；还有一些费用项目部分随业务量变化，部分不随业务量变化的称为混合费用。

④ 将上述计算出的项目加以汇总，编成弹性预算。

（3）滚动预算法

滚动预算法，也称连续预算法，是为克服传统定期的固定成本计划的不足而产生的。其主要思路是：生产活动是连续不断的，而且也不是固定不变的，因此，在编制预算后，可以随着时间及执行情况对未来预算期的预算进行调整，逐期滚动，向前延伸。实际工作中，可以采用按季滚动的方法，第一季度按月编制详细的成本计划，后三季度则粗略编制，等第一季度过后，根据实际执行情况随时调整第二季度的成本计划，使之具体化，依次类推。这种方法还能与会计分期假设前提下的会计核算相配合。

(4) 概率预算法

在编制成本计划过程中，涉及许多因素，如材料单价、消耗定额等，这些因素由于项目内部和外部经济条件的不断变化，常常表现出若干种变化趋势，而不是完全确定的。在因素不确定的情况下，编制成计划，就需要采用概率预算法。

概率预算法是概率论原理与预算的结合运用，其实质是一种修正的弹性预算，即将每一项可能发生的概率结合应用到弹性预算的编制中，其编制步骤如下：

① 估计因素的可能值及其概率。

② 分别计算各种可能组合因素的分项工程成本及联合概率。

③ 以联合概率为权重，分别计算各种可能的期望值。

④ 计算分项工程的综合期望值，综合期望值等于各种可能的期望值之和。

由于概率预算法考虑到所有因素变动的各种可能组合，因此采用概率预算法的成本计划更为符合实际，但计算比较复杂，概率的测算也比较困难。

5.2.2.3　公路施工项目成本计划表

公路施工项目成本计划表通常由项目成本计划总表、降低成本措施计划表、降低项目成本计划表及现场管理费用计划表等组成。

(1) 项目成本计划总表

工程成本计划是综合反映计划期内建筑安装工程的预算成本、计划成本、计划降低额和计划降低率的计划。它是以计划期内承包的全部施工工程或单位工程为对象，在工程预算成本的基础上，计算确定计划成本及计划成本节约额进行编制的。见表 5-13。

表 5-13　项目成本计划表

项目	预算成本/万元	计划成本/万元	计划降低额/万元	计划降低率/%
按成本项目分				
人工费	1 480	1 428	52	3.51
材料费	8 760	8 370	390	4.45
机械费	1 250	1 125	125	10
其他工程费	350	343	7	2
直接费小计	11 840	11 266	574	4.85
间接费	1 184	1 066	118	9.97
工程成本合计	13 024	12 332	692	5.31
按成本项目分				
路面工程	1 220	1 159	61	5
路基工程	784	744	40	5.1
桥梁、涵洞	2 050	1 927	123	6
…	…	…	…	…
…	…	…	…	…

(2) 降低成本措施计划表

降低成本措施计划表是工程成本计划表的附表。它是财会部门会同技术、施工管理等有关部门按照降低成本的预期目标及提出的具体降低成本措施进行编制的，有具体的节约项目、计算方法、责任部门和执行人，便于执行和检查。本表(表 5-14)包括以下两个部分：

① 技术措施。是指在保证工程质量的前提下，从改进工艺技术手段，采取节约机械费等措施。一般包括行之有效的技术措施及推广应用新结构、新材料、新机具、新工艺等开拓降低成本新领域等措施。

② 管理措施。是指从改善现场施工、劳动力组织管理的角度降低成本措施。如缩短工期、节约固定成本；改善操作条件，减少操作损耗；改善平面布置，减少材料二次搬运，合理使用机械，减少停机损失；加强劳动力的组织调配，减少停、窝工损失等。

表 5-14 降低成本措施计划表　　单位：万元

措施项目	内容	工程量		计算方法	费用名称						责任单位或执行人
		单位	数量		合计	人工费	材料费	机械费	其他工程费	间接费	

(3) 现场管理费用计划表

现场管理费用计划表是指项目经理部为组织和管理项目施工的费用计划表。它由管理费用会计科目中的细项组成，反映现场管理中预算收入、计划成本、计划降低数额。见表 5-15。

表 5-15 间接费用计划表

工程名称：　　单位：

项目经理：　　日期：

项目	预算收入	计划成本	计划降低额
工作人员工资			
辅助工资			
工资附加费			
办公费			
差旅交通费			
固定资产使用费			
工具用具使用费			
劳动保护费			
检验实验费			
财产保险费			
取暖、水电费			
排污费			
其他			
合计			

5.2.3　成本计划的变更与调整程序

项目管理人员采用挣值法来分析成本以及进度的差距情况，控制偏差范围在一定的范围之内，之后对该差距产生的原因进行分析，针对原因制定出适宜的解决方法。

5.2.3.1　分析成本偏差的原因

(1) 客观原因：因为经济环境的改变造成的人工、材料的原材料价格变更，为了保证工程效益，必然会对某些设计进行修改，最终导致计划与实际情况之间出现偏差。

(2) 项目公司层面的因素：项目部没有成本控制意识，没有设置合理的成本控制程序，随意改变施工顺序，施工组织不力，协调能力较差，资金不及时到位等因素。

(3) 施工层面原因：公路施工项目部组织混乱、劳动效率低，建筑工艺不先进，工人流动性较大、岗位培训不足，因质量不足产生返工现象，采购程序不达标，购进材料不合标，材料成本支出增加，浪费现象较为严重等因素。

(4) 设计层面的原因：在设计施工方案的时候没有进行充分考量，致使设计方案存在缺陷，为了完成工程进度，在施工的过程中变更设计标准，现场执行人员不履行职责等。

5.2.3.2　成本偏差的调控

(1) 适当放缓建设速度，降低工人加班成本支出。

(2) 选择正规的材料供应商，以保证原材料的质量。

(3) 同等质量下选择性价比更高的原料。

(4) 完善技术设计，增强建设方案的经济性。

(5) 适当改变施工范围。

(6) 在不违背合同要求的情况下，对部门项目的质量标准进行调整。

(7) 去除多余环节，降低非必须成本支出。

5.2.3.3　分析产生进度偏差的原因

(1) 项目公司层面的因素：承建单位由于前期准备工作不完全，没有在规定时间内提供建设所需的各种生产材料；没有根据施工合同的要求适时提供相应的资源支持，或者在施工过程提出不合理的要求等因素。

(2) 设计层面的因素：项目主体没有进行清晰的设计交底，使得承建单位对项目设计理解出现偏差，这种情况下，非常容易出现施工差错，施工项目的设计变更较多，工程量变动幅度较大；当与设计有关的问题出现时，设计方不进行及时处理或者不予处理等情况。

(3) 承包公司层面的因素：项目部对于施工技术没有正确认知，在设计施工进度的时候过于自信，计划超过实际施工能力；机械物资等材料的协调调动能力不足，无法及时为施工部门提供相对的配套设置；组织建设的能力不足；没有全面考虑项目承建计划，忽视了项目业主的特殊要求；在施工建设的时候没有考虑建设风险，没有设计相应的风险应对措施；选择的建设方案不科学；外部自然环境的突然变化和不可预料；与业主之间就部分施工问题无法达成一致。

5.2.3.4　调整控制进度偏差

(1) 提前完成进度目标。通常情况下，项目承建单位的实际施工进度比计划施工进度提前的情况发生的比较少，但是这种情况的发生对项目部是非常有利的。因为施工进度提前完成，就意味着后续将会有比较充足的时间来应对计划的变更和各种问题的出现，这对于工期内完工甚至是超前完工是有非常大意义的；进度的超前完成能够为下一工程赢得时间，有了时间就意味着有更多分析成本控制、科学管理资金、降低成本支出的机会。

(2) 施工进度超期。项目部一般比较重视任务超期的现象，不论是哪种程度的拖延，都将对项目在工期内完工产生影响，所以通常会在下一进度期限内进行相对调整，通过各种方式提高建设速度，争取将延误的施工进度赶上。

(3) 施工进度正常。这种情况比较少见，因为很难保证施工进度正好符合计划要求，如果施工的进度能够与计划要求达到基本的持平，此时项目部不能放松，因为二者基本持平，并不代表以后也能够维持这种平衡。所以项目部不仅要对现在的经验进行总结，还要分析没有解决的问题，为下一阶段做好准备。

5.3 公路施工项目成本控制

公路施工项目成本控制是指在项目施工成本的形成过程中，按照事先制订的成本标准对工程施工中所消耗的各种资源和费用开支进行严格的监督、调节和限制，使生产成本控制在成本计划范围之内。公路施工项目成本控制是一种动态的控制，在项目的实际进程中需要随着施工的进展及外部环境的变化，不断调整控制方案，在达到预期的工程功能和工期要求的同时优化成本开支，将总成本控制在计划范围内，它是项目成本管理的基础、核心和关键。

5.3.1 公路施工项目成本控制概述

5.3.1.1 公路施工项目成本控制意义

在市场经济中，公路施工项目成本控制不仅在整个项目管理中，而且在整个企业管理中都有着重要的地位，要追求企业和项目的经济效益，通常通过收益的最大化和成本的最小化来实现。因此，全面加强成本控制，可以使企业提高经济效益，同时也可以节约大量的建设资金，这对于经济建设具有重大的意义。

(1) 项目成本控制是达到降低成本目标的有力保障

项目成本控制是按照事先确定的项目成本计划以及成本降低目标，运用多种方法对项目实施过程中所消耗的成本费用的使用过程情况进行管理控制。如果没有严格的成本控制工作，再完善的成本计划，再科学合理的成本降低目标，都不能很好贯彻执行和实现。

(2) 项目成本控制是监督、管理项目成本变更的有力工具

项目成本控制主要目的是对造成实际成本与成本计划发生偏差的因素施加影响，对已经发生和正在发生偏差的各项成本进行管理，其实质也就是对成本变更的监督和管理。项目的成本控制主要包括监视成本执行以寻找与计划的偏差，确保所有有关变更被准确地纳入成本预算计划中，防止恶意、未核准的变更纳入成本预算计划中，以保证项目的顺利进行。

(3) 项目成本控制是提高企业经济效益和社会效益的主要途径

质量、成本、进度是公路施工项目三大约束性目标。通过成本控制工作可以以低于同行业平均成本水平生产出符合合同要求、业主满意的产品。同时也为以后的项目竞标奠定基础。对政府还贷公路项目而言，通过成本控制工作，项目可以低成本完成。这样一方面可以为国家节省资金、节约能源，另一方面还贷项目比计划的时间早日还清贷款，减轻了公路使用者的负担，提高了公路的社会效益。

(4) 项目成本控制可以增强项目管理人员的责任意识

成本控制工作就是运用各种方法,保证项目的实际运行成本按照计划成本的要求进行。实行项目管理人员责任制,使项目各级管理人员,围绕着项目的质量、工期、成本,形成以责任为约束、以权力为保障、以利益为引导的理念,增强项目各级管理人员的责任意识。通过对比成本计划与成本降低目标实现的情况,可以定量检验项目各级管理人员成本控制工作,对项目管理人员具有督促作用。

(5) 项目成本控制可以为企业积累成本管理经验,指导今后投标报价工作

成本控制工作是成本管理工作的关键与核心。通过对项目成本工作资料的整理、分析,可以了解成本控制工作在降低成本目标中发挥的作用,以及发挥了多大的作用,这样便于指导以后项目的投标报价工作。在公路施工项目日常运营阶段,可以借鉴历史上成本控制的经验,指导成本管理工作,减少工作的盲目性,大大提高项目运作成功的概率。

5.3.1.2 公路施工项目成本控制的原则

由于公路施工项目成本控制是一次性行为,它随着项目建设的完成而结束其历史使命。为了确保该项目不亏损,成本控制不仅必要,而且是必须要做好的。但企业对施工项目成本的控制,必须遵循一定的原则,才能充分发挥成本控制的作用,否则便会出现乱控乱卡的情况,不仅不能控制成本,而且会造成工作上的混乱。

(1) 开源与节流相结合的原则

降低项目成本,一方面需要增加收入,另一方面需要节约支出。因此,在成本控制中,应该坚持开源与节流相结合的原则。要求做到每发生一笔金额较大的成本费用,都要检查是否有与其相对应的预算收入,是否支大于收,在经常性的分部分项工程成本核算和月度成本核算中,也要进行实际成本与预算收入的对比分析,以便从中探索成本节超的原因,纠正项目成本的不利偏差,提高项目成本的控制水平,降低项目的成本。

(2) 全面性原则

项目成本控制的全面性原则按照所涉及的影响因素,可分为全过程成本控制、全员成本控制、全方位成本控制。

① 全过程成本控制

项目成本控制工作贯穿于项目的每一个阶段,也贯穿于每个分部、分项工程的各个阶段。全过程控制要求从项目的施工准备、工程施工到竣工验收移交的各个阶段,根据成本的特点进行成本控制。同时根据施工阶段的不同,保证成本控制工作在不同施工阶段的衔接、控制方法的转变以及控制成果的及时总结。

② 全员成本控制

成本控制工作涉及参与项目的每一个员工,因此要做好成本控制工作,就要增强员工的成本意识,调动员工控制成本的积极性,营造员工积极参与成本控制工作的氛围。形成人人参加成本控制活动,个个有成本控制指标,将成本控制工作渗透到全体员工日常经营活动中。

通过上下结合、专群结合的方式才能有效降低成本,促进成本降低目标的实现。

③ 全方位成本控制

项目成本是一项综合性价值体系,它既受到生产经营活动中众多复杂、相互制约技术经济因素的影响,同时也涉及项目管理工作的方方面面。因此项目成本控制工作,要考虑影响项目成本形成的项目内部因素,同时,成本控制还要考虑到国家、集体、个人利

益的权衡与分配，统筹兼顾眼前利益与长远利益，这就要求成本控制工作要具有全局性、战略性。

（3）及时性原则

项目的成本是在生产经营过程中形成的，这一过程受多方面因素影响，总是处于不断变化中，并且变化的规律难以把握。这也是造成项目实际消耗与计划成本之间差异的主要原因。

为了保证成本控制的时效性，及时指导项目各方面的工作，必须运用一定方法及时揭示项目运行过程中的成本差异，及时采取合理措施把成本差异引起的不良后果限制在最小的范围内。

（4）节约原则

节约是提高企业经济效益的核心，是建设社会主义和谐社会的基本要求，是实现我国经济增长方式由粗放型到集约型转变的有效途径。同时提倡节约也要防止企业陷入偷工减料、粗制滥造的误区。节约不能消极控制，要依据项目的内部条件与外部环境，充分认识到事前控制的重要性，积极创造条件，在技术、管理上寻找突破口，保证项目正常运转情况下实现节约目标。

（5）目标管理原则

目标管理是一种贯彻执行项目成本计划的方法，首先企业制订切合实际的成本控制目标，把它作为项目各种技术经济活动的依据。然后根据统一领导和分级归口管理的原则，将目标层层落实到项目的各层次中去。目标管理的内容有目标的设立和分解、检查目标执行情况、修正和评价目标。项目的目标管理使项目的各项技术经济活动有了指导和准绳，促进了项目成本降低目标的实现，提高了企业经济效益。

（6）例外管理原则

例外管理是西方国家现代管理的常用方法，它是相对于规范管理而言的。在项目的运行过程中的许多活动是例行的，将不经常出现的活动称之为例外问题。例外问题一般会带来打破成本计划、影响项目正常运转等问题。因此在项目成本控制工作中，首先管理好可控成本、计划成本，在此基础上集中精力处理例外问题带来的影响。同时由于例外问题的多样性、偶然性，又很少有历史资料做参考，这对管理人员发现问题、分析问题、解决问题的能力提出考验。

（7）责、权、利相结合原则

在项目的生产经营过程中，项目的各级管理人员，拥有一定范围的采取管理措施的权力。如对一定数额资金的审批权，施工机械、人员的调动等。在拥有权力的同时，也要承担因管理不力而造成损失的责任。充分认识激励机制在成本控制工作中的作用，定期进行业绩考评，将考评与个人利益的挂钩。责、权、利相结合能充分调动各层员工的生产积极性，增强工作的责任感，慎重地利用拥有的权力，有利于成本控制工作的健康运行。

5.3.2 公路施工项目成本控制的组织与实施

5.3.2.1 公路施工项目成本控制的流程

公路施工项目成本控制流程是指项目经理部在施工过程中，通过有效的管理活动，对所发生的各种要素消耗、成本信息，有组织、有系统地进行预测、计划、控制、核算和分析等一系列工作，使工程项目施工过程中的各种要素，按照一定的目标运行，最终将公路施工项目的实际成本控制在预定的目标范围内。根据公路施工项目成本控制的要求和特点，其控制内容和流程如下。

(1) 成本标准的制定

生产消耗定额、限额以及预算、计划等都可以成为成本控制的标准。为了有效控制成本，应以达到平均先进水平的各种生产消耗定额作为成本标准，如产量定额、工日定额、材料与机具耗用定额等，然后将其纳入成本计划，这样才能随成本的形成过程进行控制。

(2) 成本监督

成本监督是通过成本核算和定期考核进行的，可以分别从以下两个方面进行监督：

① 按部门或单位总体监督，也就是按各责任单位分别设立核算台账。定期对整个部门或单位的成本目标完成情况进行监督和考核，并予以奖惩。

② 生产者个人监督。生产现场的操作者是现场成本控制者，他们在生产过程中直接使用各种资源，随时控制费用的发生。因此，每个人都要负起控制成本责任，进行自我监督。生产者要按规定清点完工数量、剩余数量、投入数量，填写消耗的材料、工时等记录，并与目标成本相比较，发现问题，寻找原因，加以纠正。

(3) 成本差异分析

将实际成本和标准成本(计划成本)进行比较，分析发生成本差异的因素及其原因，称为成本差异分析。成本差异分析有助于揭示差异中的有利因素和不利因素及其发生的原因，肯定节约成绩，确定成本超支的责任归属，及时研究成本超支的原因。可以进行以下分析：

① 成本项目构成分析。成本项目构成分析是通过研究各成本项目在单位成本中的比例关系，以便抓住重大的项目或比例变化不当的项目进行分析。分析时要同原定的比例比较，研究它的变化。

② 材料项目分析。主要是分析某种主要原材料成本，它受材料的消耗量和价格的影响。数量变化由生产单位负责，价格变化由供应部门负责。

③ 工资项目分析。是指对直接工资的分析，它受单位工时消耗和小时平均工资两个因素的影响。

④ 间接费用项目分析。间接费用是现场组织施工生产和管理发生的费用，需要从施工现场管理等方面分部门进行分析。

通过差异分析，进一步找出差异原因，采取措施，加以调控，同时总结行之有效的降低成本经验，开拓降低成本的新渠道。

(4) 差异的控制，采取纠偏的措施

对于经过计算并分析各项成本费用的差异，可以按具体情况采取措施进行控制。通常来讲，要做到没有差异是不可能的，各项成本费用的发生都会产生或多或少的差异。如果仅以标准成本进行点控制往往难以奏效，而应当采用区域控制的方法。即根据以往的历史资料和项目的具体情况，确定各类差异的正常控制范围。当实际成本在标准成本的一定范围内上下随机地波动，这类差异可视作正常的差异，一般不需要采取特别的控制措施。而当实际成本突破了这一控制范围，或虽在范围之内但却呈现出单方向的非随机变动趋势，则表明需要查明原因并采取一定的控制措施予以纠正。

这种区域控制的实施，变动成本应按单位产品成本进行监控，而固定成本则应按其发生总额进行监控，并分别对不同的成本项目进行控制，这样才有利于及时地进行干预控制。

5.3.2.2 公路施工项目标准成本的测算

根据公路施工项目各项投入要素的定额消耗量和相关单价并考虑其他因素后确定的完成本项目预计的各项开支，称为项目标准成本。项目标准成本的测算，就是施工企业在目前的管理模式、采购模式和项目管理模式基础上，确定的完成项目所预计要发生的全部开支。它是以企业成本标准定额为基准，计算消耗量，同时按一定方法，分离出报价中企业项目标准成本所预计的支出和项目毛利、税金等确定的成本标准。在进行分离计算中，要特别注意报价中的子目、收费项目的内容和系数调整，同时也要注意计算和核实投标的漏项、漏价问题，以保证项目标准成本的测算准确。

5.3.2.2.1 标准成本测算的依据

（1）标准成本定额

标准成本定额是对每个工程项目依据各子项的定额标准进行测算和汇总，从而测算出该项目的标准成本。一般分为以下三类：

① 项目施工费用性定额。它是直接应用于管理项目或者为完成业主合同所发生的费用，包括现场管理费、临时设施、质量成本、安全成本以及其他费用等。一般情况下，企业根据费用的不同、定额包含的内容和方法的不同以及施工工程、地区、类型的不同，可以按照单位造价和指标来确定一个合理的定额标准。

② 施工措施定额。主要指机械设备和周转材料等投入的定额。企业首先要将施工组织设计和施工方案标准化，一般而言，机械设备和周转材料项目比较多，不同的设备、材料考虑的因素不同。

③ 直接成本定额。主要是人工和材料部分，它主要根据单位工程用量进行分析的。

在实际过程中，由于新材料、新技术不断出现，使企业的定额编制工作总是滞后，影响企业标准定额的权威和及时性。这里要重点强调人工、材料单价问题，在标准成本的制定中一般以投标报价中的标准单价为宜。

（2）项目报价底稿

项目报价底稿是进行标准成本测算的一个重要依据，主要有单价和工程量部分。工程报价部门应及时将报价相关底稿交给标准成本测算部门，提供报价中的合同工程量、合同单价、措施费、企业成本管理收入、税金和其他收入等计算过程。

（3）与业主签订的合同和分包采购合同

总价合同和分包采购合同是测算项目成本单价和工程量的重要组成部分，除此之外，还把合同条款作为标准成本测算的一个依据。

（4）标准成本测算方法

标准成本测算方法主要包括标准成本定额内容，标准成本测算程序、方法、原则和工作分工等。一般每个企业都有自己的一套方法，它主要用来指导制订标准成本。

（5）施工组织设计和施工方案

通过施工组织的设计和施工方案，可以测算出相应的人工、材料、机械等的投入，因此可以将其作为测定标准成本的一个重要依据。

（6）项目成本管理办法

项目成本管理办法是企业成本管理的法律文件，一般包括成本管理的分工、岗位责任制、组织体系、制度保证、业务流程和考核办法等，因此，标准成本测算时经常以它为参照。

5.3.2.2.2　公路施工项目标准成本测算的方法

根据工程成本的构成，公路施工项目标准成本的测算一般包括人工费、材料费、机械费、其他工程费和现场管理费等几部分。

(1) 人工费的测定。目前有日工报价和包含在某部分的单价中两种方法。前者按定额工日乘以单价；后者利用投标工作底稿将每项施工的单位用工或单位用工单价结合清单工程量进行计算，经汇总得出人工费的标准成本支出预计。

(2) 材料费的确定。包括工程实体材料费和有助于工程实体形成的水电费、焊接费、周转工程费等费用。材料费的分析主要是通过对每个项目子项进行分析，然后计算出每项单位耗材量和预算单价。

主要材料费的计算主要考虑标准消耗量和材料单价问题。对于标准消耗量，应以企业消耗定额为标准，同时根据本工程的实际施工方案来确定所需要的各种材料消耗和料具费支出，即：

$$标准用量=实际工程量\times单位材料消耗量 \tag{5-78}$$

对于材料单价问题，一般分大宗材料(如钢材、水泥、木材和砖、石、砂、灰等)、周转材料(如模板、脚手架等)和其他小型材料。对于大宗材料和周转材料，一般采用企业集中采购的供应单价进行结算，实际单价与供应单价的差额问题，一般归为本项目的非责任成本开支；对于小型材料采购中的差价，由于量小品种多，一般作为不可预见费包干给项目控制。在实际计算中，按以下公式进行计算：

$$大宗材料标准成本=材料单价\times定额消耗量 \tag{5-79}$$

$$其他及零星材料标准成本=市场目前单价\times定额消耗量+不可预见费用 \tag{5-80}$$

$$周转料具标准成本=租用量\times内部租用单价 \tag{5-81}$$

$$材料总标准成本=大宗材料标准成本+其他及零星材料标准成本+周转料具标准成本 \tag{5-82}$$

(3) 机械费的测定。机械费包括定额机械费和大型机械费。定额机械费一般是指中小型机械费，如搅拌机、振动器、木工圆锯等。一般施工企业不容易测定而且数额不大，可根据实际工程量和租赁机械台班计算。

大型机械费主要包括使用费及其安装、拆除、运输费等。该项费用应根据施工组织设计或施工方案中要求配备的数量，结合工程结构特点和工期要求，综合分析后确定。大型机械设备使用费等于机械设备台班单价乘以使用台班数。

在进行标准成本测定时，还有一部分不可预见费，这部分费用主要根据标准成本要求测算的精度而定，精度愈高，不可预见费愈低。

(4) 其他工程费的测定。这部分费用的测定一般是以实际发生为原则，如果测算有困难，也可按预算费用定额中的费率标准计算。

(5) 现场管理费的测定。一般包括现场管理人员工资及奖金、业务招待费、办公费、交通费等。可以列出费用清单，根据项目实际情况和企业的有关规定分项测算。

(6) 专业分包成本测定。一般包括两部分：一是业主在招标中指定并落实分包价格的部分，一般不能调整；二是企业分包的部分，按与分包商谈判的结果决定专业分包成本。

5.3.2.3 公路施工项目成本差异分析

5.3.2.3.1 成本差异及构成

成本比较的结果会显示出计划值与实际值之间存在差异，在成本控制中把这种差异称为成本偏差，在特定的情况下可简称为偏差。为了对成本偏差进行全面、客观的分析，一些关于偏差的概念，需要加以明确定义。

(1) 成本参数和偏差变量

由于偏差是成本比较的结果，因而某一偏差的出现必然同时与两个成本变量有关。在成本分析中，一般涉及以下三个与成本有关的参数：

① 拟完工程计划成本。

② 已完工程计划成本。

③ 已完工程实际成本。

相应地，就有三种成本偏差变量，即：

成本偏差 1＝已完工程实际成本－拟完工程计划成本

成本偏差 2＝已完工程实际成本－已完工程计划成本

成本偏差 3＝已完工程计划成本－拟完工程计划成本

所谓拟完工程计划成本，是指根据计划安排在某一确定时间内所应完成的工程数量的计划成本，即拟完工程量与计划单价的乘积。故成本偏差 1 包含了实际完成工程数量与计划完成工程数量以及实际单价与计划单价两方面的偏差。已完工程计划成本，是指按照计划单价计算的实际完成工程数量的成本。因而成本偏差 2 只包含实际单价与计划单价的偏差，成本偏差 3 则只包含实际完成工程数量与计划完成工程数量的偏差，反映的是进度的偏差。由于实际的工程进度不可能完全按计划进度实现，因而从成本比较的要求来看，前两类成本偏差是分析的重点。

(2) 局部偏差和累计偏差

局部偏差有两层含义：一是相对于总项目的工程成本偏差而言，指单位工程或分部分项工程的偏差；二是相对于项目已经实施的时间而言，指每一控制周期所发生的工程成本偏差。

与局部偏差相对应的偏差称为累计偏差，即在项目已经实施的时间内累计发生的偏差。累计偏差是一个动态的概念，其数值总是与具体的时间联系在一起的，第一个累计偏差在数值上等于局部偏差，最终的累计偏差就是整个项目成本的偏差。在大多数情况下，局部偏差和累计偏差的符号相同，但也有可能相反。

在进行成本偏差分析时，对局部偏差和累计偏差都要进行分析。在每一控制周期内，局部偏差发生所在的工程内容及其原因一般都比较明确，分析结果也就比较可靠。而累计偏差所涉及的工程内容较多、范围较大，原因也较复杂，因而累计偏差分析必须以局部偏差分析为基础。否则，累计偏差分析的结果就会流于空泛而缺乏可靠性。从这个意义上讲，局部偏差分析比累计偏差分析更为重要。从另一方面来看，累计偏差分析并不是局部偏差分析的简单汇总，而需要对局部偏差分析的结果进行综合分析，其结果更能显示出代表性、规律性，对成本控制工作在较大范围内具有指导作用。

另外，在某种特殊情况下，有些成本可能只在累计偏差中反映而不在局部偏差中出现。例如索赔成本，一般不是每个控制周期都发生的。索赔成本一旦发生，即使能明确、合理地归入具体的分部分项工程，也往往很难合理地分解到已经过去的各个控制周期中，或者并没有必要一定要分解到各个控制周期。

(3) 绝对偏差和相对偏差

所谓绝对偏差，是指成本计划值与实际值比较所得到的差额，如成本偏差 1、成本偏差 2 和成本偏差 3 都是绝对偏差，而所谓相对偏差，则是指成本偏差的相对数或比例数，通常是用绝对偏差与成本计划值的比值来表示，即：

$$相对偏差=\frac{绝对偏差}{成本计划值}=\frac{成本实际值-成本计划值}{成本计划值} \tag{5-83}$$

在进行成本偏差分析时，对绝对偏差和相对偏差都要进行计算。绝对偏差的结果比较直观，其作用主要在于了解项目成本偏差的绝对数额，指导资金使用计划的制订或调整。由于项目规模、性质、内容不同，其成本总额会有很大差异，同一数额的绝对偏差在不同的项目上就表现出不同的重要性。同样，在同一项目的不同层次和内容或不同控制周期，也都有类似的问题。因此，绝对偏差就显得有一定的局限性，而相对偏差就能较客观地反映工程成本偏差的严重程度和合理程度。从对成本控制工作的要求来看，相对偏差比绝对偏差更有意义。

绝对偏差和相对偏差是对工程成本偏差的两种具体表达方法，任何工程成本偏差都会同时表现出绝对偏差和相对偏差。在对局部偏差和累计偏差进行分析时，绝对偏差和相对偏差的数值不会影响分析的结果，但其数值的大小可以对分析工作起一定的指导作用，即对偏差数值大者进行较深入细致的分析，反之则分析可以相对简单一些。

(4) 成本偏差程度

所谓成本偏差程度，是指成本实际值对计划值的偏离程度，通常以成本实际值与成本计划值的比值来表示，即：

$$成本偏差程度=\frac{成本实际值}{成本计划值} \tag{5-84}$$

偏差程度与相对偏差既有联系又有区别，其联系表现在两者都是反映偏差相对性的尺度，都与计划值和实际值有关。两者的区别：一是相对偏差是与绝对偏差相对应的，没有绝对偏差，也就无所谓相对偏差。而偏差程度则是一个独立的概念，与绝对偏差无关；二是相对偏差的数值可正可负，而偏差程度的数值总是正值，大于 1 为正偏差，表示工程成本增加；小于 1 为负偏差，表示工程成本节约。

与局部偏差和累计偏差相对应，可分为成本局部偏差程度和成本累计偏差程度。显然，累计偏差程度在数值上不等于局部偏差程度之和，两者要分别计算：

$$成本局部偏差程度=\frac{当月实际成本值}{当月计划成本值} \tag{5-85}$$

$$成本累计偏差程度=\frac{累计实际成本值}{累计计划成本值} \tag{5-86}$$

上述局部偏差和累计偏差、绝对偏差和相对偏差、偏差程度等概念都是偏差分析的基本内容，可以应用于项目的各个层次。偏差分析所达到的项目层次越深，分析结果就越可靠，对成本控制工作就越有指导意义。在成本控制的实践中，应当要求项目各层次成本控制人员所作的偏差分析至少达到该项目层次的下一层次。

5.3.2.3.2　成本差异分析方法

成本差异分析常用的方法有横道图法、表格法和成本差异法。在成本控制的实际工作中，可以根据具体情况选择其中 1～2 种方法。必要时，也可以综合应用这 3 种方法。

(1) 横道图法

横道图法的基本特点是用不同的横道标识不同的工程费用参数，而各工程费用参数横道的长度与其数额成正比，但整个项目的横道与分部分项工程横道的单位长度所表示的工程费用数额不同。工程费用偏差和进度偏差数额可以用数字或横道表示，如图 5-3 所示。

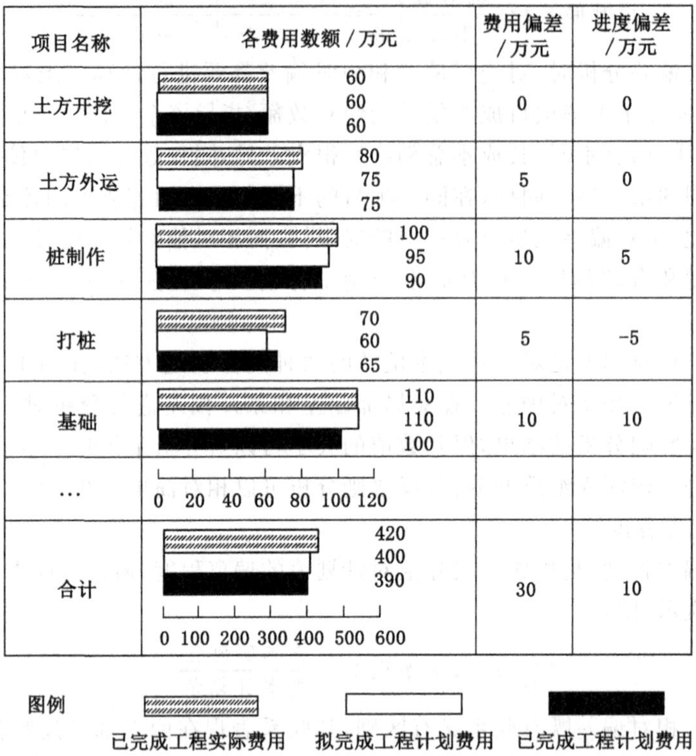

图 5-3　项目偏差分析横道图

横道图的优点是较为形象和直观，便于了解项目工程费用的概貌。但是，由于这种方法所反映的信息量较少，主要反映累计偏差和绝对偏差，一般不反映相对偏差和偏差程度。因而其应用有一定的局限性，一般用于项目的较高层次，而且大多是为项目管理负责人服务。

(2) 表格法

表格法(表 5-16)是进行偏差分析最常采用的一种方法，它具有许多优点：

① 灵活、适用性强，可以根据项目的具体情况、数据来源、成本控制工作的要求等条件来设计表格。但是在同一个项目中，不同项目内容和层次的表格应当保持一致。

② 信息量大，可以反映各种偏差变量和指标。只要需要，工程费用偏差和进度偏差、局部偏差和累计偏差、绝对偏差和相对偏差、偏差程度和偏差原因等都可以在表格中得到反映。这对全面、深入地了解项目工程费用的实际情况和动态是非常有益的，有利于成本控制人员及时采取针对性措施，加强对项目工程费用的控制。

③ 便于用计算机辅助成本控制，减少成本控制人员在处理费用数据方面所消耗的时间和精力。

表 5-16　项目费用偏差分析表

项目名称		(1)	土方开挖	土方外运	桩制作	打桩	基础	地下工程
单位		(2)	m^3	t·km	根	根	m^3	
计划单价		(3)						
拟完工程量		(4)						
拟完计划费用/万元		(5)=(3)×(4)	0	35	55	45	110	245
已完工程量		(6)						
已完计划费用/万元		(7)=(3)×(6)	0	35	50	50	100	235
实际单价		(8)						
其他款项/万元		(9)	0	5				
已完实际费用/万元		(10)	0	40	60	50	110	260
局部偏差	绝对偏差	(11)=(10)−(7)		5	10	0	10	25
	相对偏差	(12)=(11)÷(7)		14.3%	20%	0	10%	10.6%
	偏差程度	(13)		1.143	1.2	1	1.1	1.106
	原因	(14)						
累计偏差	绝对偏差	(15)=$\sum$(11)	0	5	10	5	10	30
	相对偏差	(16)=$\sum$(11)/(7)	0	6.7%	11.1%	7.7%	10%	7.7%
	偏差程度	(17)=$\sum$(10)/(7)	1	1.067	1.111	1.077	1.1	1.077

(3) 成本差异法

成本差异分析是成本日常控制的重要工作。通过差异分析，揭示成本差异中的有利差异(顺差，或称节约)和不利差异(逆差，或称超支)，为进一步对差异产生的原因进行分析研究和改进工作提供依据。成本差异分析是在成本标准的基础上进行的，控制成本的标准一般有两个：一是数量标准；二是价格标准。因而在实际成本与标准成本对比分析中就产生了数量差异和价格差异两个因素。数量差异方面有材料耗用量差异、人工效率差异、机械使用效率差异、费用效率差异等；价格差异方面有材料价格差异、工资率差异、机械使用费率差异以及费用分配率差异等。

成本差异分析的通用模式为：

① 标准价格×标准数量

② 标准价格×实际数量

③ 实际数量×实际价格

①−②=数量差异= { 材料耗用量差异；人工效率差异；变动费用效率差异 }

①−③=实际成本与标准成本的差异

②－③＝价格差异 {材料价格差异 / 工资率差异 / 变动费用分配率差异}

以上各成本项目发生差异的名称虽有不同，但可归结为数量差异和价格差异两类不同质的差异，其计算方法是基本相同的。

【例 5-10】 某公路工程项目施工过程中需要使用一种直接材料甲。该公司工程项目为道路工程，道路里程为 3 km。该工程项目共耗用甲材料 1 500 t，甲材料的实际价格为每吨 405 元。甲材料的标准价格为每吨 386 元，单位路面(即 1 km)工程材料标准耗用量为 450 t 甲材料，则甲材料的成本差异分析如下：

材料用量差异＝(1 500－1 350)×386＝57 900(元)(不利差异)

材料价格差异＝(405－386)×1 500＝28 500(元)(不利差异)

材料成本差异＝1 500×405－1 350×386＝86 400(不利差异)

从例子中可以知道，由于材料价格方面的原因使材料成本上升了 28 500 元；由于材料用量的超支使材料成本上升了 57 900 元。材料价格差异一般由公路施工企业材料供应部门负责，因为影响材料采购价格的各种因素(如采购材料的批量、供应商的选择、交货方式、材料的质量、运输工具等)一般来说是由材料供应部门控制并受其决策的影响。当然，在实际采购过程中有些因素是材料供应部门无法控制的。例如，通货膨胀因素的影响，国家对材料价格的调整等。因此，对材料价格差异，一定要进行进一步的深入分析研究，查明产生差异的真正原因，分清各部门之间的经济责任，只有在科学分析的基础上，才能有效地进行控制。影响材料用量的因素也是多种多样的，包括施工现场工人的技术熟练程度和对工作的责任感、材料的质量、施工设备的状况等。一般地，材料用量超过标准大多是因为职工在施工过程中粗心大意，缺乏培训或技术素质较低等原因造成的，应由施工部门负责，但用量差异有时也是由其他部门的原因造成的。例如，材料供应部门采购了质量低劣或规格不符合要求的材料，致使施工过程中用料过多，由此产生的材料用量差异应由材料供应部门负责；再如，由于施工机械设备管理部门的原因致使施工机械不能完全发挥其生产能力，造成的材料用量差异则应该由设备管理部门负责。找出和分析造成差异的原因是进行有效控制的基础。

5.3.3 公路施工项目成本控制方法

公路施工项目成本控制的方法很多，一般在工程实践中只要在满足质量、工期、安全的前提下，能够实现成本控制目的的方法都认为是可行的。但是，各种控制方法的采用要根据控制的具体内容而定。因此，要根据不同的情况，选择与之相适应的控制手段和控制方法。下面介绍 5 种成本控制的方法。

5.3.3.1 目标成本控制法

在公路施工项目的成本控制中，可根据项目经理部制定的目标成本控制成本支出，这是最有效的方法之一。该控制方法主要是从以下几个具体方面加以控制：

(1) 人工费的控制

在项目经理部与施工队等签订劳务合同后，应根据工程特点和施工范围确定施工队伍。人工费单价采用标后预算规定的人工费单价，辅工还可再低一些。同时在施工过程中，必须严格按合同核定劳务分包费用控制支出，并每月底结算一次，发现超支现象应及时分析原因，清退不合格队伍。施工过程中，要注意加强预控管理，防止合同外用工现象的发生。

(2) 材料费的控制

由于材料成本是整个项目成本的主要环节，因此，项目经理应对材料成本予以足够的重视。对材料成本的控制，要以预算价格来控制地方材料的采购成本。对材料消耗数量的控制，要在工程项目施工过程中，每月应根据施工进度计划，编制材料需用量计划，如超出限额领料，要分析原因，及时采取纠正措施；同时通过实行限额领料制度来控制、落实材料领用数量，并控制工序施工质量，争取一次合格，避免因返工而增加材料损耗。施工中，由于材料市场价格变动频繁，往往会发生预算价格与市场价格严重背离而使采购成本失控的情况。因此，除了项目材料管理人员要经常关注材料市场价格的变动，利用现代化信息手段广泛收集材料价格信息，并积累系统翔实的市场信息、优化采购之外，还应采用材料部门承包的方式控制材料总销量及总采购价，同时对材料价格的上升和下降有一定的预计和准备，以平衡成本支出，降低工程项目成本。

(3) 周转工具使用费的控制

在项目施工责任成本中，周转工具使用费是根据施工组织总设计中的有关施工方案计算的。目标成本中该项费用是经过对施工组织总设计中的有关施工方案进一步细化确定的。对周转工具使用费应从以下几个方面进行控制：

① 在计划阶段通过合理地安排施工进度，采用网络计划技术进行优化，采用先进的施工方案和先进的周转工具，控制周转工具使用费计划数低于目标成本的要求。

② 在施工阶段控制租赁数量和进退场时间，减少租赁数量和时间，选择质优价廉的租赁单位，降低租赁费用。

③ 使用阶段通过建立规章制度，建立约束和激励机制，控制周转工具的损坏、修理和丢失。

(4) 施工机械使用费的控制

施工机械使用费的控制与周转工具使用费的控制相似。在确定目标成本时尽量充分利用现有机械设备、内部合理调度，力求提高主要机械的利用率，在设备选型配套中，注意一机多用，减少设备维修养护人员的数量和设备零星配件的费用。对于单独列出租赁的机械，在控制时也应按使用数量、使用时间、使用单价逐项进行控制。小型机械及电动工具购置及修理费采取由劳务队包干使用的方法进行控制。

(5) 现场管理费的控制

现场管理费包括项目经理部管理人员工资、奖金、交通费、业务费等，现场管理费内容多，人为因素多，不易控制，超支现象较为严重。现场管理费的控制宜实行全面预算管理，采用差旅费包干到部室、业务招待费按比例计提控制。对一些不易包干的费用项目，可通过建立严格的审批手续来控制。

5.3.3.2　*以施工方案控制资源消耗*

公路施工项目中资源消耗是成本费用的重要组成因素。因此，减少了资源消耗，就等于节约了成本费用；控制了资源消耗，也等于是控制了成本费用。

采用施工方案控制资源消耗的方法和步骤是：

(1) 在工程项目开工以前，根据施工图纸和工程现场的实际情况，制订施工方案，包括人力物资需用计划、机具配置方案等，以此作为指导和管理施工的依据。在施工过程中，如工程变更或需改变施工方法，则应及时调整施工方案，对标后预算作统一调整和补充。

(2) 组织实施。施工方案是进行工程施工的指导性文件，对生产班组的任务安排，必须签发施工任务单和限额领料单，并向生产班组进行技术交底。施工任务单和限额领料单的内容，应与标后预算相符，不允许擅自篡改，在施工任务单如限额领料单的执行过程中，要求生产班组根据实际完成的工程量和实际消耗人工、实际消耗材料做好原始记录，作为施工任务单和限额领料单结算的依据。在任务完成后，根据回收的施工任务单和限额领料单进行结算，并按照结算内容支付报酬(包括奖金)。

针对某一个项目而言，施工方案一经确定，则应是强制性的。有步骤、有条理地按施工方案组织施工，可以避免盲目性，可以合理配置人力和机械，有计划地组织物资进场，从而可以做到均衡施工，避免资源闲置或积压造成浪费。

(3) 采用价值工程，优化施工方案。对同一工程项目的施工，可以有不同的方案，选择最合理的方案是降低工程成本的有效途径。采用价值工程，可以解决施工方案优化的难题。价值工程又称价值分析，是一门技术与经济相合的现代化管理科学。应用价值工程，既要研究技术，又要研究经济，即研究在提高功能的同时不增加成本，或在降低成本的同时不影响功能，把提高功能和降低成本统一在最佳方案中。表现在施工方面，主要是寻找实现设计要求的最佳施工方案，如分析施工方法、流水作业、机械设备等有无不切实际的过高要求。最优化的方案，也是对资源利用最合理的方案。采用这样的方案，必然会降低损耗、降低成本。

5.3.3.3 用挣值法进行工期成本的同步控制

长期以来，国内的施工企业编制施工进度计划是为安排施工进度和组织流水作业服务的，很少与成本控制结合。实质上，对于成本控制与施工计划管理，在成本与进度之间必然存在着同步关系。因为成本是伴随着施工的进行而发生的，施工到什么阶段应该有什么样的费用，应用成本与进度同步跟踪的方法控制部分项目工程成本。如果成本与进度不对应，则必然会出现虚盈或虚亏的不正常现象，那么就要对此进行分析，找出原因，并加以纠正。

挣值法是一种分析目标实施与目标期望之间差异的方法。挣值法是通过测量和计算已完工作量的计划成本与已完工作量的实际成本和计划工作量的计划成本，得到有关计划实施进度和成本偏差情况，从而达到分析工程项目计划成本和进度计划执行情况的目的。

挣值法是因为这种分析方法应用了一个关键数值“挣得值”而命名的。所谓挣得值就是已完成工作量的计划成本，是指项目实施某阶段实际完成工程量按计划价格计算出来的费用。

(1) 挣值法的三个基本参数

① BCWS代表的是成本设计目标的预算成本情况，也就是以准批的预算和任务要求设计成本管理计划，到某一环节时候完成任务需要投入的费用总值。因为BCWS的工作量与成本都是设计的，因此BCWS采用的都是统一的计划标准，以保证其在工程建设中是一致的，除非有合同变更或者设计变更情况发生。

$$\text{BCWS}=\text{计划工作量}\times\text{预算成本} \tag{5-87}$$

② BCWP代表的是任务完成项目对应的预算成本情况，也就是我们所说的挣值(EV)。根据已经被审批的预算情况，计算到某一施工阶段，完成任务进度需要投进的所有资金的总和。这个总和是项目承建方实现任务进度能够收到的项目方支付的施工总金额，也就是项目

承建方争取的资金数量，因此被称为挣值。挣值表达了投资额转化成为成果的过程。

$$BCWP = 已完成工作量 \times 预算成本 \quad (5\text{-}88)$$

③ ACWP 代表的是任务完成发生的实际成本情况，也就是在一施工环节中，为完成任务要求投入的实际资金总额。根据实际情况在 BCWP 数值上进行相应的费用改变，变更之后的费用总额就是 ACWP。

ACWP 数值对项目建设中费用的实际支出进行了反馈。

$$ACWP = 已完成工作量 \times 实际成本 \quad (5\text{-}89)$$

对以上三个变量进行概念确定之后，就能够得到挣值法所需要的评价指标，之后再根据这个指标体系来分析某一关键点的费用支出和施工进度情况。具体如表 5-17。

表 5-17　挣值分析的指标体系

指标	计算方法	指标值	含义
成本偏差 CV	CV=BCWP－ACWP	CV＜0	实际成本超过预算成本，成本超支的绝对额
		CV＞0	实际成本少于预算成本，成本节约的绝对额
		CV=0	成本的计划与实际支出刚好相符
进度偏差 SV	SV=BCWP－BCWS	SV＜0	实际进度慢于计划进度，进度延误的时长
		SV＞0	实际进度快于计划进度，进度提前的时长
		SV=0	进度与计划刚好一致
成本绩效指数 CPI	CPI=BCWP/ACWP	CPI＜1	超支程度，实际成本高于预算成本的偏差率
		CPI＞1	节约程度，实际成本低于预算成本的偏差率
		CPI=1	成本的计划与实际支出刚好相符
进度绩效指数 SPI	SPI=BCWP/BCWS	SPI＜1	进度延误程度，即进度滞后的偏差率
		SPI＞1	进度提前程度，即进度超前的偏差率
		SPI=1	实际进度等于计划进度

(2) 挣值法的 4 个评价指标

① 成本偏差 CV。CV 是指检查期间 BCWP 与 ACWP 之间的差异，计算公式为：

$$CV = 已完工作量的计划成本 - 已完工作量的实际成本 \quad (5\text{-}90)$$

当 CV 为负值时，表示执行效果不佳，即实际消耗人工（或成本）超过计划值，即超支。如图 5-4(a)所示。

当 CV 为正值时，表示实际消耗人工（或成本）低于计划值，即有节余或效率高。如图 5-4(b)所示。

当 CV 等于零时，表示实际消耗人工（或成本）等于计划值。

② 进度偏差 SV。SV 是指检查日期 BCWP 与 BCWS 之间的差异。

其计算公式为：

$$SV = 已完工作量的计划成本 - 计划工作量的计划成本 \quad (5\text{-}91)$$

当 SV 为正值时，表示进度提前[图 5-5(a)]。

当 SV 为负值时，表示进度延误[图 5-5(b)]。

当 SV 为零时，表示实际进度与计划进度一致。

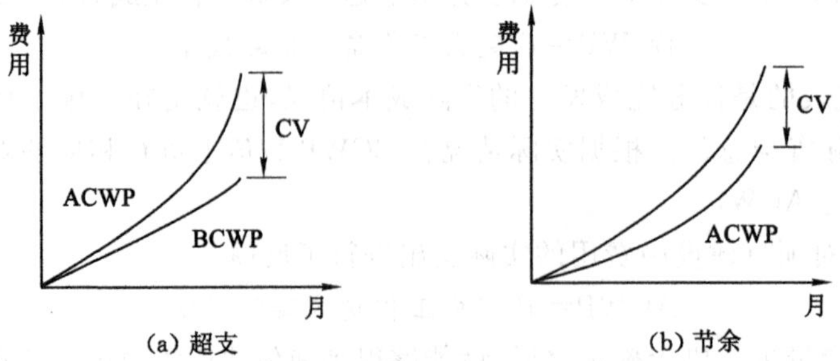

图 5-4　成本差异示意图

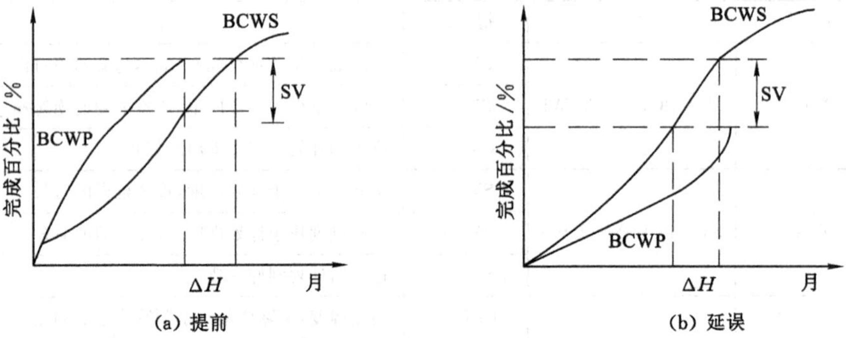

图 5-5　进度偏差示意图

③ 费用执行指标 CPI。CPI 是指计划成本与实际成本值之比(或工时值之比)。计算公式为:

$$\text{CPI}=\text{已完工作量的计划成本}/\text{已完工作量的实际成本} \tag{5-92}$$

当 CPI>1 时,表示低于计划,即实际成本低于计划成本。

当 CPI<1 时,表示超出计划,即实际成本高于计划成本。

当 CPI=1 时,表示实际成本与计划成本吻合。

(4) 进度执行指标 SPI。SPI 是指项目挣得值与计划之比,即:

$$\text{SPI}=\text{已完工作量的计划成本}/\text{计划工作量的计划成本} \tag{5-93}$$

当 SPI>1 时,表示进度提前,即实际进度比计划进度快。

当 SPI<1 时,表示进度延误,即实际进度比计划进度慢。

当 SPI=1 时,表示实际进度等于计划进度。

(3) 挣值法评价曲线

挣值法评价曲线如图 5-6 所示。图的横坐标表示时间,纵坐标则表示费用(以实物工程量、工时或金额表示)。图中 BCWS 按 S 形曲线路径不断增加,直至项目结束达到它的最大值。可见 BCWS 是一 S 形曲线。ACWP 同样是进度的时间参数,随项目推进而不断增加,也是 S 形曲线。利用挣值法评价曲线可进行费用进度评价。当 CV<0,SV<0 时,表示项目执行效果不佳,即费用超支,进度延误,应采取相应的补救措施。

在实际执行过程中，最理想的状态是 ACWP、BCWS、BCWP 三条曲线靠得很近，平稳上升，表示项目按预定计划目标前进。如果三条曲线离散度不断增加，则可能发生关系项目成败的重大问题。如果经过对比分析，发现某一方面已经出现成本超支，或预计最终将会出现成本超支，则应将它提出，作进一步的原因分析。原因分析是成本责任分析和提出成本控制措施的基础。

(4) 分析案例

图 5-6 为某公路施工项目挣值法分析下评价曲线，横坐标表示时间，纵坐标表示成本费用，在这个图中 BCWS、BCWP 和 ACWP 是 3 个与时间相关的概念。与之对应的某公路施工项目成本计划表见表 5-18。

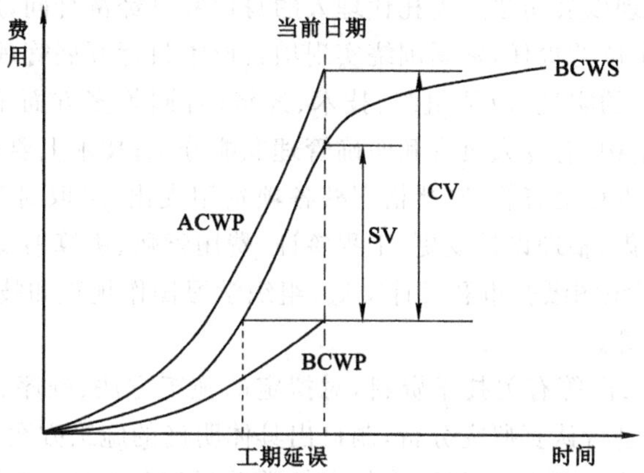

图 5-6　某公路施工项目挣值法分析下评价曲线

表 5-18　某公路施工项目成本计划

从开工月算起时间/月	分期		累计	
	金额/万元	进度/%	金额/万元	累计进度/%
项目启动期	921.12	6	912.12	6
1～3	1 381.68	9	2 302.8	15
4～6	1 842.24	12	4 145.04	27
7～9	2 302.8	15	6 447.84	42
10～12	2 302.8	15	8750.64	57
13～15	1 995.71	13	10 746.35	70
16～18	1 842.24	12	12 588.59	82
19～21	1 381.68	9	13 970.27	91
21～24	921.12	6	14 891.39	97
缺陷责任期	524.61	3	15 416	100

实际上，公路施工项目承建单位想要实现的曲线发展应该是函数曲线应稳定升高，相互之间逐渐靠近，最后合为一条曲线，这表明工程是根据项目计划来实施的，实际操作与计划

之间没有产生较大偏差，工程计划实行状况较好，这种情况下，对工程费用和任务进度的把控通常是非常好的。但观察公路施工项目的曲线变化情况，可以看出，三个变量没有合一的趋势，所以公路施工项目承建单位的成本和进度把控一直没有达到理想情况。

5.3.3.4 运用目标管理控制工程成本

运用目标管理控制工程成本，是通过标后预算确定目标成本，在确定每个单位工程的最低利润额后将项目进行公开招标，用合同方式代替行政命令。

在纵向上实行 4 级承包，项目经理部按核定利润（中标利润）与公司施工部门签订包工期、质量、安全、效益的项目承包合同；项目经理与各工长签订以考核工期、质量、安全、成本为主要指标的分项工程承包合同；各工长将承包指标以施工任务书形式落实到施工队（班）组；各施工队（班）组以定额工日为依据，对施工小组（人员）逐日下达施工任务。

在横向上，项目经理以公司法人委托代理人的身份签订经济合同，用经济和法律手段规范项目经理部与相关单位的责任，紧紧围绕实现项目成本目标开展管理工作。

为了确保成本目标的实现，应从组织、技术、经济、合同等多方面采用措施加强基础管理。要有明确的组织结构，有专人负责和明确管理职能分工；技术上要对多种施工方案进行选择；经济上要对成本进行动态管理，严格审核各项费用支出，采取对节约成本的奖励措施等；合同措施主要是收集、整理设计变更、工程签证、费用索赔、决算书发文等。具体做法有：

（1）施工前认真组织图纸会审和设计交底，组织学习操作规程和技术标准，编制质量保证措施、安全保证措施等。

（2）根据设计、施工图等有关技术资料，对拟定的施工方法、顺序、作业形式、机械设备选型、技术组织措施等进行认真研究分析，制订出具体明确的施工方案。

（3）台账管理。材料台账应对预算数与实耗数差异进行分析，为成本分析提供尽可能详尽的资料；对内促进管理，对外如有正式设计变更或口头变更应及时签证补充预算，按时收取进度款和价差；劳动定额台账侧重于定额的全面执行和结算的准确性，外来单位和用工的合理性。单位工程进行月度的一般分析，季度全面详细分析。

（4）设立工程建设项目的合同管理机构或者配备合同管理专职人员。建立合同台账统计、检查和报告制度。为企业法人和项目经理部作出管理决策、费用索赔、决算书发文等提供依据。

在选用控制方法时，应该充分考虑与各项施工管理工作相结合。例如在机会管理、施工任务单管理、限额领料单管理、合同预算管理等工作中，跟踪原有的业务管理程序，利用业务管理所取得的资料进行成本控制，不仅省时省力，还能帮助各业务管理部门落实责任成本，从而得到相关部门有力的配合和支持。

因此，综合各种有效的成本控制方法是实现公路施工项目成本控制的要求，是降低额外消耗实现目标成本，实现项目赢利的关键。

5.3.3.5 费用变更控制法

费用变更是指公路施工项目实施过程中因合同变更而导致公路施工项目费用发生增减变动。公路施工项目成本控制主体在控制项目成本时，必须严格控制公路施工项目的变更情况。

公路施工项目变更控制系统是一套修改公路施工项目文件时应遵循的程序，其中包括公路施工项目的书面性文件，跟踪系统和变更审批制度。公路施工项目变更控制系统规定了改变费用基数的程序，包括公路施工项目文书工作、跟踪系统和批准更改所必需的批准级别。在很多情况下，公路施工项目成本控制主体通常采用变更控制系统来控制费用的变更。该控制系统包括措施、信息和反馈三大要素，这三大要素之间的循环关系，保证了对公路施工项目变更的有效控制。

公路施工项目变更控制系统由措施开始，产生关于措施实施效果的信息，这些信息经过处理作为反馈信息反馈给控制决策主体便完成了一次循环。如果反馈信息表明各项控制活动一切正常，则控制主体可以按照既定的控制计划继续进行；如果反馈信息表明控制活动出现了异常情况，则控制主体必须采取必要的补救措施，纠正各种偏差，从而使控制活动得以顺利进行。

公路施工项目成本控制主体在采用费用变更控制法时，必需要注意以下几个方面的问题：首先，是费用变更控制系统作为公路施工项目变更系统的一个子系统，必须与公路施工项目变更系统协调一致；其次，是在费用变更控制系统中，必须严格划分变更所涉及的各利益主体之间的责、权、利；最后，费用变更控制系统的信息反馈必须真实、及时。

第6章 运用计算机编制公路工程概预算

【本章摘要】

运用程序完成公路工程概预算编制的过程。

【学习要求】

程序使用过程中定额的套用及调整，熟悉运用程序完成公路工程概预算编制的过程。

【基本概念】

项目属性，定额调整，辅助定额。

6.1 公路工程概预算编制

6.1.1 纵横公路工程造价管理系统概述

纵横公路工程造价管理系统，以下简称纵横公路造价软件。主要用于编制公路工程建设项目的建议估算、可行估算、概算、修正概算、施工图预算、标底控制价、投标报价、合同中间结算、设计变更结算、竣工结算。

6.1.1.1 纵横公路造价软件的下载安装与注册

(1) 下载安装程序

登录纵横公司官方网站下载纵横 Z+。

(2) 解压安装程序

① 双击压缩包，解压安装程序；② 运行安装程序，按提示安装即可；③ 安装完成后，在桌面即出现纵横 Z+图标；④ 双击图标进入下载对应版本软件使用(建议将软件安装在非系统盘 D:\Program Files\纵横软件\。安装完成后，插上软件加密锁即可使用)。

6.1.1.2 纵横公路造价软件版本介绍

(1) 专业版/导则版：投资估算(建议估算、可行估算)、初步设计概算、修正概算、施工图预算、工程量清单、工程量清单预算、招标控制价、投标报价、合同价结算、工程变更费用、单价变更结算、工程结算、工程竣工结算。导则版符合《公路工程建设项目造价文件管理导则》(JTG 3810—2017)要求。

(2) 业主专业版/导则版：业主专业版＝工程造价专业版＋固化清单。

(3) 项目专业版/导则版：项目专业版＝工程造价专业版＋材料调差(场内调差和场外调差)。

(4) 工程造价全能版/导则版：工程造价全能版＝工程造价专业版＋固化清单＋材料调差。

(5) 网络版：只要能上网，就拥有免费正版纵横公路造价软件(功能同专业版)。

(6) 学习版：除了不能直接打印和导出报表，其他功能均与专业版相同。

6.1.2　编制概预算文件的操作流程

建文件、建项目、完善项目属性→确定费率文件→建立项目表→定额选择、输入定额工程量→定额调整→补充定额的建立→计算第二、三、四部分费用→工料机分析与单价计算→报表输出→数据交换。

6.1.2.1　新建建设项目及造价文件

（1）建文件、建项目、完善项目属性

打开纵横公路造价软件专业版，会出现如图 6-1 所示界面。

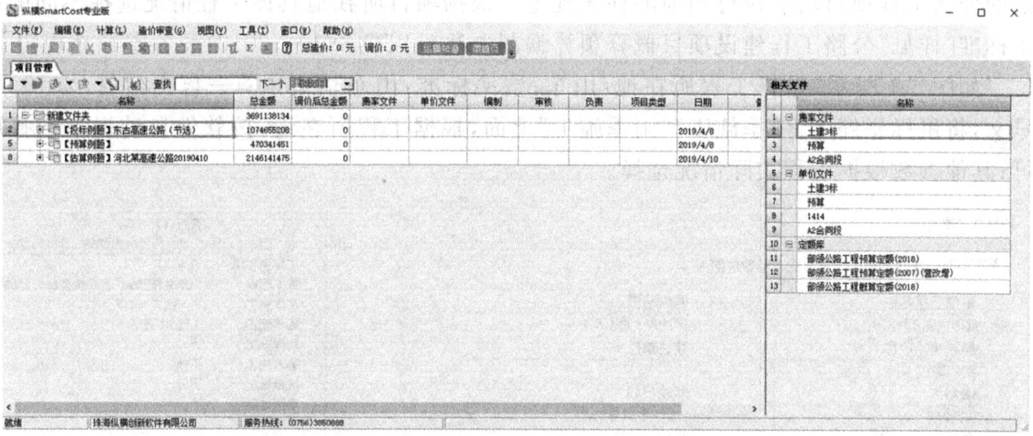

图 6-1　主界面

（2）点击“文件”菜单栏下的“新建”，或者快捷菜单栏下的新建建设项目图标“ ”，系统会自动弹出新建项目对话框。

（3）在空白栏输入建设项目名称：如：××二级公路，选择项目类型：预算，点击“确定”完成新建项目工作。如图 6-2 所示。

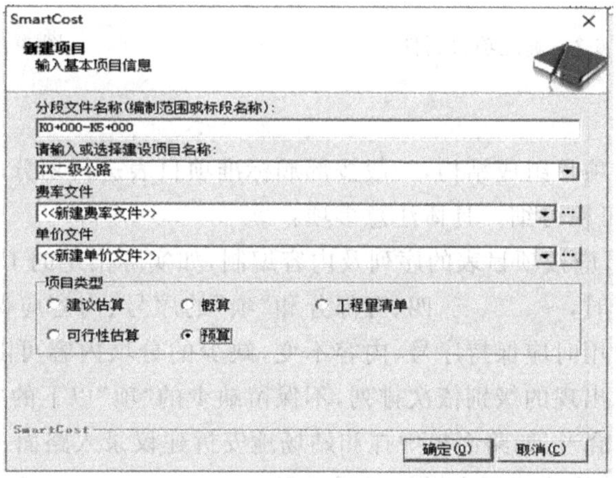

图 6-2　新建项目

（4）确定项目属性。

“项目属性”是指利润、税金等其他费用取值。点击“文件菜单”→“项目属性”或点击“项目属性”图标，在弹出的“项目文件属性”对话框中，按实际工程情况填写基本信息、属性参数、计算参数、小数位数，点击“确定”即可。如图 6-3 所示。

6.1.2.2 确定费率文件

费率文件主要是指公路工程的措施费、企业管理费、规费等费用的费率，措施费根据相应基数乘以“费率”计算，根据工程实际情况取用不同的值。

各省（市、区）结合当地实际情况，对部颁编制办法做了相应的补充规定。凡在该地区建设的公路工程项目均要执行当地的补充规定。根据项目所在地具体工程情况选择不同的费率标准[详见《公路工程建设项目概算预算编制办法》(JTG 3830—2018)及各省补充规定]。

如图 6-4 所示，选择工程所在地：山东；费率标准：山东估概预算—鲁交建管〔2019〕25 号文，将鼠标悬停于“冬季施工”“雨季施工”上面，根据工程所在地，按软件自动提示选择即可；其他参数根据工程实际情况选择。

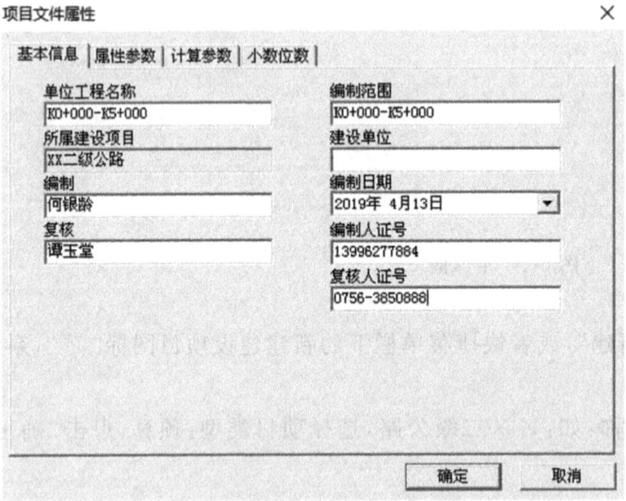

图 6-3 确定项目属性

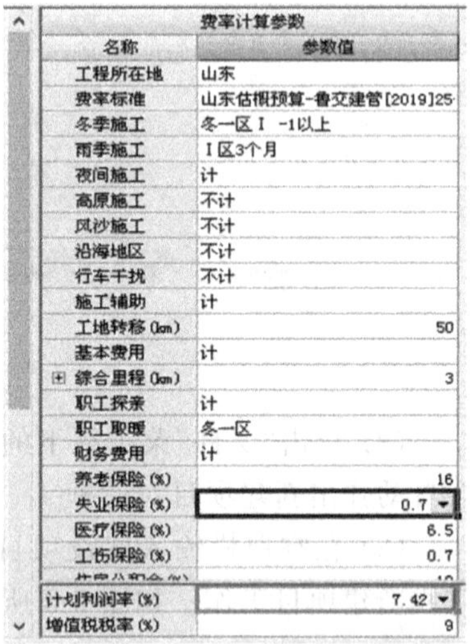

图 6-4 确定费率文件

6.1.2.3 建立项目表

建立造价文件的项目组成结构，一般按部颁标准项目表进行划分，根据工程项目的规模不同，项目表的划分可粗可细。具体注意事项：

(1) 概、预算项目应按项目表的序列及内容编制，如实际出现的工程和费用项目与项目表的内容不完全相符时，一、二、三、四、五部分和“项”的序号、内容应保留不变，项目表中的“项”以下的分项在引用时应保持序号、内容不变，缺少的分项内容可随需要就近增加，并按项目表的顺序以实际出现的级别依次排列，不保留缺少的“项”以下的项目序号。

(2) 项目划分要恰当，如路面集中拌和站场地安拆建议录入路面工程，桥梁集中拌和站场地及安拆、预制场建设建议列入桥梁涵洞工程。

(3) 细目划分要适度，细目下尽量不要再划分层次，概预算项目表尽量以编制办法项目节细目划分一致。

(4) 路线建设项目中的互通式立体交叉、辅道、支线，如工程规模较大时，也可按概、预算项目表单独编制建筑安装工程，然后将其概、预算建筑安装工程总金额列入路线的总概、预算表中相应的项目内。

(5)“第一至四部分合计”及以下内容全部保留，不允许删除，可增加内容。如图 6-5 所示。

编号	名称	单位	设计数量		经济指标	金额 (F)
			数量1	数量2		
5	第一至四部分合计	公路公里	48.002		5174142.22	248,369,175
6	建设期贷款利息	公路公里	48.002		170600.04	8,189,143
	新增加费用项目	元				0
	*请在此输入费用项目					0
7	公路基本造价	公路公里	48.002		5344742.26	256,558,318

图 6-5　建立项目表

纵横公路造价软件按以下步骤建立概、预算项目表：

(1) 点击“造价书”，点击右上角的“项目表”图标，展开“项目表”，直接双击该分项名称，然后填写“数量”即可。

(2) 对于标准项目表中没有的分项，即非标准项，可以通过鼠标右键或工具栏上的“插入”按钮插入非标准项，输入非标准项“编号”“名称”“单位”“数量”即可，如“外购土方”。如图 6-6 所示。

	编号	名称	单位	设计
				数量1
1	1	第一部分 建筑安装工程费	公路公里	
2	101	临时工程	公路公里	48.002
11	102	路基工程	km	
12	LJ01	场地清理	km	
13	LJ0101	清理与掘除	km	
14	LJ010101	清理现场	m3	1007471.000
15	LJ02	路基挖方	m3	
16	LJ0201	挖土方	m3	1816929.900
17	LJ0202	挖石方	m3	1546370.000
18	LJ0203	挖淤泥	m3	9623.300
19	LJ0204	外购土方 (非标准项)	m3	12580.000
20	LJ03	路基填方	m3	

图 6-6　插入非标准项

6.1.2.4　定额选择

点击选中需套定额的分项，点击“定额选择”在相应的定额章节中找到需要选择的定额后，双击“定额”即可。如图 6-7 所示。

6.1.2.5　定额调整

当定额的工作内容和计算分项的工作内容不完全一致时，要对定额进行必要的调整。纵横公路造价软件的定额调整分为：工料机/砼、附注条件、辅助定额、稳定土。

选中要调整的定额细目，点击定额调整按钮，软件弹出“定额调整”窗口。如图 6-8 所示。

(1) 工料机/砼

在“工料机/砼”界面，可进行工料机抽换（如替换砂浆强度等级、混凝土强度等级）、新增工料机、调整定额消耗量等调整。鼠标右键或点“ ”图标进行操作。

例如，替换砂浆强度等级：将 M25 水泥砂浆换成 M30 水泥砂浆选中需要调整的定额

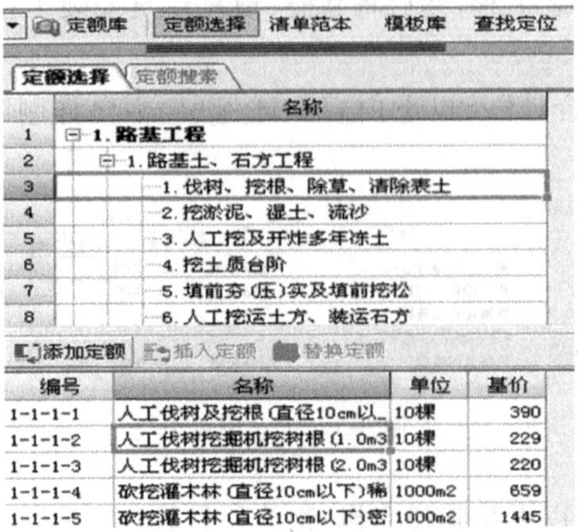

图 6-7　选择定额

图 6-8　定额调整

(如 1—4—9—72),点击“定额调整”→“工料机/砼”,右键选中需要替换的砂浆,选择“替换混凝土”,在弹出的“工料机库”中,选择“M30 水泥砂浆”,勾选确定即可。替换混凝土强度等级和替换砂浆强度等级的操作是一样的。如图 6-9 所示。

图 6-9　替换砂浆强度等级

(2) 附注条件(定额乘系数)

定额经常出现章、节、定额附注说明,这些附注影响定额乘系数、工料机抽换等方面,对造价结果有较大影响,而这些附注分散在章、节、定额中,必须细心耐心,才能避免错计、漏计。

纵横公路造价软件已经把定额书中的附注说明做成了选项的形式,做预算时,直接根据实际情况勾选即可。

例:挖掘机挖装土方定额的系数调整挖掘机挖装土方定额中,包含开挖、装车等工作内容,若实际施工中机械无法到达,需人工完成挖方。可根据实际情况调整。选中需要调整的定额(如 1—1—9—2),点击“定额调整”→“附注条件”根据实际情况勾选即可。如图 6-10 所示。

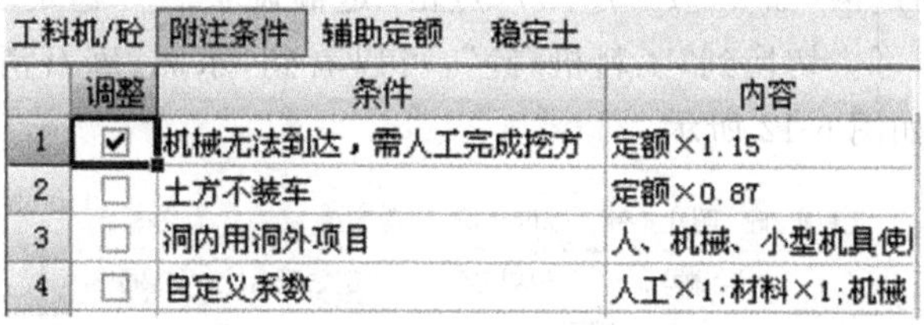

图 6-10　附注条件

(3) 辅助定额

辅助定额调整主要调整定额的运距、厚度、钢绞线的束数、强夯夯击遍数等内容。定额中描述定额单位值的定额我们称之为“主定额”。定额中同时给出了可对主定额进行增量调整的定额,其定额名称中一般含有“增、减”字样,我们称之为“辅助定额”。

例:调整运距:“12 t 车运输 10.2 km 或者 10.3 km”选中需要调整的定额(如 2—1—8—5),点击“定额调整”→“辅助定额”,在“实际值”处输入实际运距:10.2 即可,定额名称随即自动变化,单价随即自动计算,如图 6-11 所示。

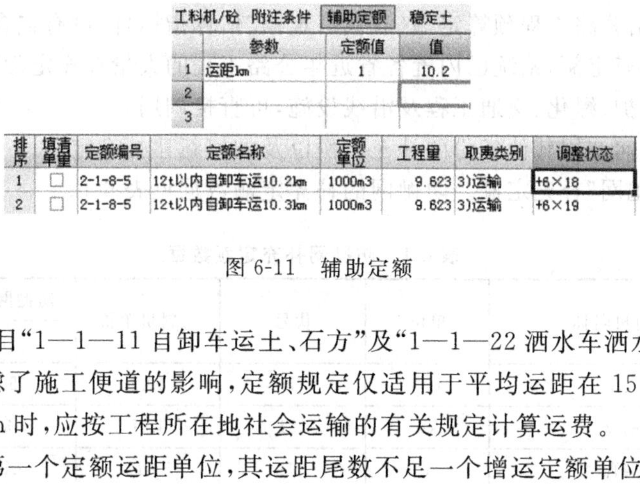

图 6-11　辅助定额

提示:定额项目“1—1—11 自卸车运土、石方”及“1—1—22 洒水车洒水”中,均按不同的运输距离综合考虑了施工便道的影响,定额规定仅适用于平均运距在 15 km 以内的工程;当运距超过 15 km 时,应按工程所在地社会运输的有关规定计算运费。

当运距超过第一个定额运距单位,其运距尾数不足一个增运定额单位的半数时不计,超过半数时按一个增运定额运距单位计算。

例如,平均运距为 10.2 km 时,套用第一个 1 km 和运距 15 km 以内的增运定额 18 个单位后,尾数为 0.2 km,不足一个增运定额单位(0.5 km)的半数(0.25 km),因此不计;平均运距为 10.3 时,0.3 km 已经超过一个增运定额单位(0.5 km)的半数(0.25 km),因此计;增运单位则合计为 19 个。

使用增运定额时要注意两点:① 平均运距不扣减第一个 1 km;② 平均运距为整个距离内直接套用,不是分段套用。

例如,15 t 以内自卸车运输路基土方,平均运距为 10.2 km 时,定额台班数量为:5.57+0.61×

18=16.55(台班);平均运距为 10.3 km 时,定额台班数量为:5.57+0.61×19=17.16(台班)。

(4) 稳定土

一般调整稳定土配合比,系数自动保持为 100%。

例:调整水泥稳定碎石配合比为 4∶96。

选中需要调整的定额(如 2—1—7—5),点击“定额调整”→“稳定土”,在“调整配合比”中输入实际配合比即可。切换到“工料机/砼”,可以看到,水泥、碎石消耗量自动换算,无须进行其他任何操作,如图 6-12 所示。

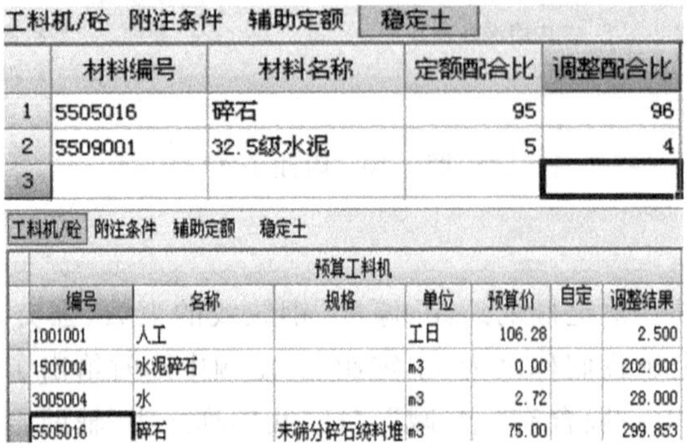

图 6-12 稳定土

6.1.2.6 补充定额的调用与编制

补充定额是指公路工程预算定额(或概算定额、估算指标)内没有包含的定额,如为新工艺、新材料做的补充定额,系统已内置各省近年公路工程的大量补充定额,内容涵盖路基、路面、隧道、桥涵、防护、绿化、交通工程及沿线设施,可直接调用。

下面,介绍如何调用其他省份的补充定额以及如何新建补充定额。

例:新建“防抛网”补充定额。防抛网的补充定额数据见表 6-1。

表 6-1 防抛网补充定额数据

序号	工料机名称	单位	代号	工料机单价	防抛网(一)	防抛网(二)
					1	2
1	人工	工日	1	49.2	5.3	4
2	钢丝	kg	131	4.97	33.9	33.9
3	钢管	t	191	5 610	0.124	0.155
4	螺栓	kg	240	10.65	42.931	1.131
5	膨胀螺栓	套	242	3.3	120	
6	铁丝编制网	m^2	693	18.84	99	82.5
7	其他材料费	元	996	1	28	25
8	4 t 以内载货汽车	台班	1 372	293.84	0.15	0.15
9	小型机具使用费	元	1 998	1	23	23
10	基价	元	1 999	1	3 938	2 893

操作要点：

第一步：建立补充定额

在“工具”菜单中选择“定额库编辑器”，在“定额库编辑器”窗口中点击“新建”。进入下一界面，根据实际情况选择对应定额库类型，如图 6-13 所示。

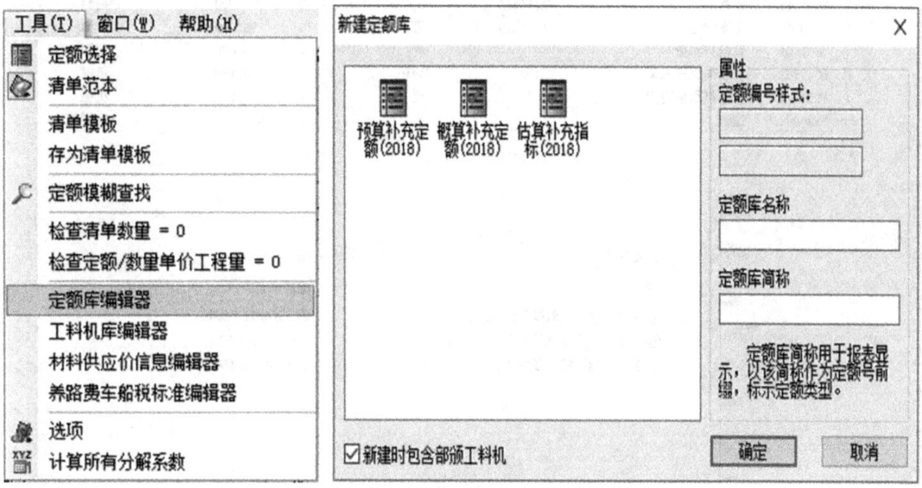

图 6-13　新建补充定额

此新建补充定额属于“其他工程及沿线设施”，在“其他工程及沿线设施”上右键“增加子项”，输入补充定额名称，在右侧定额窗口输入编号、名称及定额单位等基本信息。如图 6-14 所示。

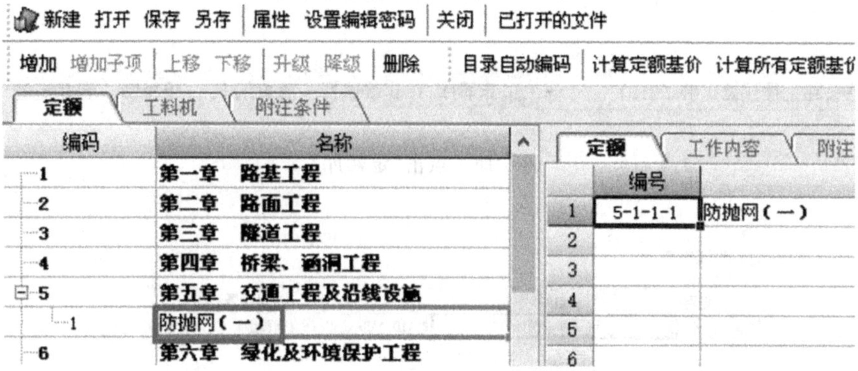

图 6-14　输入基本信息

建立好补充定额项后，在“工料机”窗口右键添加“工料机”，输入定额消耗。软件自动计算该补充定额的基价，点击“保存”或“另存”即可。如图 6-15 所示。

第二步：调用补充定额。

点击“定额库”，添加补充定额库。如图 6-16 所示。

在弹出对话框中点击“增加定额库”，如图 6-17 所示。

	编码	名称	型号规格	单位	定额单价	定额消耗	主材	新材料	类型
1	1001001	人工		工日	106.28	5.300	□	□	人工
2	2001011	钢丝	Φ5mm以内	kg	4.11	33.900	□	□	材料
3	2001026	铁丝编织网	镀锌铁丝(包括加强	m2	20.43	0.124	□	□	材料
4	2003008	钢管	无缝钢管	t	4179.49	42.931	□	□	材料
5	2009013	螺栓	混合规格	kg	7.35	120.000	□	□	材料
6	2009015	膨胀螺栓	混合规格	套	4.79	99.000	□	□	材料
7	7801001	其他材料费		元	1	28.000	□	□	材料
8	8007003	4t以内载货汽车	CA10B	台班	470.1	0.150	□	□	机械
9	8099001	小型机具使用费		元	1	23.000	□	□	机械
10	9999001	基价		元	1	3938.000	□	□	定额基价
11									

图 6-15 输入定额消耗并保存

图 6-16 点击“定额库”

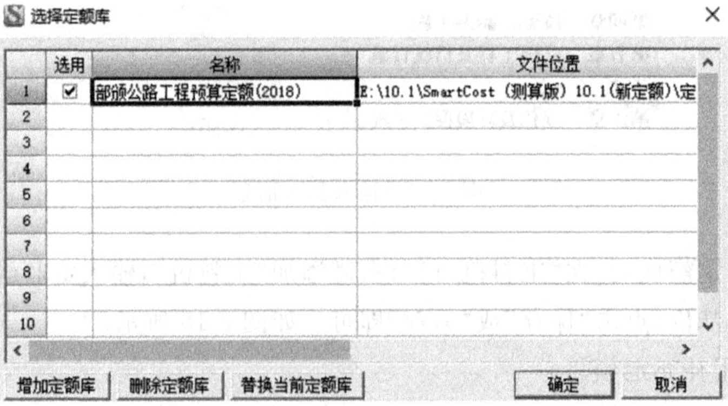

图 6-17 增加定额库

弹出定额库选择界面，选择需要的定额库，打开即可。如图 6-18 所示。

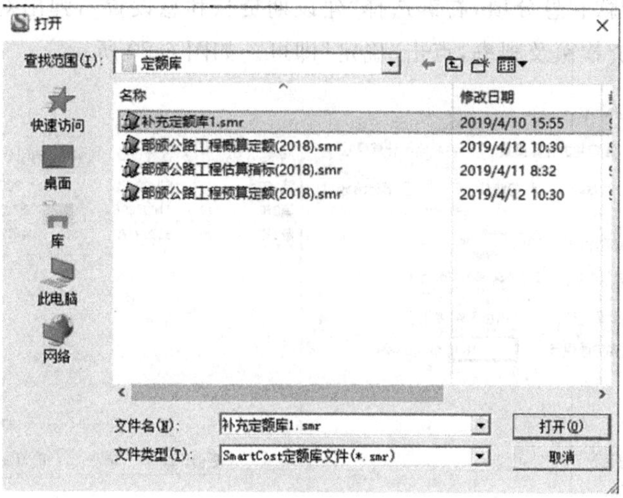

图 6-18　选择需要的定额库

点击定额库旁边的“▼”，即可调用此补充定额库。

点击“定额选择”，双击“套用定额”即可。套用完毕可点击定额库旁边的“▼”，切换回部颁定额库。

6.1.2.7　计算第二、三、四部分费用

第二、三、四部分费用系指土地使用及拆迁补偿费、工程建设其他费用、预备费，主要通过基数计算和数量单价的方式确定费用。

点击项目表“金额”列图标“•••”，弹出“表达式编辑器”(见图 6-19)，在表达式窗口中输入计算公式即可。

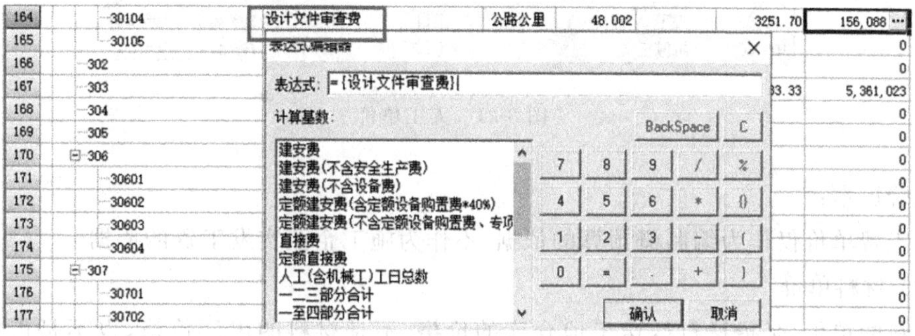

图 6-19　表达式编辑器

方法 1：直接在金额列输入数值(数量单价)。

方法 2：单击金额列，打开表达式编辑器进行基数计算。

例：计算“建设期贷款利息”。

操作要点：

选中建设期贷款利息分项，右键选择“建设期贷款利息设置”，弹出对话框。输入计息年后回车，依次输入贷款额及利率，点击“确定”即可。如图 6-20 所示。

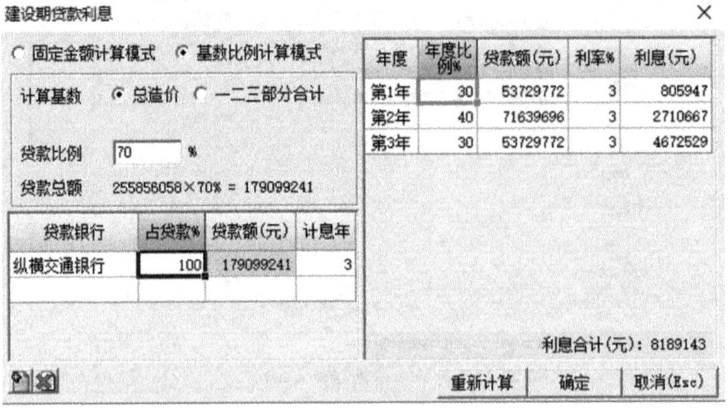

图 6-20　计算建设期贷款利息

6.1.2.8　工料机预算单价

工料机预算单价包括人工单价、材料单价、机械单价。

“工料机”窗口汇总显示本造价文件所有定额内包含的工料机，可直接在此窗口修改或计算工料机的预算单价。

(1) 人工单价

在工料机窗口预算单价列输入人工单价即可，如图 6-21 所示。可通过纵横公路造价软件“帮助”中的“2018 编制办法及定额章节说明”查看各省补充规定的人工单价。

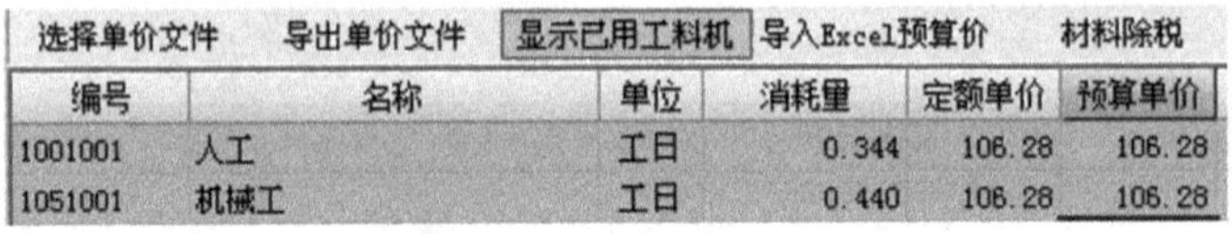

图 6-21　人工单价

温馨提示：

人工费单价仅作为编制概预算的依据，不作为施工企业实发工资的依据。

(2) 材料单价

材料的单价，是指材料运达工地仓库的价格，不是材料的出厂价格，也不是市场价格。直接在预算单价列输入即可。

(3) 机械单价

施工机械台班单价由不变费用和可变费用组成。不变费用一般不允许修改(特殊情况除外，如青海省计算机械台班单价时，考虑高寒边远地区维修工资、配件材料等价差的影响因素，第一类费用即不变费用采用 1.1 的系数进行调整)，可变费用只需确定机械工单价、动力燃料费、车船使用税，机械台班费用自动计算。

提示：在工料机窗口中，左下角点击“”，切换到“机械单价”窗口，点击选择工程所在地“车船税标准”即可，如图 6-22 所示。

图 6-22　车船税标准

6.1.2.9　报表输出

点击“报表”图标可直接预览、打印、输出报表、导出 PDF、Excel 格式，A3、A4 格式自由切换，同时还可对报表进行设置。

6.1.2.10　数据交换

在“文件”→“导出”→“成批导出建设项目”，可以把整个建设项目的项目文件、单价文件和费率文件统一压缩在一个.sbp 文件里，可进行数据交换，通过“文件”→“导入”操作即可接收项目文件，如图 6-23 所示。

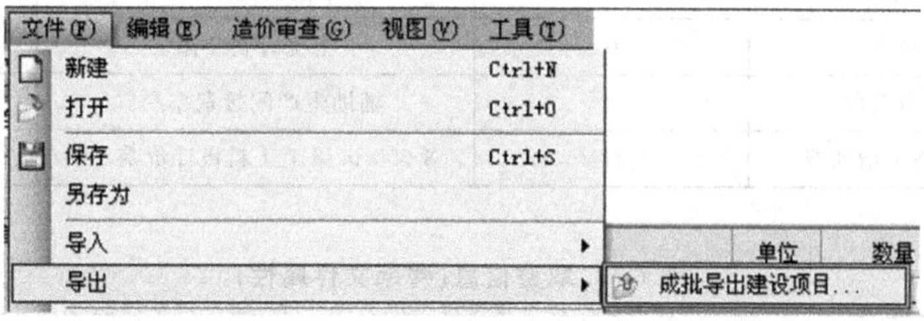

图 6-23　数据交换

6.2　预算编制示例

6.2.1　编制信息

（1）新建项目基本信息

打开纵横公路造价软件→“文件”→“新建项目文件”→输入项目基本信息，见表 6-2。

表 6-2　输入项目基本信息

编制范围或标段名称	K0＋000～K5＋000
建设项目名称	四川××二级公路改建工程
费率文件	默认
单价文件	默认
项目类型	预算(施工图预算)

（2）项目属性(表 6-3 至表 6-6)

表 6-3 基本信息

单位工程名称	K0+000～K5+000	编制范围	K0+000～K5+000
所属建设项目	山东××二级公路改建工程	建设单位	山东××公路建设有限公司
工程地点	山东省济南市	编制日期	系统自动生成
编制	张工	编制人证号	甲 001
复核	李工	复核人证号	甲 002

注:涉及人名及证书号均为非真实信息。

表 6-4 技术参数

数据文件号	SD2019001	公路等级	二级公路
起点桩号	K0+000	终点桩号	K5+000
路线或桥梁长度/km	5	路基或桥梁宽度	18

表 6-5 计算参数

利润率/%	7.42	增值税税率/%	9
年造价上涨率	0	上涨计费年限	0
机械不变费用系数	1	辅助生产间接费率/%	3
计算高原地区施工增加费	计	3 000 m 以上工料机计价乘 1.3	计

表 6-6 取费信息(费率文件属性)

工程所在地	山东省	费率标准	山东估概预算-鲁交建管〔2019〕25 号
冬季施工	冬一区Ⅰ—1 以上	雨季施工	Ⅰ区 3 个月
夜间施工	计	高原施工	不计
风沙施工	不计	沿海地区	不计
行车干扰	次数 2 001～3 000	施工辅助	计
工地转移/km	60	基本费用	计
综合里程	5	职工探亲	计
职工取暖	冬一区	财务费用	计
养老保险/%	16	失业保险/%	0.7
医疗保险/%	6.5	工伤保险/%	0.7
住房公积金/%	12		

注:粮食、燃料、蔬菜、水的全线平均运距均为 5 km。

6.2.2 造价书内容

6.2.2.1 工程项目表

工程项目:标准项目从标准项目表中选择,非标准项为插入添加。

(1) 项目分型表(表 6-7)

表 6-7　项目分型表

项	目	节	细目			工程或费用名称	单位	数量
1						第一部分建筑安装工程费	公路公里	5.000
	101					临时工程	公路公里	5.000
		10101				临时道路	km	5.000
			1010101			临时便道(修建、拆除与维护)	km	5.000
		10104				临时供电设施	总额	1.000
	102					路基工程	km	4.950
		LJ02				路基挖方	m^3	50 000.000
			LJ0201			挖土方	m^3	50 000.000
			LJ0203			外购土方	m^3	58 000.000
		LJ07				路基防护与加固工程	km	5.000
			LJ0701			一般边坡防护与加固	km	5.000
				LJ070101		坡面圬工防护	m^3	15 000.000
					LJ07010101	浆砌片石护坡	m^3	15 000.000
	103					路面工程	km	5.000
		LM02				水泥混凝土路面	m^2	5.000
			LM0203			路面基层	m^2	76 000.000
				LM020302		水泥稳定类基层	m^2	76 000.000
					LM02030201	厚 220 mm4%水泥稳定碎石基层	m^2	76 000.000
			LM0205			水泥混凝土面层	m^2	70 000.000
				LM020501		水泥混凝土	m^2	70 000.000
					LM02050101	厚 240 mm	m^2	70 000.000
				LM020503		水泥混凝土路面刻纹(特殊纹路)	m^2	70 000.000
	104					桥梁涵洞工程	km	0.050
		10402				小桥工程	m/座	50.000/1.000
			1040203			空心板桥	m^2/m	50.000
				QL03		上部构造		
					QL0303	预应力混凝土空心板	m^3	120.000
	110					专项费用	元	
		11001				施工场地建设费	元	
		11002				安全生产费	元	
2						第二部分　土地使用及拆迁补偿费	公路公里	5.000
	201					土地使用费	亩	
		20101				永久征用土地	亩	
		20102				临时用地	亩	
	202					拆迁补偿费	公路公里	5.000
	203					其他补偿费	公路公里	5.000

表 6-7(续)

项	目	节	细目			工程或费用名称	单位	数量
3						第三部分　工程建设其他费用	公路公里	5.000
	301					建设项目管理费	公路公里	5.000
		30101				建设单位(业主)管理费	公路公里	5.000
		30102				建设项目信息化费	公路公里	5.000
		30103				工程监理费	公路公里	5.000
		30104				设计文件审查费	公路公里	5.000
		30105				竣(交)工验收试验检测费	公路公里	5.000
	302					研究试验费	公路公里	5.000
	303					建设项目前期工作费	公路公里	5.000
	304					专项评价(估)费	公路公里	5.000
	305					联合试运转费	公路公里	5.000
	306					生产准备费	公路公里	5.000
		30601				工器具购置费	公路公里	5.000
		30602				办公和生活用家具购置费	公路公里	5.000
		30603				生产人员培训费	公路公里	5.000
		30604				应急保通设备购置费	公路公里	5.000
	307					工程保通管理费	公路公里	5.000
		30701				保通便道管理费	km	
		30702				施工期通航安全保障费	处	
		30703				营运铁路保通管理费	处	
	308					工程保险费	公路公里	5.000
	309					其他相关费用	公路公里	5.000
4						第四部分　预备费	公路公里	5.000
	401					基本预备费	公路公里	5.000
	402					价差预备费	公路公里	5.000
5						第一至四部分合计	公路公里	5.000
6						建设期贷款利息	公路公里	5.000
						纵横交通银行	元	
		1				第 1 年	元	
		2				第 2 年	元	
		3				第 3 年	元	
						新增加费用项目	元	
						交通管制经费	公路公里	5.000
7						公路基本造价	公路公里	5.000

（2）定额细目表（表 6-8）

表 6-8　定额细目表

工程项目	定额名称	单位	工程量（直接输入）	取费	定额号及定额调整提示
临时便道（修建、拆除与维护）	汽车便道路基宽 7 m（平原微丘区）	1 km	5.000	6	7-1-1-1
	汽车便道养护路基宽 7 m	1 km·月	60.000	6	7-1-1-7
临时供电设施	架设输电线路	100 m	1 000	6	7-1-5-1，7901001 量 2 920.6（备注：工料机/砼中自定义消耗）
挖土方	2.0 m^3 以内挖掘机挖装普通土	1000 m^3 天然密实方	50 000	1	1-1-9-8
	10 t 内自卸车运土 5.2 km	1000 m^3 天然密实方	50 000	3	1-1-11-5，+6×8（备注：调整运距）
	二级公路零填及挖方路基 10 t 以内振动压路机碾压	1 000 m^3	50 000	1	1-1-18-26
外购土方（非标准项）	（单价×数量）	m^3	58 000	0	58 000×3=174 000（备注：不计利润、计税金）
浆砌片石护坡	浆砌片石护坡（坡高 10 m 以内）	10 m^3 实体	15 000	6	1-4-11-2
厚 220 mm4%水泥稳定碎石基层	厂拌厚 22 cm 碎石水泥（4∶96）	1 000 m^2	76 000	4	2-1-7-5，+6×2，4∶96，8003011 换 8003010（备注：调整配合比、调整厚度、换厂拌设备型号）
	120 kW 以内平地机铺筑基层	1 000 m^2	76 000	4	2-1-9-3，拖平压机×2，人工+1.5（备注：附注条件下选择）
	10 t 以内自卸车运 4 km	1 000 m^3	16 720	3	2-1-8-13，+4×6（备注：调整运距）
	200 t/h 以内的稳定土厂拌设备生产能力	座	1	6	2-1-10-3
水泥混凝土面层	轨道摊铺机铺筑混凝土路面厚度 24 cm	1 000 m^2 路面	70 000	10	2-2-17-3，+4×4，普 C30-32.5-4，-244.8，1503034 量 0，添 1511009 量 204，1511009 价 420.00（备注：替换商品混凝土、取费取构造物Ⅲ）
	水泥混凝土路面钢筋	t	1	12	2-2-17-15

表 6-8(续)

工程项目	定额名称	单位	工程量（直接输入）	取费	定额号及定额调整提示
水泥混凝土路面刻纹(非标准项)	水泥混凝土路面刻纹	1 000 m^2	70 000	4	补 2-3-1-1 (备注:使用补充定额)
预应力混凝土空心板	预制预应力空心板混凝土泵送	10 m^3 实体	120	8	4-7-13-1,普 C40-42.5-2,－10.3,普 C45-42.5-2,＋10.3,(备注:换混凝土号)
	现场加工预制预应力空心板钢筋	1 t	11	12	4-7-13-3,光圆＝1.025,带肋＝0 (备注:替换钢筋)
	预应力锚索 60 m 以内 4 孔 4.36 束/t	1 t 钢绞线	5	12	1-4-9-60
	起重机装车 4 km(构件重 15 t 以内)	100 m^3 实体	120	3	4-8-4-8,＋12×6 (备注:调整运距)
	起重机安装空心板	10 m^3	120	8	4-7-10-4
	250 L 以内混凝土搅拌机	10 m^3	自动统计	8	4-11-11-1
	3 m^3 搅拌运输车运混凝土 4 km	100 m^3	自动统计	3	4-11-11-22、＋23×6 (备注:调整运距)
施工场地建设费	基数计算	元			金额＝567 514 (备注:选择计算基数{施工场地建设费})

混凝土需计拌和量。造价书界面选择“预应力混凝土空心板”,点击右键,选择“混凝土需计拌和量”,即可弹出“混凝土合计”窗口,在窗口中可查看混凝土的相关统计信息。弹出的混凝土合计窗口统计的是该分项的混凝土量。点击“4-11-11-1 250 L 以内混凝土搅拌机”,点击“填写工程量”,系统将需计拌和量(计损耗)自动填写到当前定额的工程量上;点击“4-11-11-223 m^3 内混凝土搅运车运 4 km”,点击“填写工程量”,系统将需计拌和量(计损耗)自动填写到当前定额的工程量上。

(3) 补充预算定额

① 操作步骤:进入“工具菜单”→“定额库编辑器”,打开编辑器窗口。进入“新建”,选择新建定额的类型:预算补充定额(2018),系统自动建立基本的章结构。

② 补充定额资料:定额编号:2-3-1-1。

定额名称:水泥混凝土路面刻纹。

工程内容:准备、刻纹、洒水、清理。

定额单位:1 000 m^2。

返回造价书界面，在定额库中增加补充定额所在的定额库，在选择补充定额库的状态下进行定额细目编制。

③ 补充定额数据，见表 6-9。

表 6-9　补充定额数据

顺序号	工料机名称	单位	工料机代号	定额消耗
1	人工	工日	1001001	7.6
2	水	m^3	3005004	15
3	混凝土电动刻纹机	台班	8003083	8.29
4	2 t 以内载货汽车	台班	8007001	1.16
5	6 000 L 以内洒水汽车	台班	8007041	1.22
6	基价	元	9999001	4 292.000

6.2.2.2　工程建设其他费用（表 6-10）

表 6-10　工程建设其他费用

建设单位（业主）管理费	{建设单位（业主）管理费}
建设项目信息化费	{建设项目信息化费}
工程监理费	{工程监理费}
设计文件审查费	{设计文件审查费}
建设项目前期工作费	{建设项目前期工作费}
联合试运转费	{定额建安费（含定额设备购置费×40%）}×0.04%
工器具购置费	5 800×5×0.8
工程保险费	{建安费（不含设备费）}×0.4%
建设期贷款利息（备注：选中贷款利息行，点击右键，选择建设期贷款利息，弹出建设期贷款利息编辑器；选中固定金额计算模式，输入银行名称，接着输入计息年后按“回车”，输入相关数值，点击“生成项目表”即可完成）	纵横交通银行贷款占总金额的 60%，纵横交通银行贷款 3 年： 第 1 年 40%； 第 2 年 30%； 第 3 年 30% ； 利率均为：7%。

6.2.2.3　基本预备费

计算方法：以第一、二、三部分费用之和为基数；施工图预算按 3%计列。

点击基本预备费的金额列，点击三个小点，弹出表达式编辑器；输入“=（一二三部分合计）×3%”。

新增加费用：新增交通管制经费。

单位：公路公里，数量：5，单价：100 000 元/公路公里。

6.2.2.4　工料机预算价信息

人工、机械工根据山东省补充编制办法取定：

点工料机窗口后直接输入数值：人工 111.23；机械工 111.23。

6.2.2.5 报表

（1）直接点击“报表”，然后可以查看各种报表，正版用户一年内免费定制各类报表。

（2）报表可以进行设置，点击“设置”，可对报表进行设置。

可以导出 Excel 格式和 PDF 格式，A3、A4 格式自由切换。

附 录

附录 A 封面、目录及概(预)算表格样式

A.0.1 扉页的次页格式

××公路初步设计概算

(K××+×××～K××+×××)

第 册 共 册

编制:(签字并盖章)

复核:(签字并盖章)

编制单位:(盖章)

编制时间: 年 月 日

A.0.2 甲组文件目录格式及相应内容

目　　录

（甲组文件）

1 编制说明。
2 项目前后阶段费用对比表见表 A.0.2-1。
3 建设项目属性及技术经济信息表(00 表)见表 A.0.2-2。
4 总概(预)算汇总表(01-1 表)见表 A.0.2-3。
5 总概(预)算人工、主要材料、施工机械台班数量汇总表(02-1 表)见表 A.0.2-4。
6 总概(预)算表(01 表)见表 A.0.2-5。
7 人工、主要材料、施工机械台班数量汇总表(02 表)见表 A.0.2-6。
8 建筑安装工程费计算表(03 表)见表 A.0.2-7。
9 综合费率计算表(04 表)见表 A.0.2-8。
10 综合费计算表(04-1 表)见表 A.0.2-9。
11 设备费计算表(05 表)见表 A.0.2-10。
12 专项费用计算表(06 表)见表 A.0.2-11。
13 土地使用及拆迁补偿费计算表(07 表)见表 A.0.2-12。
14 工程建设其他费计算表(08 表)见表 A.0.2-13。
15 人工、材料、施工机械台班单价汇总表(09 表)见表 A.0.2-14。

表 A.0.2-1 项目前后阶段费用对比表

建设项目名称：　　　　　　　　　　　　　　　　　　　　第　页 共　页

分项编号	工程或费用名称	单位	本阶段设计概算(施工图预算)			上阶段工可估算(设计概算)			费用变化		备注
			数量	单价	金额	数量	单价	金额	金额	比例/%	
1	2	3	4	5=6÷4	6	7	8=9÷7	9	10=6−9	11=10÷9	12

填表说明：

1. 本表反映一个建设项目的前后阶段各项费用组成。
2. 本阶段和上阶段费用均从各阶段的 01-1 表转入。

编制　　　　　　　　　　　　　　　复核：

表 A.0.2-2 建设项目属性及技术经济信息表

建设项目：　　　　　　　　　　　　　　　编制日期：　　　　　　00 表

一	项目基本属性				
编号	名称	单位	信息	备注	
001	工程所在地				
002	地形类别				平原或微丘
003	新建/改扩建				
004	公路技术等级				
005	设计速度	km/h			
006	路面结构				
007	路基宽度	m			
008	路线长度	公路公里			不含连接线
009	桥梁长度	km			
010	隧道长度	km			双洞长度
011	桥隧比例	%			[(9)+(10)]/(8)
012	互通式立体交叉数量	km/处			
013	支线、联络线长度	km			
014	辅道、连接线长度	km			
二	项目工程数量信息				
编号	内容	单位	数量	数量指标	备注
10202	路基挖方	1 000 m^3			
10203	路基填方	1 000 m^3			
10206	排水圬工	1 000 m^3			包括防护、排水
10207	防护圬工	1 000 m^3			
10205	特殊路基	km			
10301	沥青混凝土路面	1 000 m^2			
10302	水泥混凝土路面	1 000 m^2			
10401	涵洞	m			
10402	小桥	m			
10403	中桥	m			
10404	大桥	m			
10405	特大桥	m			
10501	连拱隧道	m			
10502	小净距隧道	m			
10503	分离式隧道	m			
10602	通道	m			
10605	分离式立体交叉	处			
10606	互通式立体交叉	处			

表 A.0.2-2(续)

二	项目工程数量信息				
编号	名称	单位	信息		备注
10703	管理养护服务房屋	m^2			
10901	联络线、支线工程	km			
10902	连接线工程	km			
10903	辅道工程	km			
20101	永久征地	亩	不含取(弃)土场征地		
20102	临时征地	亩			
三	项目造价指标信息表				
编号	工程造价	总金额/万元	造价指标/(万元/km)	占总造价百分比/%	备注
1	建筑安装工程费		(必填)		
101		临时工程			
102	路基工程				
103	路面工程				
104	桥梁工程				
105	隧道工程				
106	交叉工程				
107	交通工程				
108	绿化及环境保护工程				
109	其他工程				
110	专项费用		(必填)		
2	土地使用及拆迁补偿费		(必填)		
3	工程建设其他费		(必填)		
4	预备费		(必填)		
5	建设期贷款利息		(必填)		
6	公路基本造价		(必填)		
四	分项造价指标信息表				
序号	名 称	单位	造价指标/元	备注	
10202	路基挖方	m^3			
10203	路基填方	m^3			
10206	排水圬工	m^3			
10207	防护圬工	m^3			
10205	特殊路基	km			
10301	沥青混凝土路面	m^2			
10302	水泥混凝土路面	m^2			
10401	涵洞	m			

表 A.0.2-2(续)

四	分项造价指标信息表			
编号	名 称	单位	信息	备注
10402	预制空心板桥	m^2		
10403	预制小箱梁桥	m^2		
10404	预制 T 梁桥	m^2		
10405	现浇箱梁桥	m^2		
10406	特大桥	m^2		
10501	连拱隧道	m		
10502	小净距隧道	m		
10503	分离式隧道	m		
10602	通道	m		
10605	分离式立体交叉	处		
10606	互通式立体交叉	处		
10701	交通安全设施	km		
10702	机电及设备安装工程	km		
10707	管理养护服务房屋	m^2		含土建和安装,不含外场
10901	联络线、支线工程	km		
10902	连接线工程	km		
10903	辅道工程	km		
20101	永久征地	亩		
20102	临时征地	亩		
20201	拆迁补偿	km		
30101	建设单位管理费	km		
30103	工程监理费	km		
30301	建设项目前期工作费	km		
五	主要材料单价信息表			
编号	名 称	单位	单价/元	备注
1001001	人工	工日		
2001002	HRB400 钢筋	t		
3001001	石油沥青	t		
5503005	中(粗)砂	m^3		
5505016	碎石(4 cm)	m^3		
5509002	42.5 级水泥	t		

编制：　　　　　　　　　　复核：

表 A.0.2-3 总概(预)算汇总表

建设项目名称： 第 页 共 页 01-1 表

分项编号	工程或用名称费	单位	总数量	数量	金额/元	技术经济指标	数量	金额/元	技术经济指标	数量	金额/元	技术经济指标	总金额/元	全路段技术经济指标	各项费用比例/%

表说明：

1. 一个建设项目分若干单项工程编制概(预)算时，应通过本表汇总全部建设项目概(预)算金额。
2. 本表反映一个建设项目的各项费用组成、概(预)算总值和技术经济指标。
3. 本表分项编号、工程或费用名称、单位、总数量、概(预)算金额应由各单项或单位工程总概(预)算表(01 表)转来，部分、项、子项应保留，其他可视需要增减。
4. “全路段技术经济指标”以各项金额汇总合计除以相应总数量计算；“各项费用比例”以汇总的各项目公路工程造价除以公路基本造价合计计算。

编制 复核：

表 A.0.2-4　总概(预)算人工、主要材料、施工机械台班数量汇总表

建设项目名称：　　　　　　　　　　　　第　页　共　页　02-1 表

代号	规格名称	单位	总数量										

表说明：

1. 一个建设项目分若干个单项工程编制概(预)算时，应通过本表汇总全部建设项目的人工、主要材料与设备、施工机械台班数量。

2. 本表各栏数据均由各单项或单位工程概(预)算中的人工、主要材料、施工机械台班数量汇总表(02 表)转来，编制范围指单项或单位工程。

编制　　　　　　　　　　　　复核：

表 A.0.2-5 总概(预)算表

建设项目名称：

编制范围： 第 页 共 页 01表

分项编号	工程或费用名称	单位	数量	金额/元	技术经济指标	各项费用比例/%	备注

表说明：

1. 本表反映一个单项或单位工程的各项费用组成、概(预)算金额、技术经济指标、各项费用比例(%)等。
2. 本表“分项编号”“工程或费用名称”“单位”等应按概预算项目表的编号及内容填写。
3. “数量”“金额”由专项费用计算表(06 表)、建筑安装工程费计算表(03 表)、土地使用及拆迁补偿费计算表(07 表)、工程建设其他费计算表(08 表)转来。
4. “技术经济指标”以各项目金额除以相应数量计算；“各项费用比例”以各项金额除以公路基本造价计算。

编制 复核：

表 A.0.2-6　人工、主要材料、施工机械台班数量汇总表

建设项目名称：

编制范围：　　　　　　　　　　　　　　　　　　第　　页　共　　页　　02 表

代号	规格名称	单位	单价 元	总数量	分项统计								场外运输损耗	

表说明：

本表各栏数据由人工、材料、施工机械台班单价汇总表（09 表）及分项工程概（预）算表（21-2 表）、辅助生产人工、材料、施工机械台班单位数量表（25 表）经分析计算后统计而来。

编制　　　　　　　　　　　　　　　　复核：

表 A.0.2-7 建筑安装工程费计算表

建设项目名称：

编制范围：　　　　　　　　　　　　　　　　　　　　　　第　页 共　页　03 表

序号	分项编号	工程名称	单位	工程量	定额直接程费/元	定额设备购置费/元	直接费/元				设备购置费	措施费	企业管理费	规费	利润/元	税金/元	金额合计/元	
							人工费	材料费	施工机械使用费	合计					费率/%	税率/%	合计	单价
1	2	3	4	5	6	7	8	9	10	11	12	13	14	15	16	17	18	19
	110	专项费用																
	11001	施工场地建设费	元															
	11002	安全生产费	元															
		合　计																

填表说明：

1. 本表各栏数据由 05 表、06 表、21-2 表经计算转来。

2. 本表中除列出具体分项外，还应列出子项（如临时工程、路基工程、路面工程……），并将子项下的具体分项的费用进行汇总。

编制　　　　　　　　　　　　　　　　复核：

表 A.0.2-8　综合费率计算表

建设项目名称：

编制范围：　　　　　　　　　　　　　　　　　　第　　页　共　　页　　04 表

序号	工程类别	措施费/%											企业管理费/%						规费/%					
		冬季施工增加费	雨季施工增加费	夜间施工增加费	高原地区施工增加费	风沙地区施工增加费	沿海地区施工增加费	行车干扰施工增加费	施工辅助费	工地转移费	综合费率		基本费用	主副食运费补贴	职工探亲路费	职工取暖补贴	财务费用	综合费用	养老保险费	失业保险费	医疗保险费	工伤保险费	住房公积金	综合费率
											Ⅰ	Ⅱ												
1	2	3	4	5	6	7	8	9	10	11	12	13	14	15	16	17	18	19	20	21	22	23	24	25

填表说明：

本表应根据建设项目具体情况，按概(预)算编制办法有关规定填入数据计算。

其中：12＝3＋4＋5＋6＋7＋8＋9＋11；13 ＝10；19＝14＋15＋16＋17＋18；25＝20＋21＋22＋23＋24。

编制　　　　　　　　　　　　　　　　复核：

表 A.0.2-9 综合费计算表

建设项目名称：

编制范围：

第 页共 页 04-1 表

序号	工程类别	措施费/%											企业管理费/%						规费/%					
		冬季施工增加费	雨季施工增加费	夜间施工增加费	高原地区施工增加费	风沙地区施工增加费	沿海地区施工增加费	行车干扰施工增加费	施工辅助费	工地转移费	综合费率		基本费用	主副食运费补贴	职工探亲路费	职工取暖补贴	财务费用	综合费用	养老保险费	失业保险费	医疗保险费	工伤保险费	住房公积金	综合费率
											Ⅰ	Ⅱ												
1	2	3	4	5	6	7	8	9	10	11	12	13	14	15	16	17	18	19	20	21	22	23	24	25

填表说明：

本表应根据建设项目具体分项工程，按投资估算编制办法规定的计算方法分别计算各项费用。

其中：12＝3＋4＋5＋6＋7＋8＋9＋11；13 ＝10；19＝14＋15＋16＋17＋18；25＝20＋21＋22＋23＋24。

编制　　　　复核：

表 A.0.2-10　设备费计算表

建设项目名称：

编制范围：　　　　　　　　　　　　　　　　第　页　共　页　05 表

代号	设备名称	规格型号	单位	数量	基价	定额设备购置费/元	单价/元	设备购置费/元	税金/元	定额设备费/元	设备费/元
	合计										

表说明：本表应根据具体的设备购置清单进行计算，包括设备规格、单位、数量、设备基价、定额设备购置费、设备预算单价、税金以及定额设备费和设备费。设备购置费不计取措施费及企业管理费。

编制　　　　　　　　　　　　　　复核：

表 A.0.2-11 专项费用计算表

建设项目名称：

编制范围：　　　　　　　　　　　　　　　　　　　　第　页 共　页　06 表

序号	工程或费用名称	说明及计算式	金额(元)	备注
		填表说明： 本表应依据项目按本办法规定的专项费用项目填写，在说明及计算式栏内填写需要说明的内容及计算式。		

编制　　　　　　　　　　　　　　复核：

表 A.0.2-12　土地使用及拆迁补偿费计算表

建设项目名称：

编制范围：　　　　　　　　　　　　　　　　　　第　　页 共　　页　　07 表

序号	费用名称	单位	数量	单价/元	金额/元	说明及计算式	备注

填表说明：

本表按规定填写单位、数量、单价和金额；说明及计算式中应定明标准及计算式；子项下边有分项的，可以按顺序依次往下编号。

编制　　　　　　　　　　　　　　　　复核：

表 A.0.2-13 工程建设其他费计算表

建设项目名称：

编制范围：　　　　　　　　　　　　　　　　　　　　　　　　　　第　　页 共　　页　　08 表

序号	费用名称及项目	说明及计算式	金额/元	备注

填表说明：

本表应按具体发生的其他费用项目填写，需要说明和具体计算的费用项目依次相应在说明及计算式栏内填写或具体计算，各项费用具体填写如下：

1. 建设项目管理费包括建设单位（业主）管理费、建设项目信息化费、工程监理费、设计文件审查费、竣（交）工验收试验检测费，按编办规定的计算基数、费率、方法或有关规定列式计算。

2. 研究试验费应根据设计需要进行研究试验的项目分别填写项目名称及金额或列式计算或进行说明。

3. 建设项目前期工作费按编办规定的计算基数、费率、方法计算。

4. 专项评价（估）费、联合试运转费、生产准备费、工程保通管理费、工程保险费、预备费、建设期贷款利息等其他费用根据本编办规定或国家有关规定依次类推计算。

编制　　　　　　　　　　　　　　　　复核：

表 A.0.2-14　人工、材料、施工机械台班单价汇总表

建设项目名称：

编制范围：　　　　　　　　　　　　　　　　　　　　　　　　　　第　页　共　页　09 表

序号	名称	单位	代号	预算单价/元	备注	序号	名称	单位	代号	预算单价/元	备注

填表说明：

本表预算单价主要由材料预算单价计算表(22 表)和施工机械台班单价计算表(24 表)转来。

编制　　　　　　　　　　　　　　　复核：

A.0.3　乙组文件目录格式及相应内容

目　录

（乙组文件）

1　分项工程概(预)算计算数据表(21-1 表) 见表 A.0.3-1。

2　分项工程概(预)算表(21-2 表)见表 A.0.3-2。

3　材料预算单价计算表(22 表)见表 A.0.3-3。

4　自采材料料场价格计算表(23-1 表)见表 A.0.3-4。

5　材料自办运输单位运费计算表(23-2 表)见表 A.0.3-5。

6　施工机械台班单价计算表(24 表)见表 A.0.3-6。

7　辅助生产人工、材料、施工机械台班单位数量表(25 表)见表 A.0.3-7。

表 A.0.3-1 分项工程概(预)算计算数据表

建设项目名称：

编制范围：　　标准定额库版本号：　　校验码：　　第　页 共　页　　21-1 表

分项编号/定额代号/工料机代号	项目、定额或工料机的名称	单位	数量	输入单价	持入金额	分项组价类型或定额子目取费类别	定额调整情况或分项算式

填表说明：

1. 本表应逐行从左到右横向逐栏填写。

2. “分项编号”“定额”“工料机”等的代号应根据实际需要按本办法附录B概预算项目表及现行《公路工程概算定额》(JTG/T 3831—2018)、《公路工程预算定额》(JTG/T 3832—2018)的相关内容填写。

3. 本表主要是为利用计算机软件编制概算、预算提供分项组价基础数据，列明工程项目全部计算分项的组价参数；分项组价类型包括：输入单价、输入金额、算式列表、费用列表和定额组价五类；定额调整情况分配合比调整、钢筋调整、抽换、乘系数、综合调整等，非标准补充定额列出其工料机及其消耗量；具体填表规则由软件用户手册详细制定。

4. 标准定额库版本号由公路工程造价依据信息平台和最新的标准定额库一起发布，造价软件接收后直接输出。

5. 校验码由定额库版本号加密生成，由公路工程造价依据信息平台与定额库版本号同时发布，造价软件直接输出，为便于校验，造价软件可按条形码形式输出。

编制　　复核：

表 A.0.3-2　分项工程概(预)算表

编制范围：

分项编号：　　　　工程名称：　　　　单位：　　数量：　　单价：　　　　第　页　共　页　　21-2 表

代号	工、料、机名称	单位	单价/元	定额	数量	金额/元	定额	数量	金额/元	定额	数量	金额/元	合计 数量	合计 金额/元
	工程项目													
	工程细目													
	定额单位													
	工程数量													
	定额表号													
1	人工	工日												
2	……													
	直接费	元												
	措施费 Ⅰ	元												
	措施费 Ⅱ	元												
	企业管理费	元			%			%			%			
	规费	元			%			%			%			
	利润	元			%			%			%			
	税金	元			%			%			%			
	金额合计	元			%			%			%			

填表说明：

1. 本表按具体分项工程项目数量、对应概(预)算定额子目填写，单价由 09 表转来，金额 $=\sum$ 工、料、机各项的单价 × 定额 × 数量。
2. 措施费、企业管理费按相应项目的定额人工费与定额施工机械使用费之和或定额直接费 × 规定费率计算。
3. 规费按相应项目的人工费 × 规定费率计算。
4. 利润按相应项目的(定额直接费 + 措施费 + 企业管理费) × 利润率计算。
5. 税金按相应项目的(直接费 + 措施费 + 企业管理费 + 规费 + 利润) × 税率计算。
6. 措施费、企业管理费、规费、利润、税金对应定额列填入相应的计算基数，数量列填入相应的费率。

编制　　　　　　　　复核：

表 A.0.3-3　材料预算单价计算表

建设项目名称：

编制范围：

第　　页　共　　页 22 表

代号	规格名称	单位	原价/元	运杂费					原价运费合计/元	场外运输损耗		采购及保管费		预算单价/元
				供应地点	运输方式比重及运距	毛质量系数或单位毛质量	运杂费构成说明或计算式	单位运费/元		费率/%	金额/元	费率/%	金额/元	

填表说明：

1. 本表计算各种材料自供应地点或料场至工地的全部运杂费与材料原价及其他费用组成预算单价。
2. 运输方式按火车、汽车、船舶等及所占运输比重填写。
3. 毛质量系数、场外运输损耗、采购及保管费按规定填写。
4. 根据材料供应地点、运输方式、运输单价、毛质量系数等，通过运杂费构成说明或计算式，计算得出材料单位运费。
5. 材料原价与单位运费、场外运输损耗、采购及保管费组成材料预算单价。

编制　　　　　　　　复核：

表 A.0.3-4 自采材料料场价格计算表

编制范围：

自采材料名称：：　　单位：　　数量：　　料场价格：　　第　页 共　页　23-1 表

代号	工程项目												合计	
	工程细目													
	定额单位													
	工程数量													
	定额表号													
	工、料、机名称	单位	单价/元	定额	数量	金额/元	定额	数量	金额/元	定额	数量	金额/元	数量	金额/元
	直接费	元			%			%			%			
	辅助生产间接费	元			%			%			%			
	高原取费	元			%			%			%			
	金额合计	元			%			%			%			

填表说明：

1. 本表主要用于分析计算自采材料料场价格，应将选用的定额人工、材料、施工机械台班数量全部列出，包括相应的工、料、机单价。

2. 材料规格用途相同而生产方式（如人工捶碎石、机械轧碎石）不同时，应分别计算单价，再以各种生产方式所占比重根据合计价格加权平均计算料场价格。

3. 定额中施工机械台班有调整系数时，应在本表内计算。

4. 辅助生产间接费、高原取费对应定额列填入相应的计算基数，数量列填入相应的费率。

编制　　复核：

表 A.0.3-5　材料自办运输单位运费计算表

编制范围：

自采材料名称：：　　单位：　　数量：　　单位运费：　　第　页　共　页　23-2 表

代号	工程项目											合计	
	工程细目												
	定额单位												
	工程数量												
	定额表号												
	工、料、机名称	单位	单价/元	定额	数量	金额/元	定额	数量	金额/元	定额	数量	金额/元	数量	金额/元
	直接费	元			%			%			%			
	辅助生产间接费	元			%			%			%			
	高原取费	元			%			%			%			
	金额合计	元			%			%			%			

填表说明：

1. 本表主要用于分析计算材料自办运输单位运费，应将选用的定额人工、材料、施工机械台班数量全部列出，包括相应的工、料、机单价。

2. 材料运输地点或运输方式不同时，应分别计算单价，再按所占比重加权平均计算材料运输价格。

3. 定额中施工机械台班有调整系数时，应在本表内计算。

4. 辅助生产间接费、高原取费对应定额列填入相应的计算基数，数量列填入相应的费率。

编制　　复核：

表 A.0.3-6　施工机械台班单价计算表

建设项目名称：

编制范围：　　　　　　　　　　　　　　　　　　　　　　　　第　页 共　页　24 表

序号	代号	规格名称	台班单价/元	不变费用/元		可变费用/元											
				调整系数：		人工：（元/工日）		汽油：（元/kg）		柴油：（元/kg）						车船税	合计
				定额	调整值	定额	金额	定额	金额	定额	金额	定额	金额	定额	金额		

填表说明：

1. 本表应根据公路工程机械台班费用定额进行计算。不变费用如有调整系数应填入调整值；可变费用各栏填入定额数量。

2. 人工、动力燃料的单价由材料预算单价计算表（22 表）中转来。

编制　　　　　　　　　　　　　　　　复核：

表 A.0.3-7　辅助生产人工、材料、施工机械台班单位数量表

建设项目名称：

编制范围：　　　　　　　　　　　　　　　　　　　　　　　　第　　页　共　　页　　25 表

序号	规格名称	单位	人工/工日						

填表说明：

本表各栏数据由自采材料料场价格计算表（23-1 表）和材料自办运输单位运费计算表（23-2 表）统计而来。

编制　　　　　　　　　　　　　　　　　　复核：

附录B　概(预)算项目表

B.0.1　概算预算项目表如下：

1　概算预算项目表见表 B.0.1-1。

2　路基工程项目分表(LJ)见表 B.0.1-2。

3　路面工程项目分表(LM)见表 B.0.1-3。

4　涵洞工程项目分表(HD)见表 B.0.1-4。

5　桥梁工程项目分表(QL)见表 B.0.1-5。

6　隧道工程项目分表(SD)见表 B.0.1-6。

7　交通安全设施工程项目分表(JA)见表 B.0.1-7。

8　隧道机电工程项目分表(SJ)见表 B.0.1-8。

9　绿化及环境保护工程项目分表(LH)见表 B.0.1-9。

表 B.0.1-1 概算预算项目表

分项编号	工程或费用名称	单位	主要工作内容	备注
1	第一部分建筑安装工程费	公路公里		建设项目路线总长度(主线长度)
101	临时工程	公路公里		
10101	临时道路	km		新建施工便道与利用原有道路的总长
1010101	临时便道(修建、拆除与维护)	km		新建施工便道长度
1010102	原有道路的维护与恢复	km		利用原有道路长度
1010103	保通便道	km		
101010301	保通便道(修建、拆除与维护)	km		修建、拆除与维护
101010302	保通临时安全设施	km		临时安全设施修建、拆除与维护
10102	临时便桥、便涵	m/座		
1010201	临时便桥	m/座		修建、拆除与维临时施工汽车便桥护
1010202	临时涵洞	m/座		
10103	临时码头	座		按不同的形式分级
10104	临时供电设施	总额		包括临时电力线路、变压器摊销等,不包括场外高压供电线路
10105	临时电信设施	总额		不包括广播线
	……			
102	路基工程	km		扣除主线桥梁、隧道和互通立交的主线长度,独立桥梁或隧道为引道或接线长度。下挂路基工程项目分表
	……			
103	路面工程	km		扣除主线桥梁、隧道和互通立交的主线长度,独立桥梁或隧道为引道或接线长度,下挂路面工程项目分表
	……			
104	桥梁涵洞工程	km		指桥梁长度
10401	涵洞工程	m/道	下挂涵洞工程项目分表	
	……			
10402	小桥工程	m/座		
1040201	拱桥	m^2/m		下挂桥梁工程项目分表

表 B.0.1-1(续)

分项编号	工程或费用名称	单位	主要工作内容	备注
1040202	矩形板桥	m^2/m		下挂桥梁工程项目分表
1040203	空心板桥	m^2/m		下挂桥梁工程项目分表
1040204	小箱梁桥	m^2/m		下挂桥梁工程项目分表
1040205	T 梁桥	m^2/m		下挂桥梁工程项目分表
	……			
10403	中桥工程	m/座		
1040301	拱桥	m^2/m		下挂桥梁工程项目分表,不分基础、上(下)部
1040302	预制矩形板桥	m^2/m		下挂桥梁工程项目分表,不分基础、上(下)部
1040303	预制空心板桥	m^2/m		下挂桥梁工程项目分表,不分基础、上(下)部
1040304	预制小箱梁桥	m^2/m		
1040305	预制 T 梁桥	m^2/m		
1040306	现浇箱梁桥	m^2/m		
	……			
10404	大桥工程	m/座		
1040401	×××桥(桥型、跨径)	m^2/m		下挂桥梁工程项目分表
	……			
10405	特大桥工程	m/座		
1040501	××特大桥工程	m^2/m		按桥名分级;技术复杂大桥先按主桥和引桥分级再按工程部位分级
104050101	引桥工程(桥型、跨径)	m^2/m		不含桥面铺装及标注跨径、桥型,下挂桥梁工程附属工程内容项目分表
104050102	主桥工程(桥型、跨径)	m^2/m		不含桥面铺装及附属工程内容标注跨径、桥型,下挂桥梁工程项目分表
104050103	桥面铺装	m^3		下挂桥梁工程项目分表相应部分
104050104	附属工程	m		下挂桥梁工程项目分表相应部分
10406	桥梁维修加固工程	m^2/m		下挂桥梁工程项目分表相应部分
	……			
105	隧道工程	km/座		按隧道名称分级,并注明其形式
10501	连拱隧道	km/座		
1050101	××隧道	m		下挂隧道工程项目分表
	……			
10502	小净距隧道	km/座		

表 B.0.1-1(续)

分项编号	工程或费用名称	单位	主要工作内容	备注
1050201	××隧道	m		下挂隧道工程项目分表
	……			
10503	分离式隧道	km/座		
1050301	××隧道	m	下挂隧道工程项目分表	
	……			
10504	下沉式隧道	km/座		
1050401	××隧道	m		下挂隧道工程项目分表
	……			
10505	沉管隧道	km/座		
1050501	××隧道	m		下挂隧道工程项目分表
	……			
10506	盾构隧道	km/座		
1050601	××隧道	m		下挂隧道工程项目分表
	……			
10507	其他形式隧道	km/座		
1050701	××隧道	m		下挂隧道工程项目分表
	……			
106	交叉工程	处		按不同的交叉形式分目
10601	平面交叉	处		按不同的类型分级
1060101	公路与等级公路平面交叉	处		下挂路基和路面等工程项目分表
1060102	公路与等外公路平面交叉	处		下挂路基和路面等工程项目分表
	……			
10602	通道	m/处		按结构类型分级
1060201	箱式通道	m/处		
1060202	板式通道	m/处		
1060203	拱形通道	m/处		
	……			
10603	天桥	m/座		按不同的结构类型分级,若有连接线,下挂路基和路面等工程项目分表
1060301	钢结构桥	m/处		
1060302	钢筋混凝土拱桥	m/处		
1060303	钢筋混凝土梁桥	m/处		
1060304	钢筋混凝土板桥	m/处		
	……			
10604	渡槽	m/处	按不同的结构类型分级	

表 B.0.1-1(续)

分项编号	工程或费用名称	单位	主要工作内容	备注
10605	分离式立体交叉	km/处		主线下穿时,上跨主线的才计入分离立交,按交叉名称分级
1060501	××分离式立体交叉	处		
106050101	××分离立交桥梁	m		下挂桥梁模块
106050102	××分离立交连接线	km		下挂路基、路面、涵洞工程项目分表
	……			
10606	互通式立体交叉	km/处		按互通名称分级
1060601	××互通式立体交叉	km		注明类型,如单喇叭,再按主线和匝道分级
106060101	主线工程	km		下挂路基、路面、涵洞、桥梁等工程项目分表
106060102	匝道工程	km		下挂路基、路面、涵洞、桥梁等工程项目分表
	……			
107	交通工程	公路公里		
10701	交通安全设施	公路公里		下挂交通安全设施工程项目分表
	……			
10702	收费系统	车道/处		收费车道数/收费站数
1070201	收费中心设备安装与土建	收费车道		按不同的设备分级
1070202	收费中心设备费	收费车道		按不同的设备分级
1070203	收费站设备安装与土建	收费车道		按不同的设备分级
1070204	收费站设备费	收费车道		按不同的设备分级
1070205	设备安装与土建	收费车道		按不同的设备分级
1070206	收费车道设备费	收费车道		按不同的设备分级
1070207	收费系统配电工程	收费车道		按不同的设备分级
	……			
1070208	收费岛工程	收费车道		收费岛土建、收按不同的工程及设备分级费亭
	……			
10703	监控系统	公路公里		
1070301	监控中心、分中心	公路公里		
107030101	监控中心、分中心设备安装	公路公里		含中心、分中心按不同的设备分级和隧道管理站等
107030102	监控中心、分中心设备费	公路公里		含中心、分中心按不同的设备分级和隧道管理站等

表 B.0.1-1(续)

分项编号	工程或费用名称	单位	主要工作内容	备注
1070302	外场监控	公路公里		
107030201	外场监控设备安装	公路公里		按不同的设备分级
107030202	外场监控设备费	公路公里		按不同的设备分级
1070303	监控系统配电工程	公路公里		按不同的设备分级
	……			
10704	通信系统	公路公里		
1070401	通信系统设备安装	公路公里		按不同的设施分级
1070402	通信系统设备费	公路公里		按不同的设施分级
	……			
1070403	缆线安装工程	公路公里		主材与安装费分列
107040301	缆线安装	公路公里		
107040302	缆线主材费用	公路公里		
	……			
10705	隧道机电工程	km/座		指隧道双洞长度及座数。按单座隧道进行分级
1070501	×××隧道机电工程			下挂隧道机电工程项目分表
	……			
10706	供电及照明系统	km		不含隧道内供配电
1070601	供电系统设备及安装	公路公里		按不同的部位分级
107060101	场区供电设备安装	公路公里		按不同的设施分级
107060102	场区供电设备费	公路公里		按不同的设施分级
1070602	照明系统设备与安装	公路公里		
107060201	场区照明安装	公路公里		
107060202	场区照明系统设备费	公路公里		不含灯杆、灯架、灯座箱
107060203	大桥照明安装	公路公里		
107060204	大桥照明设备费	公路公里		不含灯杆、灯架、灯座箱
	……			
10707	管理、养护、服务房建工程	m^2		
1070701	管理中心	m^2/处		
107070101	房建工程	m^2		
	……			
1070702	养护工区	m^2/处		
107070201	房建工程	m^2		注明砖混或框架等结构形式
107070202	附属设施	m^2		围墙、大门、道路、场区硬化、照明、排水等,不含土石方工程
	……			

表 B.0.1-1(续)

分项编号	工程或费用名称	单位	主要工作内容	备注
1070703	服务区	m^2/处		
107070301	服务区房屋	m^2		注明砖混或框架等结构形式含围墙、大门、道路、场区硬化、广场(场坪)填挖土石方工程
107070302	附属设施	m^2		照明、排水等,不含广场(场坪)土石主线土石方工程
	……			
1070704	停车区	m^2/处		
	……			
1070705	收费站(棚)	m^2/处		
107070501	服务区房建工程	m^2		注明砖混或框架等结构形式
107070502	收费大棚	m^2		注明砖混或框架等结构形式含围墙、大门、道路、场区硬化、广场(场坪)填挖土石方工程
107070503	附属设施	m^2		照明、排水等,不含广场(场坪)土石主线土石方工程
	……			
1070706	公共交通车站处			
107070601	港湾	处		
107070605	直接式	处		
	……			
108	绿化及环境保护工程	公路公里		
10801	主线绿化及环境保护工程	公路公里		下挂绿化及环境保护工程项目分表
	……			
10802	互通立交绿化及环境保护工程	处		
1080201	××互通立交绿化及环境保护	处		下挂绿化及环境保护工程项目分表
	……			
10803	管养设施绿化及环境保护工程	m^2		按管养设施名称分级
1080301	××管理中心绿化及环境保护	m^2		下挂绿化及环境保护工程项目分表
	……			
1080302	××服务区绿化及环境保护	m^2		下挂绿化及环境保护工程项目分表
	……			
1080303	××停车区绿化及环境保护	m^2		下挂绿化及环境保护工程项目分表
	……			
1080304	××养护工区绿化及环境保护	m^2		下挂绿化及环境保护工程项目分表
	……			

表 B.0.1-1(续)

分项编号	工程或费用名称	单位	主要工作内容	备注
1080305	××收费站绿化及环境保护	m^2		下挂绿化及环境保护工程项目分表
	……			
10804	污水处理设施	处		按不同的内容分级
	……			
10805	取、弃土场绿化	处		下挂绿化及环境保护工程项目分表
	……			
109	其他工程	公路公里		
10901	联络线、支线工程	km/处		下挂路基、路面、涵洞、桥梁
1090101	××联络线、支线工程	km/处		隧道、交通安全设施等工程项目分表
	……			
10902	连接线工程	km/处		下挂路基、路面、涵洞、桥梁、
1090201	××连接线工程	km/处		隧道、交通安全设施等工程项目分表
	……			
10903	辅道工程	km/处		
1090301	××辅道工程	km/处		下挂路基、路面、涵洞、桥梁、隧道、交通安全设施等工程项目分表
	……			
10904	改路工程	km/处		下挂路基工程项目分表
	……			
10905	改河、改沟、改渠	m/处		下挂路基工程项目分表
	……			
10906	悬出路台	m/处		
10907	渡口码头	处		
10908	取、弃土场排水防护	m^3		下挂路基工程项目分表
	……			
110	专项费用	元		
11001	施工场地建设费	元		
11002	安全生产费	元		
	……			
2	第二部分土地使用及拆迁补偿费	公路公里		
201	土地使用费	亩		
20101	永久征用土地	亩		按土地类别属性分类
20102	临时用地	亩		按使用性质分类

表 B.0.1-1(续)

分项编号	工程或费用名称	单位	主要工作内容	备注
202	拆迁补偿费	公路公里		
203	其他补偿费	公路公里		
	……			
3	第三部分工程建设其他费	公路公里		
301	建设项目管理费	公路公里		
30101	建设单位(业主)管理费	公路公里		
30102	建设项目信息化费	公路公里		
30103	工程监理费	公路公里		
30104	设计文件审查费	公路公里		
30105	竣(交)工验收试验检测费	公路公里		
302	研究试验费	公路公里		
303	建设项目前期工作费	公路公里		
304	专项评价(估)费	公路公里		
305	联合试运转费	公路公里		
306	生产准备费	公路公里		
30601	工器具购置费	公路公里		
30602	办公和生活用家具购置费	公路公里		
30603	生产人员培训费	公路公里		
30604	应急保通设备购置费	公路公里		
307	工程保通管理费	公路公里		
30701	保通便道管理费	km		
30702	施工期通航安全保障费	处		
30703	营运铁路保通管理费	处		
	……			
308	工程保险费	公路公里		
309	其他相关费用	公路公里		
4	第四部分预备费	公路公里		
401	基本预备费	公路公里		
402	价差预备费	公路公里		
5	第一至四部分合计	公路公里		
6	建设期贷款利息	公路公里		
7	公路基本造价	公路公里		

注:此项目表和分项编码文本及电子库由本办法主编单位统一管理。编制概算、预算时,应执行统一的分项编号。

表 B.0.1-2　路基工程项目分表(LJ)

分项编号	工程或费用名称	单位	主要工作内容	备注
LJ01	场地清理	km		
LJ0101	清理与掘除	km		按清除内容分级
LJ010101	清除表土	m^3		
LJ010102	伐树、挖根	棵		
LJ0102	挖除旧路面	m^3		按挖除路面的类型分级
LJ010201	挖除水泥混凝土路面	m^3		
LJ010202	挖除沥青混凝土路面	m^3		
LJ010203	挖除碎(砾)石路面	m^3		
	……			
LJ0103	拆除旧建筑物、构筑物	m^3		按拆除材料分级
LJ010301	拆除钢筋混凝土结构	m^3		
LJ010302	拆除混凝土结构	m^3		
LJ010303	拆除砖石及其他砌体	m^3		
	……			
LJ02	路基挖方	m^3		
LJ0201	挖土方	m^3		挖、装、运、弃
LJ0202	挖石方	m^3		挖、装、运、弃
	……			
LJ03	路基填方	m^3		
LJ0301	利用土方填筑	m^3		填筑不含桥涵台背回填
LJ0302	借土方填筑	m^3		挖、装、运、填筑不含桥涵台背回填
LJ0303	利用石方填筑	m^3		挖、装、运、填筑
LJ0304	借石方填筑	m^3		挖、装、运、解小、填筑
LJ0305	填砂路基	m^3		
LJ0306	粉煤灰路基	m^3		
LJ0307	石灰土路基	m^3		
LJ04	结构物台背回填	m^3		按回填位置分级
LJ0401	锥坡填土	m^3		按不同的填筑材料分级
LJ0402	挡墙墙背回填	m^3		按不同的填筑材料分级
LJ0403	桥涵台背回填	m^3		按不同的填筑材料分级
LJ05	特殊路基处理	km		指需要处理的路基长度
LJ0501	软土地区路基处理	km		按不同的处理方法分级
LJ050101	抛石挤淤	m^3		
LJ050102	垫层	m^3		按不同的填料分级
LJ050103	土工织物	m^2		按不同的土工织物分级
LJ050104	预压与超载预压	m^3		

表 B.0.1-2(续)

分项编号	工程或费用名称	单位	主要工作内容	备注
LJ050105	真空预压与堆载预压	m^3		
LJ050106	塑料排水板	m		
LJ050107	水泥搅拌桩	m		
LJ050108	碎石桩	m		
LJ050109	混凝土管桩	m		
	……			
LJ0502	不良地质路段处治	km		
LJ050201	滑坡地段路基防治	km/处		按不同的处理方法分级
LJ050202	崩塌及岩堆路段路基防治	km/处		按不同的处理方法分级
LJ050203	泥石流路段路基防治	km/处		按不同的处理方法分级
LJ050204	岩溶地区防治	km/处		按不同的处理方法分级
LJ050205	采空区处理	km/处		按不同的处理方法分级
LJ050206	膨胀土处理	km		按不同的处理方法分级
LJ050207	黄土处理	m^3		按黄土的不同特性及处理方法分级
LJ05020701	陷穴	m^3		按不同的处理方法分级
LJ05020702	湿陷性黄土	m^3		按不同的处理方法分级
LJ050208	滨海路基防护与加固	km/处		按不同的处理方法分级
LJ050209	盐渍土处理	m^3		按不同的处理方法分级
	……			
LJ06	排水工程	km		路基工程长度,按不同的结构类型分级
LJ0601	边沟	m^3/m		按不同的材料分级
LJ060101	现浇混凝土边沟	m^3/m		
LJ060102	浆砌混凝土预制块边沟	m^3/m		
LJ060103	浆砌片块石边沟	m^3/m		
	……			
LJ0602	排水沟	m^3/m		按不同的材料分级
LJ060201	现浇混凝土排水沟	m^3/m		
LJ060202	浆砌混凝土预制块排水沟	m^3/m		
LJ060203	浆砌片(块)石排水沟	m^3/m		
	……			
LJ0603	截水沟	m^3/m		按不同的材料分级
LJ060301	浆砌混凝土预制块截水沟	m^3/m		
LJ060302	浆砌片(块)石截水沟	m^3/m		
	……			
LJ0604	急流槽	m^3/m		按不同的材料分级

表 B.0.1-2(续)

分项编号	工程或费用名称	单位	主要工作内容	备注
LJ060401	现浇混凝土急流槽	m^3/m		
LJ060402	浆砌片(块)石急流槽	m^3/m		
	……			
LJ0605	暗沟	m^3/m		按不同的材料分级
LJ060501	现浇混凝土暗沟	m^3/m		
LJ060502	浆砌片石暗沟	m^3/m		
	……			
LJ0606	渗(盲)沟	m^3/m		按不同的材料分级
LJ0607	其他排水工程	km		
	……			
LJ07	路基防护与加固工程	km		按不同的结构类型分级
LJ0701	一般边坡防护与加固	km		坡底与路基顶面交界长度(按单边计),指非高边坡路段的防护及支挡建筑物
LJ0702	高边坡防护与加固	km/处		包括植物防护、圬工防护、导治结构物及支挡建筑物等坡底与路基顶面交界长度(按单边计),指土质挖方边坡高度大于 20 m、岩质挖方边坡高度大于 30 m 或填方边坡大于 20 m 的边坡防护与加固
LJ0703	冲刷防护	m	包括植物防护、铺石、抛石、石笼、导治结构物等	防护水流对路基冲刷和淘刷的防护工程;防护段长度
LJ0704	其他防护	km	除以上路基防护工程外的路基其他防护工程等	指路基长度
	……			
LJ08	路基其他工程	km		除以上工程外的路基工程,包括整修路基、整修指路基长度边坡等
	……			

表 B.0.1-3 路面工程项目分表(LM)

分项编号	工程或费用名称	单位	主要工作内容	备注
LM01	沥青混凝土路面			
LM0101	路面垫层	m^2		按不同的材料分级
LM010101	碎石垫层	m^2		按不同的厚度分级
LM010102	砂砾垫层	m^2		按不同的厚度分级
	……			
LM0102	路面底基层	m^2		按不同的材料分级
LM010201	石灰稳定类底基层	m^2		按不同的厚度分级
LM010202	水泥稳定类底基层	m^2		按不同的厚度分级
LM010203	石灰粉煤灰稳定类底基层	m^2		按不同的厚度分级
LM010204	级配碎(砾)石底基层	m^2		按不同的厚度分级
	……			
LM0103	路面基层	m^2		按不同的材料分级
LM010301	石灰稳定类基层	m^2		按不同的厚度分级
LM010302	水泥稳定类基层	m^2		按不同的厚度分级
LM010303	石灰粉煤灰稳定类基层	m^2		按不同的厚度分级
LM010304	级配碎(砾)石基层	m^2		按不同的厚度分级
LM010305	水泥混凝土基层	m^2		按不同的厚度分级
LM010306	沥青碎石混合料基层	m^2		按不同的厚度分级
	……			
LM0104	透层、黏层、封层	m^2		按不同的形式分级
LM010401	透层	m^2		按不同的材料分级
LM010402	黏层	m^2		按不同的材料分级
LM010403	封层	m^2		按不同的材料分级
LM010404	沥青表处封层	m^2		
LM010405	稀浆封层	m^2		
LM010406	沥青同步碎石封层	m^2		
LM010407	土工布	m^2		
LM010408	玻璃纤维格栅	m^2		
	……			
LM0105	沥青混凝土面层	m^2		
LM010501	粗粒式沥青混凝土面层	m^2		按不同的厚度分级
LM010502	中粒式沥青混凝土面层	m^2		按不同的厚度分级
LM010503	细粒式沥青混凝土面层	m^2		按不同的厚度分级
LM010504	改性沥青混凝土面层	m^2		按不同的厚度分级
LM010505	沥青玛蹄脂碎石混合料面层	m^2		按不同的厚度分级
	……			

表 B.0.1-3 （续）

分项编号	工程或费用名称	单位	主要工作内容	备注
LM02	水泥混凝土路面	m^2		
LM0201	路面垫层	m^2		按不同的材料分级
LM020101	碎石垫层	m^2		按不同的厚度分级
LM020102	砂砾垫层	m^2		按不同的厚度分级
	……			
LM0202	路面底基层	m^2		按不同的材料分级
LM020201	石灰稳定类底基层	m^2		按不同的厚度分级
LM020202	水泥稳定类底基层	m^2		按不同的厚度分级
LM020203	石灰粉煤灰稳定类底基层	m^2		按不同的厚度分级
LM020204	级配碎(砾)石底基层	m^2		按不同的厚度分级
	……			
LM0203	路面基层	m^2		按不同的材料分级
LM020301	石灰稳定类基层	m^2		按不同的厚度分级
LM020302	水泥稳定类基层	m^2		按不同的厚度分级
LM020303	石灰粉煤灰稳定类基层	m^2		按不同的厚度分级
LM020304	级配碎(砾)石基层	m^2		按不同的厚度分级
LM020305	水泥混凝土基层	m^2		按不同的厚度分级
LM020306	沥青碎石混合料基层	m^2		按不同的厚度分级
	……			
LM0204	透层、黏层、封层	m^2		按不同的形式分级
LM020401	透层	m^2		按不同的材料分级
LM020402	黏层	m^2		按不同的材料分级
LM020403	封层	m^2		按不同的材料分级
LM020404	沥青表处封层	m^2		
LM020405	稀浆封层	m^2		
LM020406	沥青同步碎石封层	m^2		
LM020407	土工布	m^2		
LM020408	玻璃纤维格栅	m^2		
	……			
LM0205	水泥混凝土面层	m^2		按不同的材料分级
LM020501	水泥混凝土	m^2		按不同的厚度分级
LM020502	钢筋	t		
LM03	其他路面	m^2		按不同的类型分级
	……			
LM04	路槽、路肩及中央分隔带	m^2		
LM0401	挖路槽	m^2		按不同的土质分级

表 B.0.1-3 （续）

分项编号	工程或费用名称	单位	主要工作内容	备注
LM040101	土质路槽	m^2		
LM040102	石质路槽	m^2		
LM0402	路肩	km		
LM040201	培路肩	m^3		
LM040202	土路肩加固	m^3		按不同的加固方式分级
LM04020201	现浇混凝土	m^3		
LM04020202	铺砌混凝土预制块(路边石)	m^3		
LM04020203	浆砌片石	m^3		
	……			
LM0403	中间带	km		
LM040301	回填土	m^3		
LM040302	路缘石	m^3		按现浇和预制安装分级
LM040303	混凝土过水槽	m^3		
	……			
LM05	路面排水	km		按不同的类型分级
LM0501	拦水带	m		按不同的材料分级
LM050101	沥青混凝土	m^3/m		
LM050102	水泥混凝土	m^3/m		
LM0502	排水沟	m		按不同的类型分级
LM050201	路肩排水沟	m		
LM050202	中央分隔带排水沟	m		
LM0503	混凝土过水槽	m^3		
LM0504	排水管	m		按不同的类型分级
LM050401	纵向排水管	m		按不同的管径分级
LM050402	横向排水管	m		
LM0505	集水井	个		按不同的规格分级
LM0506	检查井	个		
	……			
LM06	旧路面处理	km/m^2		按不同的类型分级
	……			

表 B.0.1-4　涵洞工程项目分表(HD)

分项编号	工程或费用名称	单位	主要工作内容	备注
HD01	管涵	m/道		按管径和单、双孔分级
HD02	盖板涵	m/道		按不同的材料和涵径分级
HD03	箱涵	m/道		按不同的涵径分级
HD04	拱涵	m/道		按不同的材料和涵径分级
	……			

表 B.0.1-5　桥梁工程项目分表(QL)

分项编号	工程或费用名称	单位	主要工作内容	备注
QL01	基础工程	m^3		
QL0101	扩大基础	m^3		
QL010101	轻型墩台	m^3		
QL010102	实体式	m^3		
QL0102	桩基础	m^3/m		
QL010201	灌注桩基础	m^3		
QL010202	预制桩基础	m^3		
QL010203	钢管桩基础	t/m		
	……			
QL0103	沉井基础	m^3		
QL0104	钢围堰	t		大桥或特大桥的钢围堰深水基础
QL0105	承台	m^3		
QL0106	系梁	m^3		指地面以下系梁
	……			
QL02	下部构造	m^3		
QL0201	桥台	m^3		
QL0202	桥墩	m^3		
QL0203	索塔	m^3		
	……			
QL03	上部构造			按不同的形式划分细目，并注明其跨径
QL0301	钢筋混凝土矩形板	m^3		
QL0302	钢筋混凝土空心板	m^3		
QL0303	预应力混凝土空心板	m^3		
QL0304	预应力混凝土小箱梁	m^3		
QL0305	预应力混凝土 T 梁	m^3		
QL0306	现浇混凝土连续梁	m^3		
QL0307	现浇混凝土刚构	m^3		

表 B.0.1-5 （续）

分项编号	工程或费用名称	单位	主要工作内容	备注
QL0308	钢管拱肋	t		含钢管拱、钢管混凝土。如缆索安装，含缆索吊装、扣索系统等
QL0309	钢管混凝土	m^3		
QL0310	混凝土拱肋	m^3		含拱肋混凝土、预应力钢材
QL0311	箱形拱	m^3		
QL0312	钢箱梁	t		
QL0313	主缆	t		包含主缆制作、安装
QL0314	猫道	m		包含牵引系统
QL0315	索鞍	t		
QL0316	吊索	t		
QL0317	吊杆	t		
	……			
QL04	桥面铺装			
QL0401	沥青混凝土铺装	m^3		包含桥面防水层
QL0402	水泥混凝土铺装	m^3		包含桥面防水层
QL0403	钢桥面沥青混凝土铺装	m^3		包含桥面防水层
	……			
QL05	桥梁附属结构			
QL0501	桥梁支座	个		
QL050101	板式橡胶支座	dm^3		
QL050102	盆式橡胶支座	个		
	……			
QL0502	伸缩缝	m		
QL050201	模数式伸缩缝	m		
	……			
QL0503	护栏与护网	m		
QL050301	人行道及栏杆	m		
QL050302	桥梁钢防撞护栏	m		
QL050303	桥梁波形梁护栏	m		
QL050304	桥梁混凝土防撞护栏	m		
QL050305	桥梁防护网	m		
QL06	其他工程	m		
	……			

表 B.0.1-6　隧道工程项目分表(SD)

分项编号	工程或费用名称	单位	主要工作内容	备注
SD01	洞门及明洞开挖	m^3		
SD0101	挖土方	m^3		
SD0102	挖石方	m^3		
	……			
SD02	洞口坡面排水、防护	m^3		
SD0201	浆砌截水沟	m^3		
SD0202	浆砌片石护坡	m^3		
SD0203	混凝土护坡	m^3		
SD0204	喷射混凝土	m^3		
SD0205	钢筋网	t		
SD0206	锚杆	t/m		
SD0207	种草(皮)	m^2		
SD0208	保温出水口	个		
	……			
SD03	洞门建筑	m^3/座		按不同材料分级
SD0301	浆砌洞门墙	m^3		
SD0302	混凝土洞门墙	m^3		
SD04	明洞修筑	m		
SD0401	明洞衬砌及洞顶回填	m^3/m		
SD040101	混凝土衬砌	m^3		
SD040102	钢筋	t		
SD040103	洞顶回填	m^3		
SD04010301	浆砌片石	m^3		
SD04010302	碎石土	m^3		
SD040104	遮光棚(板)	m		
SD04010401	基础	m^3		
SD04010402	型钢支架	t		
SD04010403	遮光棚(板)	m^2		
	……			
SD05	洞身开挖	m^3/m		
SD0501	开挖	m^3/m		按围岩级别分级
SD0502	注浆小导管	m		
SD0503	管棚	m		
SD0504	锚杆	m		按锚杆类型分级
SD0505	钢拱架(支撑)	t		
SD0506	注浆工程	m^3		

表 B.0.1-6 （续）

分项编号	工程或费用名称	单位	主要工作内容	备注
SD0507	套拱混凝土	m^3		
SD0508	孔口管	t		
SD0509	喷混凝土	m^3		
SD0510	钢筋网	t		
SD0511	地质超前预报	总额		
	……			
SD06	洞身衬砌	m^3		
SD0601	浆砌块(片)石	m^3		
SD0602	现浇混凝土	m^3		
SD0603	钢筋	t		
	……			
SD07	仰拱	m^3		
SD0701	仰拱混凝土	m^3		
SD0702	仰拱回填混凝土	m^3		
SD0703	钢筋	t		
	……			
SD08	洞内管、沟	m^3		洞内管、沟按照不同类别单列
SD0801	电缆沟	m		
SD080101	现浇混凝土	m/m^3		
SD080102	预制混凝土	m/m^3		
SD080103	钢筋	t		
SD080104	碎石垫层	m^3		
	……			
SD09	防水与排水	m^3		
SD0901	防水板	m^2		
SD0902	止水带、条	m		
SD0903	压浆	m^3		
SD0904	排水管	m		
	……			
SD10	洞内路面	m^2		按不同的路面结构和厚度分级
SD1001	水泥混凝土路面	m^2		
SD1002	沥青混凝土路面	m^2		
	……			
SD11	洞身及洞门装饰	m^2		
SD1101	隧道铭牌	个		
SD1102	喷防火涂料	m^2		
	……			

表 B.0.1-7 交通安全设施工程项目分表(JA)

分项编号	工程或费用名称	单位	主要工作内容	备注
JA01	护栏	m		
JA0101	混凝土、圬工砌体护栏	m^3/m		
JA010101	预制混凝土护栏	m^3/m		
	……			
JA0102	现浇钢筋混凝土防撞护栏	m^3/m		
JA010201	现浇钢筋混凝土防撞护栏墙体混凝土	m^3/m		
JA0103	柱式护栏	m^3/m		
JA0104	石砌墙式护栏	m^3/m		
JA0105	钢护栏	m		
JA010501	波形钢板护栏	m		
JA010502	缆索护栏	m		
JA010503	活动护栏	m		
JA02	隔离栅	m		
JA03	标志牌	块		
JA0301	铝合金标志牌	块		
JA030101	单柱式铝合金标志牌	块		
JA030102	双柱式铝合金标志牌	块		
JA030103	单悬臂铝合金标志牌	块		
JA030104	双悬臂铝合金标志牌	块		
JA030105	门架式铝合金标志牌	块		
JA030106	附着式铝合金标志牌	块		
JA0302	钢板标志牌	块		
JA030201	单柱式钢板标志牌	块		
JA030202	双柱式钢板标志牌	块		
JA030203	单悬臂钢板标志牌	块		
JA030204	双悬臂钢板标志牌	块		
JA030205	门架式钢板标志牌	块		
JA030206	附着式钢板标志牌	块		
	……			
JA04	标线	m^2		指标线的总面积
JA0401	路面标线	m^2		
JA040101	热熔标线	m^2/m		
JA040102	普通标线	m^2/m		
JA040103	振动标线	m^2/m		
JA040104	彩色铺装标线	m^2		
	……			

表 B.0.1-7 （续）

分项编号	工程或费用名称	单位	主要工作内容	备注
JA0402	路钮	个		
JA040201	路面反光路钮	个		
JA040202	自发光路面标识	个		
	……			
JA0403	减速带	m/处		
JA05	里程牌、百米桩、界碑	个		
JA0501	混凝土里程牌、百米桩、界碑	个		
JA050101	混凝土里程牌	个		
JA050102	混凝土百米桩	个		
JA050103	混凝土界碑	个		
JA0502	铝合金里程牌、百米桩、界碑	个		
JA050201	铝合金里程牌	个		
JA050202	铝合金百米桩	个		
JA050203	铝合金界碑	个		
JA06	轮廓标	个		
JA0601	钢板柱轮廓标	个		
JA0602	玻璃钢柱式轮廓标	个		
JA0603	栏式轮廓标	个		
JA07	防眩、防撞设施			
JA0701	防眩板	m		
JA0702	防眩网	m		
JA0703	防撞桶	个		
JA0704	防撞垫	个		
JA0705	水马	个		
JA08	中间带及车道分离块	公路公里		
JA0801	中间带	公路公里		
JA080101	预制混凝土中间带	m^3/m		
JA080102	现浇混凝土中间带	m^3/m		
JA080103	中间带填土	m^3		
JA0802	隔离墩	m		
JA080201	预制混凝土隔离墩	m^3/m		
JA0380202	现浇混凝土隔离墩	m^3/m		
JA0803	车道分离块	m^3/m		
JA09	安全设施拆除工程	公路公里		
JA0901	拆除铝合金标志	个		
JA0902	拆除混凝土护栏	m^3/m		

表 B.0.1-7 （续）

分项编号	工程或费用名称	单位	主要工作内容	备注
JA0903	拆除波形梁护栏	m		
JA0904	拆除隔离栅	m		
JA0905	拆除里程牌	个		
JA0906	拆除百米牌	个		
JA0907	拆除界碑	个		
JA0908	拆除防眩板	m		
JA0909	拆除突起路标	块		
JA0910	铲除标线	m^2/m		
JA10	客运汽车停靠站防雨棚	个		
JA1001	钢结构防雨棚	个		
JA1002	钢筋混凝土防雨棚	个		
JA1003	客运汽车停靠站地坪	m^2		
	……			

表 B.0.1-8　隧道机电工程项目分表(SJ)

分项编号	工程或费用名称	单位	主要工作内容	备注
SJ01	隧道监控			
SJ0101	隧道监控设备费			
SJ0102	隧道监控设备安装			
SJ0103	监控系统配电工程			
	……			
SJ02	隧道供电及照明系统			
SJ0201	隧道供电设备费			
SJ0202	隧道照明安装			
	……			
SJ03	隧道通风系统	km		按隧道单洞长度
SJ0301	隧道通风设备费	km		
SJ0302	隧道通风设备安装	km		
	……			
SJ04	隧道消防系统	km		按隧道单洞长度
SJ0401	隧道消防设备费	km		
SJ0402	隧道消防设备安装	km		
	……			
SJ05	防火涂料	m^2		按涂料种类计列
	……			
SJ06	洞室门	个		按洞室类型分级
SJ0601	卷帘门	个		
SJ0602	检修门	个		
SJ0603	风机启动柜洞门	个		
SJ0604	消防室洞门	个		
SJ0605	防火闸门	个		
	……			

表 B.0.1-9　绿化及环境保护工程项目分表(LH)

分项编号	工程或费用名称	单位	主要工作内容	备注
LH01	边坡绿化工程	m^2		按不同的材料分级、建议列入绿化工程
LH0101	播种草籽	m^2		
LH0102	铺(植)草皮	m^2		
LH0103	土工织物植草	m^2		
LH0104	植生袋植草	m^2		
LH0105	液压喷播植草	m^2		
LH0106	客土喷播植草	m^2		
LH0107	喷混植草	m^2		
LH0108	路堑边坡种植(插扦)灌木	m^2或株		
LH0109	路堤边坡种植(插扦)灌木	m^2或株		
	……			
LH02	场地绿化及环保	m^2		按不同的内容分级
LH0201	撒播草种	m^2		按不同的内容分级
LH0202	铺植草皮	m^2		按不同的内容分级
LH0203	绿地喷灌管道	m		按不同的内容分级
	……			
LH03	种植乔木	株		按不同的树种分级
LH0301	高山榕	株		
LH0302	美人蕉	株		
	……			
LH04	种植灌木	株		按不同的树种分级
LH0401	夹竹桃	株		
LH0402	月季	株		
	……			
LH05	种植攀缘植物	株		按不同的树种分级
LH0501	爬山虎	株		
LH0502	葛藤	株		
	……			
LH06	种植竹类植物	株		按不同的内容分级
LH07	种植棕榈类植物	株		按不同的内容分级
LH08	栽植绿篱	m^2		
LH09	声屏障	m		按不同的材料及类型分级
LH0901	消声板声屏障	m		
LH0902	吸音砖声屏障	m^3		
LH0903	砖墙声屏障	m^3		
	……			

参 考 文 献

[1] 崔艳梅，叶亚丽.公路工程施工合同与成本管理[M].北京：人民交通出版社.2019.

[2] 崔艳梅.道桥施工组织及概预算[M].北京：人民交通出版社 2016.

[3] 贺云龙，刘建英，邓英，等.工程项目成本管理学[M].北京：人民交通出版社.2012.

[4] 交通专业人员资格评价中心，交通部公路工程定额站.公路工程定额的编制与管理[M].北京：人民交通出版社，2010.

[5] 米永胜.公路施工组织与概预算[M].北京：机械工业出版社，2005.

[6] 彭汉杰.CJ 道路施工项目成本计划与控制研究[D].南京：南京理工大学.2019.

[7] 王首绪.公路施工组织及概预算[M].3 版.北京：人民交通出版社，2007.

[8] 邬晓光.桥梁施工及组织管理[M].2 版.北京：人民交通出版社，2011.

[9] 徐连铭.公路工程预算编制实例[M].北京：人民交通出版社，2015.

[10] 张丽华.公路工程概预算编制指南[M].2 版.北京：人民交通出版社，2008.

参考文献

[1] [illegible]

[2] [illegible]

[3] [illegible]

[4] [illegible]

[5] [illegible]

[6] [illegible]

[7] [illegible]

[8] [illegible]

[9] [illegible]

[10] [illegible]